中国发展与人民币国际化

——"一带一路"背景下的人民币国际化问题探究

孙思迪 ◎著

中国商务出版社
CHINA COMMERCE AND TRADE PRESS

图书在版编目（CIP）数据

中国发展与人民币国际化："一带一路"背景下的
人民币国际化问题探究 / 孙思迪著. -- 北京：中国商
务出版社，2022.8

ISBN 978-7-5103-4365-0

Ⅰ．①中… Ⅱ．①孙… Ⅲ．①人民币－金融国际化－
研究 Ⅳ．①F822

中国版本图书馆CIP数据核字(2022)第135125号

中国发展与人民币国际化："一带一路"背景下的人民币国际化问题探究
ZHONGGUO FAZHAN YU RENMINBI GUOJIHUA: "YIDAIYILU" BEIJINGXIA DE RENMINBI GUOJIHUA WENTI TANJIU

孙思迪　著

出　　版：中国商务出版社

地　　址：北京市东城区安外东后巷28号　　邮　编：100710

责任部门：教育事业部（010-64283818）

责任编辑：刘姝辰

直销客服：010-64283818

总 发 行：中国商务出版社发行部　（010-64208388　64515150 ）

网购零售：中国商务出版社淘宝店　（010-64286917）

网　　址：http://www.cctpress.com

网　　店：https://shop162373850.taobao.com

邮　　箱：347675974@qq.com

印　　刷：北京四海锦诚印刷技术有限公司

开　　本：787毫米×1092毫米　1/16

印　　张：10.25　　　　　　　　　　字　数：211千字

版　　次：2023年5月第1版　　　　　印　次：2023年5月第1次印刷

书　　号：ISBN 978-7-5103-4365-0

定　　价：60.00元

前　言

公元前 139 年，汉武帝派张骞出使西域。张骞之行打开了中国联通西域的路，开启了中国与西域国家之间的交往历史，走出了一条联通欧亚、传递和平、播散繁荣的丝绸之路。此后，外商使节络绎不绝，接踵叩关。绵延两千年不绝的丝绸之路，成了连接彼此的纽带和通道。

15 世纪初，明代航海家郑和先后七下西洋，满载商品的船队往来于中国和 30 多个国家之间，平息冲突，消除隔阂，易物海外，发展贸易，传递中华文化。"云帆高张，昼夜星驰"，郑和墓碑上记录着中国走向世界的搏浪情怀。

2017 年 10 月，中国共产党第十九次全国代表大会在北京召开，推进"一带一路"建设等内容被写进党章。这充分体现了在共产党的领导下，中国高度重视"一带一路"建设，积极推进"一带一路"国际合作的坚定目标。"一带一路"以共商、共建、共享为原则，以开放包容为特征，以互利共赢为追求。这条世界上跨度最长、最具潜力的合作带，凝聚了沿线国家渴望发展的最大共识，融合地缘政治，释放经济能量。这条在中国史册中曾留下浓墨重彩一笔的丝绸之路，将重新绽放耀眼光芒，也将折射出中国与世界关系新的历史变迁。

纵观人类历史长河，货币国际化同样反映了主权国家在全球的政治经济地位。自 2009 年我国发布《跨境贸易人民币结算试点管理办法》以来，人民币国际化便取得了长足的发展 2016 年 10 月 1 日，人民币正式纳入国际货币基金组织的特别提款权货币篮子。立足新时代，写入党章的"一带一路"又给人民币国际化带来了新的历史机遇。"一带一路"有利于推动人民币货币区的形成，是人民币国际化的重要推动力量；同时，"一带一路"政策所包含的绿色金融，符合沿线各国的共同利益，是扩大人民币交易的重要途径；"一带一路"还将进一步推动金融创新，是克服人民币国际化短板的重要战略机遇。

本书以人民币国际化与"一带一路"倡议这两项当前最重要的国家战略为背景，在参考国内著名专家学者的研究基础上，对人民币国际化进程中的热点与难点问题进行探讨，对中国历史上的币制发展过程进行回顾，对人民币的未来发展前景进行展望，对人民币实现国际化过程中需要注意的问题提出意见和建议。本书共分为八个章节：第一章人民币国际化与"一带一路"，简要介绍了二者的时代背景；第二章人民币的"前世今生"对人民币的起源与历史发展过程进行介绍；第三章历史上的货币改革。对秦汉至民国时期的历次币制改革进行介绍；第四章新时期的货币改革，对人民币国际化进程中的相关概念、特点、路径、现状、制约因素等方面的内容进行说明；第五章对美元、英镑、日元、欧元等世界主要货币的国际化经验进行总结；第六章对资本项目自由化、自由汇率、离岸金融市场、跨境支付系统、绿色金融对人民币国际化过程中涉及的重点问题进行讨论；第七章对人民币国际化在俄罗斯、欧盟、阿拉伯联盟等国家推进的经验和问题进行探讨，并针对问题提出政策建议；第八章是全书的总结。

纵览诸篇，本书有以下几个突出的特点：

一是内容综合性。纵观目前已有的论著，多是从"一带一路"或人民币国际化的一个或几个方面进行阐释，而本书将"一带一路"的时代背景与人民币国际化的重大战略高度结合，对"一带一路"背景下的人民币国际化问题进行全面探究。从国内与国外、历史与当代，多角度、多方位进行研判与探讨，涉及广泛，内容丰富，颇有深度。

二是与时代紧密结合。本书的选题与切入点紧跟党的十九大提出的以"一带一路"建设为重点，构建国际关系新格局，稳步推进人民币国际化，坚定不移地推进人民币汇率机制市场化改革的宏观政策导向。本书所采用的数据多来源于网络或数据库中的最新资料检索，数据新、资料新。同时，图文并茂，力求全面反映当前时代背景。

三是建言前瞻性。本书在编写过程中，大量参考、阅读了前人的研究成果，并在此基础上提出新的观点和政策建议，其中一些观点颇有新意。

诚然，由于作者水平有限，书中的缺点、错误在所难免，殷切希望广大读者与专家批评指正。

目　　录

>>>>>>>>>>>>>>>>>>>>>>>>>>>>>>

第一章 人民币国际化与"一带一路"

第一节 "一带一路"的时代大背景

2013 年 9 月,习近平主席在访问中亚四国期间首次提出了共同建设"丝绸之路经济带"的倡议构想。2013 年 10 月,习近平主席在访问东盟期间又首次提出了共建"21 世纪海上丝绸之路"的倡议构想。"丝绸之路经济带"与"21 世纪海上丝绸之路"并称"一带一路",由此,"一带一路"作为 2013 年点击率最高的词汇频频出现在各大主流媒体的网站与报道中。然而,到底什么是"一带一路"?"一带一路"的畅想又从何而来?这个简单以至于人们忘了去追问的问题,却是并非人人都能搞清楚其准确内涵的问题。

一、"一带一路"的内涵

简单来说,"一带一路"(英文:TheBeltandRoad,缩写 B&R)就是"丝绸之路经济带"与"21 世纪海上丝绸之路"的统称。2013 年 9 月 7 日,习近平主席在哈萨克斯坦访问期间,在著名的纳扎尔巴耶夫大学发表重要演讲,首次提出了加强政策沟通、道路联通、贸易畅通、货币流通、民心相通,共同建设"丝绸之路经济带"的倡议。同年 10 月 3 日,习近平主席在印度尼西亚国会的演讲上进一步提出,中国致力于加强同东盟国家的互联互通建设,愿同东盟国家发展好海洋合作伙伴关系,共同建设"21 世纪海上丝绸之路"。这两次演讲是"一带一路"萌生的源头。"一带一路"将充分依靠中国与有关国家既有的双多边机制,借助既有的、行之有效的区域合作平台,旨在借用古代丝绸之路的历史符号,高举和平发展的旗帜,积极发展与沿线国家的经济合作伙伴关系,共同打造政治互信、经济融合、文化包容的利益共同体、命运共同体和责任共同体。

就内容而言,"一带一路"以"五通",即政策沟通、道路联通、贸易畅通、货币流通、民心相通为主要内容,重点谋求在八个领域的合作,即基础设施互联互通、经贸合作、产业投资合作、能源资源合作、金融合作、人文交流合作、生态环境合作、海上合作,力求建设六大经济走廊和两个重点方向。其中,六大经济走廊包括新亚欧大陆桥、中蒙俄、中国—中亚—西亚、中国—中南半岛,以及中巴、孟中印缅走廊等国际经济合作走廊;两个重点方向是指从中国沿海港口过南海到印度洋并延伸至欧洲,从中国沿海港口过南海到南太平洋。

"一带一路"建设是一项系统工程，要坚持共商、共建、共享原则，积极推进沿线国家发展战略的相互对接。根据《推动共建丝绸之路经济带和21世纪海上丝绸之路的愿景与行动》，"一带一路"贯穿亚欧非大陆，一头是活跃的东亚经济圈，一头是发达的欧洲经济圈，中间广大腹地国家经济发展潜力巨大。丝绸之路经济带重点贯通中国经西亚、俄罗斯至欧洲（波罗的海），中国经中亚、西亚至波斯湾、地中海，中国至东南亚、南亚、印度洋。21世纪海上丝绸之路的重点方向是从中国沿海港口过南海到印度洋，延伸至欧洲；从中国沿海港口过南海到南太平洋。

图1.1 "丝绸之路经济带"与"21世纪海上丝绸之路"示意图

二、"一带一路"地理版图

"一带一路"的地理版图包括"一带"和"一路"两条总体路径。其中"一带"指的是"丝绸之路经济带"，是在陆地，并包含有三个方向：其一是从中国出发经中亚、俄罗斯到达欧洲；其二是中国到中亚、西亚至波斯湾、地中海；其三是中国到东南亚、南亚、印度洋。"一路"指的是"21世纪海上丝绸之路"，重点方向是两条：一是从中国沿海港口过南海到印度洋，延伸至欧洲；二是从中国沿海港口过南海到南太平洋。

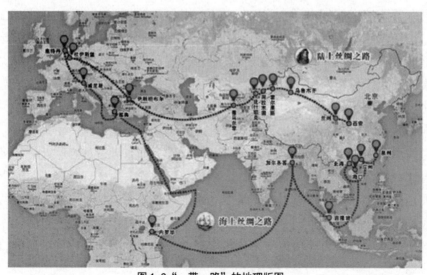

图1.2 "一带一路"的地理版图

2015 年 4 月，发改委、外交部和商务部联合发布了《推动共建丝绸之路经济带和 21世纪海上丝绸之路的愿景与行动》宣告"一带一路"进入了全面推进阶段。央视《新闻联播》推出系列报道《一带一路共建繁荣》，在央视发布的"一带一路"版图当中，首次加入了"21世纪海上丝绸之路"的南线——从南海到南太平洋的路线。这一路线与官方文件一致，至此，"一带一路"地理版图正式确立。"一带一路"地理版图包含的五条线路具体节点如表1.1 所示：

表 1.1 "一带一路"五条具体路线

北线 A	北美洲（美国、加拿大）—北太平洋—日本 — 韩国—日本海—扎鲁比诺港（海参崴、斯拉夫扬卡等）—珲春—延吉—吉林—长春—蒙古国—俄罗斯—欧洲（北欧、中欧、东欧、西欧、南欧）
北线 B	北京—俄罗斯—德国—北欧
中线	北京—郑州—西安—乌鲁木齐—阿富汗—哈萨克斯坦—匈牙利—巴黎
南线	泉州—福州—广州—海口—北海—河内—吉隆坡—雅加达—科伦坡—加尔各答—内罗毕—雅典—威尼斯
中心线	连云港—郑州—西安—兰州—新疆—中亚—欧洲

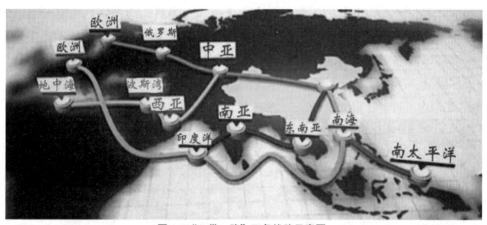

图 1.3 "一带一路"五条线路示意图

三、"一带一路"的历史起源

"一带一路"的倡议构想并非凭空产生，而是对中国历史上千年之久的古代丝绸之路的继承与发扬，古代丝绸之路将古中国与西方世界紧密联系，加深古中国与欧洲大陆的交流。而当代的"一带一路"正是希望继承古代丝绸之路的精神与经验，从而为当代中国与周边国家实现平等互利、相互合作的共同发展提供重要保障。

古代丝绸之路简称"丝路"，是指西汉（前 202 年—8 年）期间，由张骞出使西域开辟的以长安（今西安）为起点，经甘肃、新疆，到中亚、西亚，并联结地中海各国的陆上通道。在汉武帝执政时期，曾派遣使臣张骞，从长安始发，建立起中国西部地区与欧亚大陆之间的联系。在这条以贸易为主的国际商道中，丝绸是最受欢迎的物品，因此该商道被称为丝绸之路。在1877年出版的《中国》中第一次出现了"丝绸之路"这一名词，是由德国学者李希霍芬所提出的，从丝绸之路出现之日起便担负起沿线若干国家之间贸易往来的重任。古代丝绸之路的基本走向定于两汉时期，包括南线、中线、北线三条路线。其中，北线从泾川、固原、靖远至武威，路线最短，但沿途缺水、补给不易；中线从泾川转往平凉、会宁、兰州至武威，距离和补给均属适中；南线从凤翔、天水、陇西、临夏、乐都、西宁至张掖，途经城市最多，线路最为漫长。

古代丝绸之路是人类历史上文明交流交融最耀眼的舞台，它浓缩了亚欧大陆漫长历史时期经济、政治、文化、社会的演进，见证了东西方物质文明和精神文明的交流与交融。在古代丝绸之路上，商品互通、文化交会、文明包容、人文交流、科技互动，沿线各国人民共同谱写了经济互利、人文互启的伟大的史诗乐章。古代丝绸之路跨越埃及文明、巴比伦文明、印度文明、中华文明的发祥地，跨越不同国度和肤色人民的聚居地。不同文明求同存异、开放包容，共同谱写了人类文明繁荣的壮丽篇章。古代丝绸之路不仅成为人类历史上文明交流、互鉴、共存的典范，更为当今"一带一路"的伟大构想提供了重要的参考和历史借鉴。

古代丝绸之路深厚的历史积淀，具有重要的实践价值，它不仅是"一带一路"倡议的思想源头，同时也是共建"一带一路"的行动基础。历史是最好的老师。尽管古代丝绸之路曾经的辉煌已经成为历史，但它所凝练的价值理念为共同绘制好"一带一路"建设精谨细腻的"工笔画"，厚植了根基、提供了源泉、注入了动力。推动"一带一路"建设高质量、可持续发展，需要所有志同道合的朋友共同参与，也需要从古代丝绸之路优秀历史文化遗产中汲取养分，从而使"一带一路"建设的基础更加牢固、步伐更加稳健。

图1.4 古代丝绸之路线路示意图

图1.5 张骞出使西域图

四、"一带一路"倡议对中国经济的影响

习近平主席提出"一带一路"是一个突破性、全局性的长期倡议。"一带一路"是打造中国与相关各国互利共赢的"利益共同体"和共同发展繁荣"命运共同体"的倡议构想。那么，"一带一路"战略，为什么会在当前时刻被提出来呢？或者说它提出的初衷又是什么呢？

一方面，中国经过44年的改革开放，目前已成为一个中等偏上收入的国家。中华民族的伟大复兴目标是希望我国最后能够变成一个高收入的国家。从中等偏上变成高收入国家，从改革开放的经验来讲，应该更充分地利用国内国际两个市场、国内国际两种资源。另一方面，中国现在是世界第一大贸易国；同时，按照市场汇率计算，我们是世界第二大经济体；按照购买力平价计算，我们是世界第一大经济体。所以在国际上，我们应该承担相应的责任，但同时，也应该有相应的影响力和发言权。这样，才符合国内、国际经济发展的必然规律。

可是目前的国际秩序，是在第二次世界大战之后以美国为首的西方国家主导建立的，国际规则的设计是由当时的发达国家设计的。现在整个国际的政经板块发生了相当大的变化，如果要中国承担更大的义务，应该给中国更大的发言权。这在国际上有很多讨论，比如在世界银行中国的投票权要增加，在国际货币组织中国的投票权要增加，但上述提议在美国的国会上并没有通过。美国为了维持自己在亚洲太平洋的利益，提出重返亚太、实施亚太再平衡，中国现在已经是世界第一大贸易国，应该参加国际各种贸易规则的谈判，深化各种国际贸易体系。可

是在跨太平洋国际伙伴关系，在太平洋成立自由贸易区中，中国却没有受邀请参加。这是为什么呢？这是因为美国想维护在亚太地区的战略优势，以及确保美国的地缘政治经济利益的安全。美国采取合作政治，来制约中国对外开放和发展。在这种状况下，2003年，习近平主席在哈萨克斯坦提出建设"新丝绸之路经济带"，并且在印尼提出"21世纪海上丝绸之路"，其目的是建立一个新的亚太地区共同体。我们这个倡议的提出，是以基础设

施的建设为抓手，所以在中国的主导下，相关国家共同设立了"亚洲基础设施投资银行"和"丝绸基金"。尽管美国对我国提出的"一带一路"倡议态度不明朗，但仅从亚洲基础设施投资银行的设立来看，即使在美国态度不明朗的状况下，依然有57个国家参加，其中包括德国、英国，以及五个联合国安理会常任理事国中的四个。

中国提出这个创意的时候，有三大优势：第一，中国在基础设施的建设上，不管是从产业还是建设能力上都有优势。第二，中国现在有3.7万亿美元的外汇储备，展望未来，中国每年的外汇储备还会增加。所以中国支持这些基础建设的能力不管从资金来看还是建设能力来讲，都是非常优越的。第三个是发展阶段的优势。我们前期的发展，是以劳动密集型的加工业的快速发展，让中国变成最大的出口国，让中国变成世界工厂。现在虽然中国经济的发展，在劳动密集型的加工业上失掉了比较优势，但以其他经济发展比较好的国家赶上发达国家的经验来看，必须开始把这些劳动密集型的加工业转移到其他工资水平比较低的国家。从第二次世界大战以后，能够真正取得持续发展的国家是抓住劳动密集型比较优势的战略机遇期，取得二十年、三十年的发展，进入中等收入国家或者高收入国家。中国现在已经到了要把这些劳动密集型加工业转移出去的阶段，而且要转移出的规模巨大。因为在20世纪60年代的时候，日本整个制造业的规模是970万人。80年代的时候，"亚洲四小龙"中韩国整个制造业的规模是230万人，中国台湾是150万人，中国香港不到100万人，新加坡50万人。中国的整个制造业规模，按照第三次工业普查是1.25亿人。所以，中国的"一带一路"构想提出来以后，能够得到这么多的响应，最主要的是不仅涉及中国的利益，创造一个国际和平的发展环境，让中国能够更好地利用国内国际两个市场、国内国际两种资源，也会给其他发展中国家带来千载难逢的发展机遇，这是一个合作共赢的机。总的来说，自贸区的政策以及"一带一路"新的战略，都是在这个阶段，按照我们与时俱进的需要提出的新的改革开放战略。这个倡议的落实，能够让中国有一个更完善的市场经济体系，也可以给中国提供一个更好的对外环境，不仅能够帮助中国实现中华民族的伟大复兴，也可以帮助其他发展中国家实现现代化的梦想。

那么，"一带一路"倡议的实施对中国的影响究竟会有多大呢？

经投入产出模型严格计算后，我们认为"一带一路"倡议对中国的影响可以体现在如下三个方面：

首先，短期内，"一带一路"有助于消化过剩产能，但对推动本国经济增长效益不大。以投入产出模型计算，1单位的基建投资将拉动上游相关产业1.89个单位的生产扩张，但更重要的是，作为上游产业，1单位的基建投资可以推动下游产业3.05个单位的生产扩张。"一带一路"将有助于国内部分行业如钢材、水泥、煤炭等过剩产能的消化，因为虽然1单位的投资走了出去，但是1.89个单位的生产还是源自国内的。然而在"基建走出去"的情况下，单位的基建投资对下游产业所产生的3.05个单位的推动效应就完全贡献给了国外，面不是推动本国经济。

其次，中长期内，"一带一路"助力亚太经济体化，战略意义重大且有助于我国外储投资方向多元化。中国将通过"一带一路"倡议促进区域经济的一体化，带动区域间贸易活动的增长和更广泛的区域合作，通过充分利用各经济体的比较优势做到贸易成本的最小化，从而促进区域间资源的合理配置。

最后，与美国的"马歇尔计划"不同，中国版的"马歇尔计划"对世界经济具有更广泛的经济效益，它与美国的"马歇尔计划"不同，中国版的"马歇尔计划"是一种更无偿的"赠予"，对于区域经济的贡献更加显著。美国"马歇尔计划"的主要资金都用于购买最终产品进行消费，而这些最终产品又多数来自美国，对于美国经济的拉动效应十分显著。而中国版的"马歇尔计划"采取基建输出的方式，基建投资作为中上游产品，其产生的引致投资、引致消费的结果完全留给了"一带一路"沿线国家和地区，因此，可以说"一带一路"倡议确实会繁荣一路、富强一带，这是中国赠予地区经济增长的外部效应。

五、"一带一路"倡议对世界经济的影响

"一带一路"倡议是开放的、包容的，它的实施让沿线国家和地区分享到了中国改革开放以来所取得的巨大成果，也给沿线国家和地区提供了经济社会发展的"中国方案"。当然，这一倡议的顺利实施也需要沿线国家的支持。在短短几年时间里，这个倡议已经成为当前引领双多边国际合作的典范，得到了世界上100多个国家和国际组织的积极响应和支持，其取得的成就则是见证了参与到"一带一路"建设中的国家的发展。"一带一路"倡议的实施，正在积极地向着沿线国家和地区"政策沟通、设施联通、贸易畅通、资金融通、民心相通"的"五通"目标迈进。沿线国家各种促进发展的项目顺利推进，基础设施不断完善，贸易合作规模不断扩大，资金融通和产能合作显著进展，把各国文化、民心、感情和命运紧紧联系在一起，增进了相互的了解，架起了民心相通的桥梁，促进了各国经济的发展和人民往来。"一带一路"倡议的实施是沿线国家和平发展、共同发展的新梦想，是实现互利共赢、公平正义的新途径。

那么，"一带一路"倡议的实施将给世界经济带来哪些影响呢？本书认为"一带一路"倡议对世界经济的影响体现在如下三个方面：首先，"一带一路"倡议有助于世界经济的共享与合作，实现共赢。正如习近平主席在2015年博鳌论坛演讲时所说的，"'一带一路'建设秉持的是共商、共建、共享原则，不是封闭的，而是开放包容的；不是中国一家的独奏，而是沿线国家的合唱"。"一带一路"不仅体现了和平与发展这一21世纪主题，还体现了中国作为大国的包容与开放、共享与合作。自从上一次金融危机爆发后，世界各国的经济发展都进入了转型的深水期，寻找发展的突破是该阶段每一个国家发展的主要任务，亚洲国家和地区在不断加强自身建设的同时，也需要加强各国之间的相互合作，"一带一路"倡议正是为沿线各国合作与共享搭建平台，通过"一带一路"倡议的实施，达到了共赢的目的。

其次，"一带一路"倡议有助于强化国际合作，推动人类文明进步。"一带一路"倡议的提出对解决沿线各国的资源、能源等问题和经济发展转型问题有着时代性的意义，得到了沿线国家的高度评价。"一带一路"倡议是一个国际合作新平台，正在为促进全球发展增添新动力。它让世界各国认识到，在积极发展本国经济的同时还可以带动相关国家乃至整个世界的发展，这为本来相隔千里的各个国家搭建起友谊的桥梁。

最后，"一带一路"倡议将引导世界未来的发展方向。其一，"一带一路"倡议的实施，中国负起了大国的责任担当，为沿线国家提供经济社会发展的"中国模式"和"中国方案"，与此同时，也让中国经济文化发展产生了世界影响。放眼观望中国的转变，中国在经济建设水平上有了飞速的进步，在文化传承方面，更是做了充分的努力。自从"一带一路"倡议实施以来，中国文化"走出去"，沿线国家文化"请进来"，文化交流不断加深。如近几年深受广大观众喜爱的文化类节目《国家宝藏》《中华好诗词》等，一系列具有人文情怀的文化类节目在沿线国家备受关注。中国文化的交流特别是文化产业的输出，以一种崭新的方式向人们诠释了中国的文化并不是冷冰冰地躺在博物馆里的器皿，也不仅是古老泛黄的《千字文》，而是将趣味性和娱乐性有机地嵌入文化中。对沿线国家而言，双方和多边的文化交流，对内实现促进文化产业的提质增效，对外实现文化产业的合作共赢。中国作为负责任的大国，是维护世界和平与发展的重要力量，通过"一带一路"倡议的实施，不仅提升了政治影响力，也取得了更进一步的外交成果。中国改革开放以来经济高速发展的成果，需要让"一带一路"沿线国家共同分享；在世界经济发展波谲云诡的今天，也需要"一带一路"沿线国家抱团共同应对国际霸权、霸凌，这才是探索和平发展之策，是长久之计。其二，"一带一路"倡议背景下，"和平发展"是国际经济健康发展的方向。"亚洲对世界经济增长的贡献超过欧美之和，世界新兴大国和新兴经济体也主要集中在亚洲，世界地缘战略的天平日益向亚洲倾斜。"经济全球化，发展方式多元化，世界发展多极化已经成为今天世界发展的主流，没有任何一个国家可以单独应付各种可能的挑战和风险，国与国之间是互相依存、共同发展的，邻国之间建交了和谐友善的合作关系，将会有利于两个国家之间的发展。我国一向坚持走和平发展之路，奉行独立自主的和平外交政策。维护世界和平，促进共同发展，是我国外交政策的宗旨；和平共处五项原则是我国外交政策的基本准则；独立自主是我国外交的基本立场；加强同第三世界国家的团结与合作是我国对外政策的基本立足点。在这些外交政策的基础上中国一直在积极地与邻国建交，积极地参与到各种国际事务中。中共十八大以来，"周边外交"在中国外交总体布局中的分量有了明显提升。习近平在十八大和十九大以后的首次出访国，也都选择了"一带一路"沿线国家。

在 2014 年 11 月举行的中央外事工作会议上，习近平首先强调的也是周边外交，强调要切实做好周边外交工作，打造周边命运共同体。在 2017 年的亚太经合组织工商领导人峰会上，习近平进一步强调并指出，我们将坚持走和平发展道路，始终做世界和亚太地区的和平稳定之锚。与各邻国友好建交，将有利于亚洲地区的和平稳定，符合 21 世纪"和平"与"发展"的主题。其三，在"一带一路"倡议背景下，"合作共赢"成为未来国际经济发展的方向。多年来，尽管历经许多风雨，中国与周围邻国的相处，一直遵循着和平共处的原则。中国作为一个尊崇和平的大国，提出并实施"一带一路"倡议，本着国与国之间的关系是以利益为纽带的意愿，与邻国合作中实现共同的利益，才促成了今天和平发展的局面。中国是拥有邻国最多的国家，"一带一路"倡议的实施，给沿线国家和地区带来了发展、带来了利益，惠及了中国的许多邻国，这是有目共睹的。因此，"实施'一带一路'倡议旨在建立一个跨洲的合作贸易区，建立一个链接东亚、中亚和欧洲的新经济秩序，实现区域经济一体化，有利于破除美元和美军的霸权，推进上海合作组织的战略升格，构建中国发展新的空间"，"'丝绸之路经济带'建设，唱响国际合作三部曲——推进贸易投资便利化、深化经济技术合作、建立自由贸易区，围绕这三部曲"，这也使得"一带一路"倡议背景下，合作共赢成为未来国际经济发展的方向。

第二节　"一带一路"倡议背景下，人民币国际化所面临的机遇与挑战

2008 年金融危机以来，我国一直通过推进利率市场化、开发资本项目、建设离岸人民币市场等方式来推动人民币的国际化进程。"一带一路"建设能够促使更多的中国企业积极开拓国际市场，带动人民币的进一步流通，这势必为人民币国际化提供重要的发展机遇。但在我国利率、汇率市场化改革滞后，金融创新与金融改革不足，现有的以美元为主体的货币体系难以动摇的背景下，人民币国际化还面临着人民币汇率波动幅度增大、国际资本流动加剧等问题。因此，在"一带一路"建设在给人民币的国际化进程带来机遇的同时，也将带来一系列新的挑战。

一、"一带一路"给人民币国际化带来的机遇

"一带一路"建设的目标是"政策沟通、设施联通、贸易畅通、资金融通、民心相通"，归根结底就是要加强中国与"一带一路"沿线国家和地区的区域经济合作，这无疑对人民币的国际支付能力提出了更高的要求。同时"一带一路"建设的核心目标如基础设施建设、能源合作、贸易计价与结算、投资等具体的领域经济合作内容都离不开货币，这同样要求人民币尽快向国际货币转化。因此，"一带一路"倡议将从如下三个方面助推人民币国际化的实现：

其一，"一带一路"倡议的提出与发展必然会推动沿线国家之间经济贸易合作的深化，这有助于人民币国际化的实现。"一带一路"倡议的提出与发展使得"一带一路"沿线国家之间的经济贸易规模扩大，往来更加密切。近年来，中国对"一带一路"沿线国家的贸易总额虽有波动，但总体不改上升趋势；中国对"一带一路"沿线国家的贸易总额占中国进出口总额的比重总体呈增长态势。2017 年中国对"一带一路"沿线国家的贸易总额实现较快增长，为 14403.2 亿美元，占中国当年进出口总额的 36.2%，较 2016 年上升 1.9%。中国长期以来都是"一带一路"沿线诸多国家的第一大贸易伙伴，伴随"一带一路"建设的发展，中国与沿线国家的贸易往来也会日益扩大和加深，在跨境贸易中以人民币结算可以有效降低汇兑风险和减少交易成本，这符合贸易双方的利益，同时也将使采用人民币结算的贸易额度和范围进一步增长。

其二，"一带一路"倡议将增强中国在国际金融机构中的话语权，这同样有助于人民币国际化的实现。亚洲基础设施投资银行 (AsianInfrastructureInvestmentBank，简称亚投

行，AIIB) 是一个政府间的国际性金融机构，投资重点为亚洲基础设施建设，促进亚洲区域的建设互联互通化和经济一体化的进程是其宗旨。这一国际金融机构由中国主导创立，同时由中国人金立群担任行长。推动亚投行建立以人民币为主的投融资机制将给人民币国际化带来重大的机遇。此外，2014 年 12 月 29 日，丝路基金在北京注册成立并正式运行，基金资金为 400 亿美元。2017 年 5 月 14 日，习近平主席在 "一带一路" 国际合作高峰论坛上宣布：中国将加大对 "一带一路" 建设的资金支持，向丝路基金新增资金 1000 亿人民币。此举进一步增强了丝路基金的资金实力，有助于为 "一带一路" 建设提供更为有力、多币种和可持续的投资融资支持，同时也给人民币国际化的发展带来了重要的机遇。在丝路基金的推动下，以人民币为计价货币的投资势必会越来越多地出现，这将对人民币国际化起到很好的推进作用。

其三，"一带一路" 倡议将使中国对外投资的数量大幅增长，而对外直接投资将助推人民币国际化的实现。《2017 年度中国对外直接投资统计公报》称：2002-2017 年，中国对外直接投资流量呈现快速增长的态势。2017 年中国对外直接投资流量占全球比重的 11.1%，仅次于美国的 23.9% 和日本的 11.2%。2017 年中国对外直接投资流量是 2002 年的 58.6 倍，中国对外直接投资流量已经连续两年在全球比重中超过一成，中国对外投资在全球直接投资中的影响力不断扩大。中国对外直接投资存量同样呈现快速增长的态势。2017 年末，中国对外直接投资存量为 18,090.4 亿美元，较上年末增加了 4516.5 亿美元，是 2002 年末存量的 60.5 倍，仅次于美国的 7.8 万亿美元。自 2013 年 "一带一路" 倡议提出至 2017 年，中国对 "一带一路" 沿线国家的投资总体保持较快增长。2017 年，中国境内投资者总计对 "一带一路" 沿线的 57 个国家近 3000 家境外企业进行了直接投资，涉及国民经济 17 个行业大类，当年累计投资 201.7 亿美元，同比增长 31.5%，占同期中国对外直接投资流量的 12.7%。在对外直接投资中使用人民币具备两大优势：第一，可以在国内熟悉的制度和环境下更便捷地获得充足的资金供给；第二，可以避免汇率风险和价格波动，在原材料、中间产品投入或产品销售收入以人民币计价和结算可以有效降低汇兑风险和成本。随着中国对外直接投资的深化和发展，中国对外投资的影响力与日俱增，这给人民币国际化带来了重大机遇。

二、"一带一路" 给人民币国际化带来的挑战

"一带一路" 沿线国家的政治、经济、环境等因素错综复杂。同时，当前我国的资本账户尚未开放，金融改革尚未完成，金融监管体系尚不健全，投融资渠道还不够畅通，离岸市场建设也不尽完善，在此背景下，"一带一路" 建设将给人民币国际化进程带来一系列的风险和挑战。

第一，市场风险。"一带一路" 沿线国家的资源禀赋、市场结构、经济发展水平有着显著的差异。当我国企业进入这些国家的市场后，由于缺乏相关的经验，能否适应当地市场，能否具有竞争优势，这些都存在着一定的风险和挑战。而且由于中亚和西亚一些国家的市场化水平低，市场体系不完善，政府的行政效率也不高，我国企业进入后，也将面临

经营风险和违约风险。若市场打不开，企业的对外贸易活动将无法开展，人民币的区域化进程也将受到阻碍。

第二，政治风险。"一带一路"沿线国家的政治制度各有不同，政治稳定性也存有变数。像中亚的格鲁吉亚、阿塞拜疆，西亚的伊拉克、伊朗、叙利亚，南亚的巴基斯坦、阿富汗，东欧的乌克兰、俄罗斯等国家，常有政治事件发生，国内局势经常动荡不安。缺乏安全稳定的政治经济环境，国际投资不敢贸然进入，无疑会影响国际贸易活动的顺利开展。这也制约了人民币在这些区域的国际化进程。

第三，环境风险。丝绸之路经济带沿线国家的自然环境差距较大，很多国家和地区的生态环境脆弱，脆弱的生态环境制约了当地资源的开发利用。例如中亚和西亚地区有大片的沙漠地带。虽然这些地区的石油、天然气、各种金属矿产等资源丰富，但是生态环境的承载力已不堪重负。而这些地区的很多国家一直依靠矿产资源的出口，环境承载力制约了资源的进一步开采，同时也制约了对外贸易。若我国与这些国家的贸易规模和水平上不去，也将制约人民币的国际化进程。

第四，金融风险。"一带一路"沿线国家中，除了中国、俄罗斯、印度和土耳其等新兴经济体之外，其余国家的经济发展水平都较为落后，货币币值不稳定，容易产生金融风险。像中亚、东欧的一些国家，经济规模小，经济结构单一，本币汇率波动幅度大，容易发生货币危机。而且这些国家的经济受世界经济形势的影响大，还容易成为国际热钱攻击的对象，货币经常面临贬值的风险。同时，一些国家由于政治不稳定，政府还容易产生违约的风险。这些金融风险都制约和阻碍着人民币的国际化进程。

除此之外，以美国为首的主要货币国家可能会反对人民币国际化的实现。20世纪70年代，以美元为核心的布雷顿森林体系崩溃，国际货币进入牙买加体系时代，各国为了抵御金融风险、获得更多的定价权和巩固自身在世界金融体系中的地位，推动其货币与美元开展竞争。然而时至今日，虽然欧元、英镑和日元在国际货币体系中已拥有一定的地位，但美元作为世界主导货币的地位并未被撼动。目前，美国仍是世界第一大经济体，其在高新科技领域和重工业领域长期以来拥有很强的竞争力，加之美国在世界政治、经济、军事等领域的霸权地位，奠定了美元坚实的基础。由于人民币国际化会威胁到其他主要国际货币在世界范围内的使用，因此，美国等主要货币国家可能会采取一系列措施阻碍人民币国际化的进程。另外，在推进人民币国际化的同时我国可能会面临汇率不稳定的风险。金融学中著名的"三元悖论"（见图1.6）认为，在开放经济条件下，本国货币政策的独立性、汇率的稳定性、资本的自由流通三者不能同时实现。若人民币实现国际化，则必然要求增强资本的自由流动，同时，为了维护国内经济安全，货币政策的独立性也是我国政府所不能放弃的，那么作为"三元悖论"中的最后一个元素——汇率的稳定性必将面临更大的风险和挑战。因此，在人民币国际化以前，由于资本流动上的限制和货币政策的独立，全球金融危机对国内经济产生的影响较小。但是，随着人民币国际化的推进，我国的金融市场将进一步开放，届时外部的金融危机更容易对我国金融稳定造成冲击。同时伴随着资本市场的开放，国际投机资本不仅会增加我国金融监管的难度和成本，也会对我国金融市场的稳定造成威胁，这是我们在推动人民币国际化的过程中必须注意的问题。

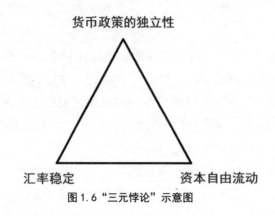

图 1.6 "三元悖论" 示意图

第三节 "一带一路"倡议对人民币国际化的影响与助力

一、人民币国际化战略意义

无论是贸易还是投资，全球化面临的一个重要机制是货币机制，或者是货币体系。20世纪30年代的大萧条以及后来的布雷顿森林协议催生了以美元为核心的国际货币体系。全球化转型要求货币体系也进行相应的转型。众所周知，目前国际货币体系是一币独大的垄断局面：作为世界上最主要的储备货币，美元在各国官方货币储备中占比高达60%~70%，在80%左右的国际贸易中充当计价结算货币。

现在看来，长期被一种货币垄断的货币体系是有缺陷的，这次百年一遇的全球金融危机使这一缺陷凸显出来。首先，作为主要的国际储备货币，美元的发行不受限制，几乎可以无约束地向世界倾销货币，但偿还却得不到应有的保障。而现行国际货币体系缺乏平等的参与权和决策权，仍是建立在少数发达国家利益基础之上的制度安排。美国利用货币特权向其他国家征收铸币税，通过金融技术和衍生工具可以将风险扩散到全世界，让其他国家为美国的危机买单，美元流入国因此而承担美国金融体系的风险。只要这种货币体系内在矛盾没有根本解决，就不可能消除这种体制性危机的爆发。其次是调节机制的局限性，国际货币基金组织（IMF）缺乏足够的权威，资本存量不足，其制度设计和投票权分布不合理，使美国和作为一个整体而存在的欧盟掌握着否决权，能够有效地维护自身利益；IMF很难通过任何不利于美欧利益的决议，而且对美国和欧盟无法实行有效的监督和约束。

当今世界，贸易保护主义沉渣泛起，逆经济全球化暗流涌动。在这样的情况下，我们沿用原来的货币体系是不合适的。美国是一个很自私的国家，做事情都把自己的利益摆在第一位。例如，2008年美国酿成了次贷危机，为了挽救本国经济和金融机构，美国置他国利益于不顾，向国际金融市场倾注了巨量美元，致使美元呈现全球泛滥之势。也就是说，通过美元垄断的货币体系和制度安排，美国把次贷危机转化为欧洲一些国家的主权债务危机，进而酿成全球金融危机。结果是美国的损失并不是很大，并且很快就恢复过来了，留下一些欧洲国家经济在挣扎。

美元一币独大风险太高。在全球化转型的时候，货币体系也应该转型。在世界上贸易和投资发展很快的情况下，把鸡蛋都放在一个篮子里，任凭一种货币垄断国际货币体系的风险太大。最起码应该有三四种货币行使国际货币的职能，这样才能够对冲货币风险。2008 年的金融危机使美元的霸主地位受到撼动。IMF 前首席经济学家肯尼斯·罗格夫认为，在此轮危机的打击下，美元丧失货币霸主地位的时间可能提前了 35 年。欧债危机的频频爆发，暴露了欧元内在的制度缺陷难以根治。由于长期低利率，加上政府更迭频繁和人口老龄化等问题的困扰，日元地位江河日下。老牌货币英镑也是风光不再。所以，改革美元独霸的货币体系已是大势所趋，各国对国际分工合作新模式的探索将是一个逐渐否定美元执世界货币之牛耳的过程。目前欧元同美元表面上好像有点抗衡作用，但是不要忘记美国和欧盟的利益结构相类似，而且发达阶段又大体相近，在价值链上也基本是处于相同的水平，在这种情况下美元和欧元很容易形成共谋。必须设法改变目前国际货币体系中美元独大、欧元只占一定比重、其他货币无足轻重的格局。

改革的方向是：世界至少应有三种以上的主要货币，并逐步实现国际货币的多元化。在这方面，人民币要勇于担当，要研究如何加快人民币国际化步伐的问题。认识到美元一币独大的种种弊端以后，各国开始谋求储藏货币的多元化，纷纷呼吁改革现行国际货币体系。与此同时，由于我国国力不断提升，各国对人民币的信心也显著增强，此背景非常有利于推进人民币国际化。目前，已有一些国家将人民币纳入外汇储备。随着中国经济的持续走强，将人民币列入外汇储备币种的国家会不断增多。

从改革开放到加入 WTO，中国主要是"以开放促改革"，让国内规则向国际规则接轨。下一阶段应将"以开放换规则"摆到重要位置，做好两个统筹：统筹安排国内国际两套规则，既要让国内规则吸纳国际规则中的合理成分，又要让国际规则的发展步伐与国内规则的改革进程相协调；统筹安排国内国际两个市场、资源和规则，不失时机地用国内市场和资源换取制定国际规则的话语权。据预测，我国有可能在 21 世纪 30 年代成为世界最大经济体。如果届时人民币仍然不能走向全球，还无法在国际货币体系中发挥重要作用，既不利于实现中华民族伟大复兴这一历史使命，也不利于维护世界经济稳定。所以说，人民币作为国际货币本位币的适时推出，既是中国健康持续快速发展的迫切需要，也是重塑国际货币体系、维护世界经济金融稳定运转的现实要求。

二、"一带一路"将给人民币国际化带出一条近路

作为合作发展的理念和倡议，"一带一路"旨在借用古代丝绸之路的历史符号，依靠中国与有关国家既有的双边或者多边机制来发展合作伙伴关系，共同打造政治互信、经济融合、文化包容的利益共同体、命运共同体、责任共同体和人类命运共同体。人民币国际

化，如果走正常的路可能是以中国内地为圆心，通过圆周一浪又一浪地荡漾，渐次荡到大中华、周边国家、亚洲、亚太地区，最后波及全世界。可以想见，这会是一个缓慢的荡漾过程，特别是对土库曼斯坦、伊朗、希腊、意大利、荷兰和一些非洲国家，只能等到最后的第六涟漪才能波及。

在国际贸易中，距离非常重要。有人把距离当作一种自然的关税，因为距离越远运输成本越高，贸易难度越大。笔者认为，对于人民币国际化，"一带一路"通过半径带路可能会带出一条近路。本文套用一句古诗，"海内存高铁，天涯若比邻"。原来很远的欧洲、非洲国家，如果实现了基础设施互联互通，特别是高速铁路、高速公路通达，就同邻国没有多少差别，可以通过半径扩展直接纳入邻国圈的范畴，这样欧洲的一些国家就同我们的周边邻国差不多了。最优货币区理论表明，在多国区域形成最优货币区需要具备一些条件：生产要素流动、经济开放、金融市场一体化、产品多样化、贸易结构互补和政策协调等。随着"一带一路"的推进，"一带一路"所追求的政策沟通、设施联通、贸易畅通、资金融通、民心相通为打造"人民币区"创造了良好条件。

第一，政策沟通。"一带一路"涉及国家众多、领域广泛、项目巨大、交易结构复杂，政策沟通有助于对接发展战略。五年来，欧亚经济联盟、《东盟互联互通总体规划2025》、非盟《2063年议程》、哈萨克斯坦的"光明之路"新经济政策、土耳其的"中间走廊"倡议、蒙古国的"发展之路"、越南的"两廊一圈"、英国的"英格兰北方经济中心"、波兰的"琥珀之路"等，各国和各地区发展战略对接和协调使得合作方向更加明确。政策协调的重点在于金融对接。要加强合作的顶层设计，创新合作机制，统筹人民币国际化、金融机构发展、金融市场培育、金融服务提供和金融监管等方面工作，推进金融机构和金融服务立体化布局；引导形成银行、证券、保险、评级机构等行业有序拓展、错位发展、相互借力的网络化布局；遵循市场规律和国际惯例，制定长期、稳定、可持续、风险可控的金融运行规则；以贸易和投资便利化为重点，建立健全便利人民币跨境和国际使用的政策框架；稳步扩大人民币国际使用的范围，逐步形成"人民币区"。

第二，设施联通。"一带一路"参与国很多是发展中国家，构建陆上、海上、天上、网上"四位一体"的复合型基础设施网络，能够发挥它们的经济发展潜能。据专家估算，过去以关税减让为特征的经济全球化方式，最多会推动世界经济增长5%；而以互联互通为动力的新型经济全球化，能够推动世界经济增长10%~

15%。[①] 沿线国家大多处于工业化、城市化的起步或加速阶段，虽然有改善基础设施以促进经济建设的强烈愿望；但又因资金实力和资本积累不足，无力建设重大项目。

我国既有资金又有建设能力，由我们主导建设项目，用人民币投资和结算就是顺理成章的事情。

第三，贸易畅通。"一带一路"建设参与国资源禀赋和产业结构互补性强，将投资与贸易相结合，促进产能合作和经贸合作，可以将互补性有效地转化为经济推动力。消除贸易壁垒，增强双边或多边在贸易和投资便利化方面合作，有助于提高区域经济发展质量，推进区域经济一体化。

---

① 国纪平，《构建人类命运共同体的伟大实践》，《人民日报》2018年10月4日（第1版）。

第四，资金融通。一方面，"一带一路"建设资金需求巨大，需要长期稳定的资金投入，这有利于人民币在资本项目下对外输出，并在经常项目下通过跨境贸易形成回流。尽管人民币国际化是从贸易结算开始的，但投资将成为未来人民币国际化的重要推动力。另一方面，沿线很多国家金融不发达，中小微企业融资困难，资金价格偏高。作为新兴的资本输出国，中国在风险可控的前提下加强与"一带一路"建设参与国的资金融通，既可以帮助这些国家破除资金瓶颈，又能加速人民币国际化进程。资金融通有利于人民币增强在沿线国家的支付和结算功能，因此，要完善区域货币合作体系，发挥"一带一路"人民币专项贷款和基金优势，为投融资和贸易合作提供便利化服务。

第五，民心相通。随着国际贸易和投资规模的增长，人民币在"一带一路"建设参与国的认可度会逐渐提升。民心相通有助于让各国人民了解到使用人民币可以拓宽资金渠道、降低财务成本、规避汇率风险，从而提高人民币的接受度。

总之，"一带一路"建设为人民币国际化提供了很好的路径选择，走"一带一路"对人民币国际化可能是一种捷径。资金融通是"一带一路"建设的核心内容，重点是深化金融领域合作，不断健全"一带一路"多元化投融资体系。我们可以利用"一带一路"这一平台，通过扩大对外投资、活跃贸易等途径来提高人民币国际化水平。中国成立丝路基金和亚洲基础设施投资银行，我们出资建设基础设施，用人民币进行结算和投资是顺理成章的事情。"一带一路"的贸易往来可以用人民币结算，对"一带一路"的投资可以通过人民币来进行。由于交易和支付中大量使用人民币，出于应对预防性需求等目的就需要持有人民币作为储备货币。所以，我们有理由相信，"一带一路"建设能够加快人民币国际化的进程。

第二章　人民币的"前世今生"

第一节　中国纸币起源

　　中国的铸币历史非常古老。秦朝是中国第一个统一的帝国王朝，建立于公元前 3 世纪后期。早在秦朝时期，货币就已经成为中国经济中不可或缺的重要组成部分，但在当时货币主要以青铜的形式出现。青铜货币较之金银等贵金属货币实际价值更低，更便于铸造，同时也更有利于政府对货币的发行数量进行控制。汉代时期，造纸术开始在中国出现，公元 105 年前后，蔡伦以太监身份进入皇宫，并研制出"蔡侯纸"的生产技术，从此，纸张开始被大规模生产。随后，木版印刷和活字排版技术也分别出现在唐朝（618—907 年）和宋朝（960—1279 年）时期，这些发明为纸币的生产和印刷奠定了基础。

　　唐朝时期，中国出现了纸币雏形，即"飞钱"，这可以被认为是人类历史上的纸币雏形。这种纸币在本质上就是现代意义上的存单：未免除携带金属货币带来的不便，商人将金属货币或商品留在钱庄做抵押，然后从钱庄取得这种纸币外出经商。"飞钱"的表面含义就是"飞动的钱币"。这个名字一方面体现出，这是一种印刷在纸上的钱，不同于金属货币，一股风就可以把这种纸币吹走；另一方面也说明，这种纸币的流通速度远远高于金属货币。但是，在当时"飞钱"的流通数量和流通地域都非常有限，在全国绝大部分的市场上并不被接受。

　　中国最早的纸币出现在宋朝，10 世纪后期，宋朝完成了中国的统一。此前唐朝灭亡之后，中国曾进入五代十国时期，全国被分成众多割据政权。尽管政治上四分五裂，但中国西南部地区仍然在享受着唐代遗留下的经济繁荣，虽然在当时硬通货非常短缺，但是跨地区的商业和贸易活动仍然非常活跃。由于担心对外贸易会使自己的货币储备更加短缺，五代时期的统治者便使用降低硬币重量的办法，使自己的硬币失去对投机者的吸引力。此外，由于中国大部分地区缺乏铜矿，不能大量生产新的铜币，于是，统治者还利用铁和铅等更便宜、储量更丰富的贱金属来铸造货币。公元 960 年，宋朝在中国北方建都，并逐步征服了南方和西方的诸王国，最初，宋朝政府试图重建以铜钱为基础的、单一的货币体系，但是，五代十国时发行的"铁钱""铅钱"仍在市场中大量流通，于是接下来发生的事情便是"劣币驱逐良币","铁钱"和"铅钱"将铜钱逐出了市场。随着宋朝建立后经济的进一步发展，商业规模的不断扩大以及商人财富的增加，市场中进一步出现了货币短缺的现象，社会上出现了严重的"钱荒"。同时，由于体积庞大的"铁钱"和"铅钱"十分不方便运输，不仅严重妨碍商品交易，而且根本就不适合用于大宗交易，于是一些商人便开始发行自己的私人票据，在私人交易中，人们将这些私人票据作为货币使用。在随后的时间里，这些由私人发行的"交易票据"在跨区域的贸易中被越来越广泛地使用。10世纪左右，在四川成都出现了一种被称为"交子"(字面意思就是"可交易的货币")的私人票据被更大规模地使用到日常贸易中。1024年，宋朝政府接管了"交子"的发行权，此后，造纸原料、纸张制造和"交子"的印制都委托给了成都"交子务"，除了为商人提供方便交易的货币之外，"交子"开始在宋朝的财政管理中发挥重要作用。1160年，宋朝出现了一种被称为"会子"的纸币，但只有政府才能发行这种纸币。也就是说，原来由私人钱庄发行可交易货币的权力，全部集中到了政府手里。宋朝官方大力推行这种货币的使用，并在安庆、成都、杭州和安徽等地开办了几家由政府经营的造币厂。据史料记载，这些造币工厂雇用了大量工人，仅在1175年，杭州造币厂就雇用了1000多名劳工来印刷"会子"。由此，"交子""会子"出现和大规模印制标志着纸币的出现，也标志着中国的货币制度开始从单一制的金属货币向金属与纸币并行的双轨制迈进。

表 2.1 中国历史中的主要朝代及政府时间线

秦朝	前 221—前 206 年
汉朝	前 206—220 年
隋朝	581—618 年
唐朝	618—907 年
宋朝	960—1279 年
元朝	1206—1368 年
明朝	1368—1644 年

（续表）表 2.1 中国历史中的主要朝代及政府时间线

清朝	1616—1911 年
中华民国	1912—1949 年
中华人民共和国	1949 年至今

图 2.1 宋代"交子"与"会子"

图 2.2 宋代铜币

图 2.3 张择端《清明上河图》局部

（张择端《清明上河图》详细描述了北宋京城汴梁及汴河两岸繁荣的商业贸易景象）

第二节　历史的难题：谁来发行货币

宋朝政府垄断了"交子"和"会子"的发行权，并禁止使用私人发行的货币，其理论依据是只有政府才能保证稳定、可靠的货币供给，从而向经济活动提供支持，但这项规定也引发了争论。实际上，早在只流通金属货币的汉朝，政府的货币发行职能就已成为争论的焦点，针对货币的社会作用，以及货币发行特权归属的早期讨论，出现在汉朝，即所谓的"盐铁之议"。这次讨论出现在公元前80年左右，会议场所仅限于在皇宫范围，参与讨论的人员是当时代表各个领域60多位官员和学者。作为一场针对当时国家政策的辩论大会，本质是对汉武帝时期推行的各项政策进行总体评价，因而其涉及面甚广，但核心是政府与民间管理国家经济的职责。

当时，很多儒家学者认为，最好避免由政府独揽的铸币大权，因为这会导致政府毫无节制地滥用铸币权。主张政府干预经济的官员和学者则认为，市场本身会迫使货币的私人发行者主动维持货币价值，并提出政府造福于民的方式应该是"外不障海泽以便民用，内不禁刀币以通民施"。但负责财政和金融事务的政府官员则坚持相反的立场，而且他们的观点也得到了一批学者的赞成。这一派别主张，政府独揽铸币权最有利于保证货币价值的稳定，而币值稳定是经济繁荣的基础，即便是大力宣扬自由放任经济政策的汉朝著名史学家司马迁也认为，发行货币是政府无可争议的特权。在《史记》中，司马迁借助前车之鉴提出警告，让私人肆意铸币将导致货币价值被人为操纵、经济被肆意玩弄。汉武帝手下的御史大夫桑弘羊也坚决主张由政府垄断铸币权。在桑弘羊看来，如果由皇帝统一控制国家的货币，百姓就不会有心思再去服侍其他主人。而且统治者统一发行货币，人们自然也就不会怀疑货币的真伪了。

进入宋朝，汉朝的货币大论战再次成为焦点。只不过，这一次政府无须再担心纸币发行权，因为它已经告知天下，只有政府才有能力保证金属货币与纸币维持稳定的价值比。当时这场针对货币问题的大辩论还隐含着另外一个问题，那就是宋朝官员与学者对纸币本身看法上的分歧。宋朝史学家、政治家叶适曾批评纸币就是一文不值的"空钱"。他的意思是，如果不适当控制发行量，就会导致通货膨胀一发而不可收拾，进而降低民众收入水平，阻碍经济发展。和其他很多人一样，叶适认为铜钱才是最主要的货币，即"母币"，而铁币和纸币是"母币"的"子孙"，或者说，是衍生出来的货币。当时的很多人赞同叶适的观点，认为只有金属货币才是有价值的储备，但他们也认同，只要政府严格控制发行数量，纸币是行之有效的交换媒介。宋代史学家邱俊的观点得到了宋朝政府的普遍认可，邱俊认为只有采用多种形式的货币，才能发挥货币的诸多功能。

最终，铜币短缺和纸币泛滥导致货币价值不稳，这成为宋朝败落的重要原因之一。随着宋朝与北部女真部落之间的冲突不断升级，军费需求大大增加，进一步加剧了这些问题。汉朝儒家学者及宋朝知识分子都曾担心，政府独揽货币发行权会不可避免地导致货币滥发，造成经济混乱，这种担心最后得到了验证。实际上，这种影响已经超越经济范畴，并最终导致宋朝走向灭亡，最终，战败的宋朝被蒙古帝国所取代。

第三节　神奇炼金术：世界上最早的法定货币

在 13 世纪的元代忽必烈王朝，威尼斯人马可·波罗来到中国，他在这里发现了一种新的"炼金术"，它甚至比把普普通通的金属变成黄金更神奇。他听说了一种神奇的钱用纸做成，而且不需要以贵金属库存为基础。这种炼金术出现在元朝的都城大都，也就是今天的北京。在马可·波罗的游记中，他写道：

汗八里城（大都）中有一个大汗的造币厂。在那里，大汗用严格的工序制造货币。据称，他们确实拥有炼金术士的神秘手段……这种纸币的制造必须由政府批准，在形状和工序上完全与制造真金白银一样……经过这些程序，纸币获得通用货币的地位。所有伪造货币的行为，均会受到严厉惩罚。因此，在这种纸币被大量制造出来之后，便可以流通于大汗领土上的每一处，任何人都不敢冒生命危险而拒收这种货币。他的所有臣民都会不加思考地接受这种纸币，因为在他们收到这些纸币后，就可以用它们再去购买自己需要的任何商品。总之，用这种纸币可以买到任何物品……大汗的所有军队都用这种纸币发饷，他们认为它与金银等值。基于上述原因，有一点或许可以明确，大汗对财产的支配权远远超过世界上的其他任何君主。

马可·波罗看到的货币印刷在由桑葚树皮制成的纸张上，元朝政府最初使用木版印刷印制这种纸币，随后改为铜版印刷。各种形状的流通券均被称为"钞"。尽管纸币早在宋朝就已经开始被使用，但纸币和法币的发明还要归功于忽必烈。和当代国家的货币一样，元朝政府发行的货币不以任何贵金属或有形商品为依托。因此，尽管货币本身没有内在价值，但作为交换媒介依旧被普遍接受。

由此可见，这种货币属于不兑现货币，是依靠国家强制力而发行的，而且仅由发行这种货币的政府提供担保，这个创新的出现有其必然性和必要性，因为铜本身就很稀缺，在贸易规模不断扩大的时代，铜很难满足制造金属货币的需求，而且以铜为主的青铜合金被大量用于制造武器、雕像及其他物品。因此，铜供给非常紧缺。此外，忽必烈还把他们的货币变成法定货币，换而言之，这是一种由法律认可的官方支付媒介，在债务人用其来偿还借债或其他金融债务时，出借人必须接受。在忽必烈的统治下，纸币被广泛采用是依赖政府的声誉，当然，对拒不接受者给予肉体惩罚的作用或许也不能忽视。忽必烈于 1294 年去世之后，元帝国逐渐陷入混乱，其繁荣也成为过眼烟云。政府肆无忌惮地发行纸币削弱了人们对元朝货币的信心，并使纸币的流通陷入僵滞，甚至导致以物换物的商品交易方式再度兴起。瘟疫、干旱和洪水等一系列自然灾害造成了数百万人死亡，饥荒蔓延，民众怨声载道。经济管理的不当，暴动频发，进一步加剧了危机，并最终导致元朝灭亡。

元朝灭亡之后，随之而来的是明朝（1368—1644 年），明朝在 1368 年开始发行流通券，直至 15 世纪中叶。在此时期，金属币和纸币同时使用，但以纸币为主。然而，政府不加节制地发行纸币，很快造成了恶性通胀，侵蚀了纸币的购买力，也使商人越来越不愿意接受纸币。最终，纸币被彻底废弃，银币和铜币逐渐成为商业往来中唯一被接受的支付手段。

清朝（1616—1911 年）政府直到 1853 年才发行纸币，当时，政府亟须为镇压太平天国运动筹措军饷，太平天国运动从 1850 年延续到 1864 年，清政府在此期间发行的银行券以白银和铜为基础。清政府在第二次鸦片战争（1856—1860 年）中战败后，各国政府纷纷开始在中国的贸易口岸开设银行，发行自己的银行券。清政府最初并没有提出异议，但他们很快就意识到，这种行为实际上就是外国列强在经济上的侵略，国家主权和利益就此落入外国人之手，而货币就是外国人掠夺中国的武器。最终，清朝皇帝光绪与西方列强展开了一场货币控制权之争。他批准创建一家由上海商人经营的银行。1897 年，中国通商银行成立。次年，它成为第一家发行纸币的现代中国银行。但清政府随后又设立了其他发行纸币的银行，导致市面上同时流通多种银行券，使得政府很难维持货币系统的稳定。为解决这个问题，1905 年，清政府在北京设立了第一家国家性银行——户部银行，后改名"大清银行"，以期对政府财政和货币体系进行更有效的调控。大清银行是唯一拥有制造金属币和发行纸币特权的银行，并负责管理政府资金，尽管这对稳定货币发挥了一定作用，但这种作用几乎是昙花一现，很快随着大清王朝的覆灭，大清银行也寿终正寝。

图 2.4 清代的铜币

（左为康熙通宝，右为光绪通宝）

图 2.5 大清银行发行的纸币

第四节　国民政府时期的变革

　　1911 年，辛亥革命推翻了清王朝，随之而来的是政治、经济的剧烈震荡和连绵不断的内战。各省政府和金融机构纷纷开始发行自己的纸币，不过，这些纸币的使用范围非常有限。1912 年，以革命派姿态出现的同盟会改组为国民党，并逐渐发展成为当时中国最大的政治党派。1925 年，孙中山逝世，蒋介石在几年以后接过中国国民党的指挥棒。到 1928 年，蒋介石已基本将大部分地区的军阀势力笼络到一起。1928 年 11 月，中国国民政府建立中国第一家正式的国家银行——中央银行，并将其总部设在上海。中央银行拥有发行金属币和纸币、开展外汇交易、发行政府债券等权力。其他私人银行或国有银行也可发行货币。这些货币同时在市场上流通，但所有货币均以白银储备为基础。也就是说，纸币持有者可以在发行银行将纸币兑换成白银。1934 年下半年，随着全球白银价格的上涨，大量白银以合法或非法途径流出中国，导致中国的白银储备趋于枯竭。1935 年初，中国的一些银行的白银储备出现了大幅萎缩，削弱了国家货币体系的基础，并将中国的金融市场推到崩溃的边缘。1935 年11 月，国民政府开始推行"法币改革"，抛弃了以白银储备为基础的货币制度，并指令三家银行发行"法币"（国家指定的纸币）。当时的中央银行、中国银行及交通银行成为最早有权发行"法币"银行券的银行。随后，中国农民银行也加入了这个行列，也就是说，只有这四家银行有权发行法币。为提升民众对货币的信心，这种法币在原则上可以与当时世界上最主要的储备货币英镑和美元等进行自由兑换。与此同时，已经侵占了中国东北的日本，加快了侵吞中国领土的步伐。日本人迫不及待地开始它们对中国货币的控制，以此作为经济占领的手段。1938 年，日本设立了"中国联合准备银行"，开始发行与法币竞争的货币。实际上，日本人通过"中国联合准备银行"发行的纸币与法币之间的这场直接对抗，被某些史学家称为"货币战争"。

由于国民党发行的法币可与英镑、美元等储备货币自由兑换，因此，其接受度远超"中国联合准备银行"发行的纸币。为扭转局面，日本侵略者规定，在日本侵占的中国领土上不得流通法币，也就是说，法币必须兑换为"中国联合准备银行"的货币才能使用。随后，日本又在上海开设的外国银行将法币兑换为硬通货。考虑到白银储备下降会导致法币大幅贬值，上海各银行开始限制法币对白银的兑换数额，以维护硬通货储备的数量。最初，为维护法币价值，国民政府还为上海的这些银行提供外汇支持，但这很快就耗尽了政府的英镑及美元储备，进而大大削弱了民众对法币稳定的信心，虽然英国和美国政府也曾在短期内为法币提供支援，但没过多久，法币还是失去了民众的信任。

1941 年，重庆国民政府与汪精卫南京伪政府之间的货币战争演变成一场赤裸裸的徒手厮杀。1941 年 1 月，南京汪伪政府建立中央储备银行，并在上海设立分行，该银行开始发行自己的银行券，与国民党的法币针锋相对。在上海，很多银行家被迫与中央储备银行合作，汪伪政府曾邀请上海银行界领袖朱保全加入中央储备银行董事会，遭到拒绝之后，汪精卫派出特务，强行绑架朱保全，并将他关押了 10 天。最后一个月，国民党特务用枪支和自制炸弹袭击了中央储备银行位于上海的分行，并屡次试图刺杀银行重要官员。南京汪伪政府以同样手段做出回应，他们用手榴弹对支持国民党的上海银行发动袭击，并对部分银行员工进行迫害。有一次，汪伪政府特务用炸药炸毁了一座银行大楼，导致七人死亡，多人受伤。在这一轮以暴制暴的对抗中，重庆国民党占得上风，但他们也为这场暂时的胜利付出了惨重代价。随着抗日战事吃紧，为充实军费，国民政府开始肆无忌惮地发行货币。1937 年，法币的发行量还只有 14 亿元，然而到了 1948 年，其发行量已是一个天文数字——660 万亿元。毋庸置疑，由此带来的必然结果就是物价飞涨。根据一项估计，在这段时间，物价上涨幅度达到 3500 万倍，这让法币几乎变成一张废纸。1948 年，为避免恶性通胀导致国家经济崩溃，国民政府开始发行金圆券，单从表面理解，这似乎应该是一种以黄金为基础的纸币，但事实表明，国民政府显然还没有认识到货币政策的严肃性。仅仅在 10 个月的时间里，金圆券的流通量就增长了 65 万倍，很明显，政府根本就没有足够的黄金储备作为这些所谓金圆券的价值基础。尽管国民政府曾承诺，这种金圆券的最大面额就是 100 元。但是不到一年的工夫，市面上就出现了面值为100万元的金圆券。与此同时，其他反抗日本侵略的省份也开始发行自己的货币，包括"抗币"和"边币"。1945年，日本侵略者向盟军投降，这标志着日本侵略者对中国的占领就此结束，但这未能使国民政府和各地方的货币统一起来，因为国民党与中国共产党之间的内战即将爆发。

图 2.6 国民政府发行的法币

图 2.7 国民党执政时期的恶性通货膨胀：人们用麻袋装钱去购物

第五节　人民币的诞生

　　日本侵略者投降后，国民党与共产党之间曾出现了短暂而脆弱的和平，但这种平静只不过是全面内战的前奏。1946年，解放战争全面爆发，凭借雄厚的群众基础和高超的军事策略，共产党的军队逐渐占据上风，随着共产党力量的不断壮大，出现了一种以"圆"为面值的纸币。1948年秋天，中国大部分地区已经被中国共产党控制，1948年12月1日，中国共产党设立了一个新的金融管理机构，即中国人民银行（People'sBankofChina，缩写为PBC），负责制定国家货币政策。这样，中国人民银行就成了即将诞生的新中国的中央银行，其职能类似于美国的美联储。中国人民银行是在合并三家银行的基础上建立起来的，这三家银行分别是北海银行、华北银行和西北农民银行。最初，中国人民银行的总部设立在华北银行所在地——河北省石家庄。中国人民银行成立不久之后，即开始发行自己的货币，并将这一货币命名为"人民币"。顾名思义，这种货币是"属于人民的货币"。该货币的命名与共产党的宗旨一致，即一切都属于人民。与此同时，中国人民银行禁止外国货币、黄金及白银在市场上流通。此外，新的政权也在着手清除由国民政府发行且依旧流通的银行券。在中华人民共和国于1949年10月1日正式成立时，人民币已缩写为"RMB"，并作为通用货币符号一直沿用至今。

　　1949年初，在共产党领导层中，大部分人倾向于将毛泽东的头像印在中国人民银行发行的第一套人民币上。毕竟，在中国人的心目中，毛泽东就是新中国的奠基人和创始者，但毛泽东拒绝了这个提议。据称，毛泽东当时说："票子是政府发行的，不是党发行的。我现在是党的主席，不是政府主席，怎么能把我的像印上呢？人民政府成立以后再说吧。"直到1949年10月，中华人民共和国成立时，毛泽东当选为中央人民政府主席，1954年，他在第一届全国人民代表大会第一次会议上当选为中华人民共和国主席。但是据报道在1949年中华人民共和国成立后，中国人民银行行长南汉宸曾私下再次请示过毛泽东，是否可以将毛泽东的头像印在人民币上，毛泽东再次拒绝了，他这样做的原因是：首先，终其一生，毛泽东都憎恨钱财；其次，毛泽东拒绝搞个人崇拜，并认为这种做法是"一种旧社会意识形态的残毒"，他坚定地维护集体领导政策，这无疑体现了毛泽东的高尚情怀和个人品格。

　　董必武是中国共产党最早的领导人之一，也是新中国的缔造者之一，和中央人民政府的很多同志一样，董必武亦长期热爱书法艺术，其书法水平是公认的。作为新中国的第一任财经委员会主任和一位优秀的书法家，董必武的一项重要工作，就是书写所有人民币纸币最上部的"中国人民银行"这几个字。据说，董必武非常重视这项工作，在他看来，这是极其严肃的一件事，容不得半点马虎。为此，董必武特意沐浴更衣，怀着无比庄重和虔

诚的心情，工工整整地写下"中国人民银行"这六个字。相传，在看到 1949 年发行的第
一版人民币面世时，毛泽东兴奋异常。他说："人民有了自己的武装，有了自己的政权，
现在又有了自己的银行和货币，这才真正是人民当家做主！"

在第一套人民币发行不久，《人民日报》在头版发表社论指出：新的货币代表了国民
党政权的彻底失败。这一次的统一币制，完全不同于蒋介石的货币制度，蒋介石的目标是
制造通货膨胀，为政府掠夺人民创造条件，而这一次的统一，则是让我们的货币体系更简
单、更高效，促进商品和生产资料的交换，刺激经济发展。因此，它会有利于整个社会
的繁荣……此外，任何人，在任何时候，只要持有新人民币，就能买到任何他们需要的东
西。此后，在新中国成立的漫长岁月里，人民币也确实做到了它在发行之初的承诺。

第六节　人民币的变迁

自中华人民共和国成立以来，中国政府共发行过五套不同版本的人民币。

第一套人民币正式发行时间为 1948 年 12 月 1 日，停止流通时间为 1955 年 5 月 10 日，
发行方为石家庄中国人民银行总行。第一套人民币既是战时货币，又是新中国成立初期经
济恢复时期的货币，它首先服务于中国人民解放战争，"一切为了战争的胜利"，解放军打
到哪里，人民币就跟进到哪里。人民币的发行保证了解放战争的胜利进军，促进了经济的
恢复与发展，最终成为统一的全国货币，成为全国唯一的合法货币，结束了国民党统治下
几十年的币制混乱历史。由于解放战争刚结束时存在严重的通货膨胀及物价高涨问题，因
此，第一套人民币没有发行辅币，也没有发行金属货币，同时由于历史条件的限制，第一
套人民币也没有水印，第一套人民币共 12 种面额，分别是 1 元、5 元、10 元、20 元、50 元、
100 元、200 元、500 元、1000 元、5000 元、10000 元、50000 元，是票面金额最高的一
套人民币。

新中国成立后，中央人民政府采取了一系列措施，统一全国财经工作，在很短的时间
内实现了金融物价的基本稳定，国民经济得到了迅速恢复和发展，财政收支基本实现了平
衡。为了进一步健全和巩固我国的货币制度，以便交易和核算，国务院于 1954 年 12 月
21 日发布命令，责成中国人民银行自 1955 年 3 月 1 日起发行第二套人民币，收回第一套
人民币，新旧币的折合比率为新币 1 元等于旧币 1 万元。第二套人民币共发行了 11 种面
额，分别是纸币 1 分、2 分、5 分、1 角、2 角、5 角、1 元、2 元、3 元、5 元、10 元。这
套人民币面额结构较为合理，是新中国成立以来第一套具有完整货币体系的人民币，首次
实行主辅币制，并发行了金属分币，使新中国货币进入纸、硬币混合流通的时代，从此人
民币的币值得到空前稳定，其面额结构体系也成为后来各套人民币结构体系的基础。

图 2.8 第二套人民币 图 2.9 第三套人民币

（两套人民币的面值分别为 1 元、5 元、10 元）

第三套人民币于 1962 年 4 月 20 日起发行，直至 2000 年 7 月 1 日停止流通。这套人民币主币面值为 1 元、2 元、5 元、10 元四种，从这套币起取消了 3 元券的发行，辅币是 1 角、2 角、5 角三种，共七种面额，全套面值合计 18.80 元。这套人民币在设计上注重美感，突破了中国传统纸币四边框呆板的形式，构图全部采用开放式，集中反映了工人阶级的新面貌，展现了社会主义建设新成就。在印刷色彩上趋于明亮化，采用多色彩印，大大提高了这套人民币的艺术鉴赏价值。其防伪技术进一步提高，人民币主景和面额文字及衬底花纹都采用了雕刻版，主币采用了五角星满版水印，10 元券采用了天安门固定水印。第三套人民币在有限的空间里，展现了开阔深远的意境，令人耳目一新。它记载了一段特殊、宝贵的历史，内涵十分丰富，具有典型的文物特征和社会史料研究价值，也具备特定的历史纪念意义。

第四套人民币的纸币在 1987 年投入使用。这套货币的纸币采用了不同的设计方案。其中，5 元面值纸币正面是一位藏族女性和一位回族男性；50 元面值的人物是一名炼钢工人、一名农民和一名知识分子；100 元面值纸币则是四位已故中国领导人的侧面头像：毛泽东、周恩来、刘少奇和朱德。第四套人民币的纸张光洁度和坚挺度很好，耐折，耐磨，耐腐蚀。该套人民币分别形成固定水印、半固定水印、不固定水印三种图案，工艺要求极高。如 100 元券的毛泽东侧面浮雕水印像和 50 元、10 元券的工人、农民防伪水印技术，已达到世界领先水平。第四套人民币的油墨技术、纸浆中掺入的纤维和彩点等技术指标在当时都是极为先进的。而且在 1990 年版的第四套人民币 50 元和 100 元券中，还有一道贯通上下的黑色金属安全线，供人们透视辨别真伪。

图 2.10 第四套人民币

第五套人民币在 1999 年 10 月开始发行，当时正值纪念中华人民共和国成立 50 周年。当时《老友》杂志曾发文称："中国人民始终有一个梦想，就是将毛主席的肖像印在人民币上，这个梦想终于实现了。"现在，所有面值的人民币纸币均为毛泽东的正面画像。北京市印刷局的一名官员指出，在设计第五套人民币的时候，孔子、李白、岳飞和李时珍等著名历史人物都曾被考虑用作纸币正面的肖像，但是设计人员随后认为，在钞票上使用知名人物的头像有助于遏制伪造，而最为中国人熟知的人物无疑就是毛泽东。正如一名中国记者在报道中所言：即便是有知识的中国人，也很难分辨出华山、黄山、泰山和衡山之间的差别。中国还有很多文盲，而且人们在文化程度上差异巨大，但有一点毋庸置疑，所有人都认识毛泽东。第五套人民币共有1角、5角、1元、5元、10元、20元、50元、100元八种面额，与第四套人民币相比增加了20元面额，取消了2元面额，使面额结构更加合理。第五套人民币的主景人物、水印、面额数字均较以前放大，尤其是突出阿拉伯数字表示的面额，这样便于群众识别，会收到更好的社会效果。第五套人民币在票幅尺寸上进行了调整，票幅宽度未变，长度缩小，这更便于人

们使用和携带。

第五版人民币的发行是中国货币制度建设的一件大事，是中国社会稳定、经济发展、文化艺术繁荣、科技进步的有力证明。中国人民银行负责人曾指出：发行第五套人民币标志着改革开放以来，中国国民经济持续、快速、健康发展，经济发展速度在世界上名列前茅，社会对现金的需求量也日益增大，经济发展的形势对人民币的数量和质量、总量与结构都提出了新要求。货币制度需要随着经济发展变化的实际情况进行适时调整，由于第四套人民币的设计、印制始于改革开放之初，其本身仍存在一些不足，比如，防伪措施简单，不利于人民币的反假；缺少机读性能，不利于钞票自动化处理等。凡此种种，都要求中国政府发行新版人民币。而发行第五套人民币也表明了中国政治稳定，经济持续、快速、健康发展的社会现状，所有这些都为第五套人民币的顺利发行提供了有力的保证。

图 2.11 第五套人民币

第七节　"元"与人民币

今天我们会发现，讨论中国的货币不仅是金融领域的核心话题，也是各国报纸及各类电视新闻节目的热门话题。你可能会注意到，有些外国人喜欢将中国的货币称为"人民币"，有些人则干脆称之为"元"。本书在解释人民币的发展历程时，同时采用了这两种说法。尽管这两个词的内涵不尽相同，但是恐怕很多中国人都难以分清，更不要说外国媒体，那么我们在这里就来进行一下简单的区分。

如前所述，作为这种货币的名称，"人民币"的含义在字面上可以理解为"属于人民的货币"；而"元"则是这种货币对商品计价的单位。如果走进北京红桥的某个名品商店，你会在二楼遇到热情洋溢的店员，他们会用结结巴巴的英语向你推销某种国际品牌的背包——"只收你 1000 元（约合 160 美元），绝对最低价"。如果你摆脱纠缠，准备登上最适合外国人的珠宝店三楼时，急切的商家马上会把价格降到 300 元，并神秘兮兮地对你说："这个价格只给你一个人。"在这个过程中，你根本就听不到有人提"人民币"这个词。其实，这与英镑的情况类似。英镑（pound）是英国货币的名称，先令（sterling）是计价的单位，但是在伦敦，你看不到"sterling"这个词。假如你走进约克郡的一家酒吧，服务员会递给你一份用英镑，而不是先令标价的价签。更有趣也更容易令人困惑的是，有些人习惯于将中国货币的数额写成"100 元人民币"（RMB100yuan）。这颇有点像"10 美元"的写法（$10dollars），虽然看上去有点啰唆，但没有任何坏处。此外，导致问题更复杂的是，在日常生活中，人们在口语中还经常以"块"来代替"元"，在用"块"来表示物品价格时，就像是纽约人用"buck"来代替"美元"，或是伦敦人用"quid"来表示物品的价格。货币名称问题上的混淆，在一定程度上缘于大众媒体的误导。目前外国媒体对人民币已形成若干习惯说法。在指代人民币时，《华尔街日报》（WallStreetJournal）、路透社以及彭博等新闻通讯几乎一致使用"元"这个词。假如我们在《华尔街日报》官网上以"元"为关键词搜索 2015 年 1 月 1 日至 12 月 31 日期间的新闻，会得到 2285 个条目，而在同期内搜索"人民币"这个关键词，只能得到 149 个条目。根据《华尔街日报》某记者的看法，他们认为"元"这个概念更为不同国家的人们所熟知，因此，它成了许多外国媒体指代人民币时的首选。同样，《彭博新闻》（BloombergNews）也习惯于使用"元"，当彭博记者使用"人民币"这个称呼时，文章通常会做出特殊提示："这是中国货币的另一个名称。"《纽约时报》（TheNewYorkTimes）的编辑规范在这个问题上用心良苦，"在以往的参考文献中，通常可以不使用中国的音译词。但对中国的货币，在数量上须换算为等额的美元"。但是现在，该规范做出补充说明："在必要的情况下，可使用'人民币'一词……通常，'元'仅限于报价或是对不同人民币金额有多种参照的文章……但在这种情况下，可提供简单的解释，即'元'是中国货币'人民币'的缩写。因此，即便《华尔街日报》的读者都知道'元'的含义，也需提醒他们'人民币'（RMB）的意思，《纽约时报》的读者都熟悉"人民币"，但要提醒他们"元"的内涵。毫无疑问，这也从某个方面反映了这些报纸的读者认知。在《经济学人》（TheEconomist）的编辑规范中，他们首先对"元"和"人民币"这两个词的差异进行了说明，以避免记者在使用它们的时候出现歧义："人民币的意思就是属于人民的货币，它是元的正规用语，相当于先令与英镑的关系。"《金融时报》（FinancialTimes）则喜欢使用"人民币"，人民币与元的使用率为6：1，但《金融时报》的记者似乎认为，读者应有足够的分辨力，无须过多解释，即可区分这两个词。

本书在提及人民币的时候，即以"人民币"作为中国货币的正规用意，并缩写为RMB，但在必要的情况下，也会使用"元"。"元"这个字并非起源于元朝，实际上，早在公元前3世纪到公元前5世纪，就出现了被称为"圆钱"（圆形的钱币）的硬币，因此这变成了"人民币"的代名词和结算单位。

在本章中，我们回顾了公元7世纪以来的中国纸币发展史，以史为鉴，可以知兴替，要更好地掌握当代人民币国际化的问题，必须以历史作为出发点和落脚点。通过本章对人民币起源、发展历史的介绍，我们可以看出，人民币的发展在很大程度上与中国经济的步伐是一致的，自1999年新版人民币发行以来，中国货币进化里程中最引人注目的现象就是它在全球贸易和金融中的地位不断提高，而"一带一路"倡议的提出为"人民币"进一步在国际事务中扮演主导性角色提供了机遇和可能，这也是本书将要重点研究和探讨的问题。

第三章　历史上的货币改革

第一节　秦汉时期铜本位币制的确立

一、秦始皇统一六国货币

秦始皇统一六国后，在货币制度上，废除六国货币，以秦币同天下币；确立货币币材、种类与单位；国家垄断货币铸造权，实行了统一的货币制度，这是历史上首次以国家法令的形式颁布了货币统一的标准，确立了圆形方孔"半两钱"的货币制度；同时，也是中国历史上的第一次货币制度改革。战国时期列国货币虽然已形成了一定的货币体系，但当时各国的货币存在品类繁杂、形制不统一以及价值换算困难等问题，秦始皇在完成统一六国后，遂改革了六国庞杂的货币体系，废除了六国所流通的刀币、布币、蚁鼻钱、爰金等种类繁多、大小不一的货币，而代之以秦国的圆形方孔"半两钱"，从而实现了全国货币制度的统一。秦统一货币制度的改革分为以下三个部分：

其一，统一钱币种类、币材。秦始皇以秦币同天下币，首先，确立了货币种类为黄金、铜钱，从《金布律》中可知秦有实物货币，布帛的流通，因此，《汉书》记载的"币为二等"实为三等，据《太平御览》记载："汉书曰秦兼天下，币为二等，黄金以镒为名，上币。"[1] 早在班固《汉书》中曾论："凡货，金钱布帛之用。"[2] 其次，以贵金属黄金为币材，确立称量货币黄金为上币，货币单位为镒；以贱金属铜为币材，确立铜钱为下币，货币单位为半两，重量为面文所标，即半两；而中币可能为布币，即以实物货币布帛为币材，按照《金布律》的标准要求为"布袤八尺，福（幅）广二尺五寸。布恶，其广袤不如式者，不行"。[3] 布帛亦为法定货币，而禁止其他财物珠玉、龟贝、银锡等作为货币，而是为器物做装饰或宝物做收藏之用。

其二，统一货币单位。战国时期，黄金的货币单位为"斤""镒"，《太平御览》引《淮南子》："秦以一镒为一金而重一斤，汉以一斤为一金。"[4] 至秦统一币制改"斤"为重二十两的"镒"为单位。铜钱在秦国时有"两""铢"等单位，战国后期，圜钱的重量、币文不仅各异，且重量与币文不相符，秦统一币制，确立币文"半两"为法定货币，文如其重，

---

① 李昉：《太平御览》827卷《资产部七》，北京：中华书局，1960年，第3727页。
② 班固：《汉书》24卷（下）《食货志第四（下）》，北京：中华书局，1962年，第1149页。
③ 《睡虎地秦墓竹简》，睡虎地秦墓竹简整理小组编，北京：文物出版社，1990年，第36页。
④ 李昉：《太平御览》827卷·《资产部七》，北京：中华书局，1960年，第3727页。

且外圆内方，币材以铜为主，另配有锡和铅，这就废除了其他与币文重量不符的圜钱。半两钱的法币地位的确定符合货币的发展规律，有固定的重量与铸形，携带便利，应用于日常商品交易中，为"下币"。"中币"布帛为实物货币，在秦简中规定与钱的兑换比例为十一钱为一布。至此，货币在种类、币材与单位上首次以法令形式规定。

其三，统一钱币铸造。统一铸造钱币，即国家垄断货币铸造权，战国时期流通的铸币具有地方特点，主要原因是政治上长期处于割据状态，不仅诸侯拥有铸币权，甚至封邑的卿大夫亦有，造成六国货币币制紊乱，关于铸币权的统一，早在"初行钱"时，秦国就加强了对铸币权的控制，此次国家政权的统一，亦为再次巩固国家垄断货币铸造权，禁止民间私铸。在专门钱币的立法《金布律》中亦有对私铸的法律制裁。国家在法律上禁止私铸，关于私铸，在秦末时期就有项梁私铸大钱获利的记载，《太平御览》引《楚汉春秋》曰："项梁阴养生士九十人。参木者，所与计谋者也。木伴疾，于室中铸大钱，以具甲兵。"[1]

从始皇时代开始的币制改革，是历史上首次以国家法令的形式确立了货币制度，这不仅加强了封建中央集权专制统治，也活跃了商品经济。秦铸造发行了方孔圆形半两钱，实行了统一的货币制度，也为汉代进一步改革货币政策奠定了基础。

图 3.1 秦始皇统一货币并发行"半两钱"

（左为秦始皇像，右为秦国"半两钱"）

二、.汉武帝的币制改革

秦始皇统一货币后使用半两钱，这种钱币在秦国的崛起以及统一六国的过程中都发挥了重要的作用。因此，汉初继续沿用了半两钱。但是，由于半两钱面值太高，不能适应汉初低水平的社会经济，因此，汉武帝在继位后就迫不及待地进行新的币制改革。汉武帝的

---

① 李昉：《太平御览》827卷·《资产部七》，北京：中华书局，1960年，第3728页。

币制改革历时 27 年，经过 6 次反复，最终废弃半两钱，确立了五铢钱的统治地位。五铢钱是中国历史上铸造时间最为长久的钱币，从西汉一直延续至唐初，历时 700 余年，它和半两钱一同开启了中国长达 1000 多年的铜本位货币制的先河，此后历朝历代所铸铜钱莫不以这两种钱币为模板，形式皆为外圆内方，五铢钱的出现对中国日后的币制演变产生了重要影响。

(1) 汉武帝币制改革的政治目的

公元前 154 年（景帝前元三年），发生了一场以吴王刘濞为首的七国之乱，如果不是名将周亚夫力挽狂澜，平定了叛乱，吴王刘濞就可能取代景帝成为皇帝，那就没有武帝什么事了。而吴王刘濞之所以能够发动这场叛乱，很重要的条件是他拥有铸造货币的权力，由此聚敛了发动叛乱的经费。为什么地方诸侯国也能铸造货币呢？这是特殊历史背景下导致的。

汉初，由于秦末农民起义及楚汉战争的破坏，物资极度匮乏。司马迁在《史记》中记载，当时甚至连皇帝乘坐的马车都找不到四匹颜色一样的马，丞相、将军只能乘坐牛车，一般老百姓更是到了没有剩余东西需要储藏的地步。在这种国困民穷、商品匮乏的情况下，秦朝遗留下来的重达 12 铢的半两钱，因为面值太高，不能适应汉初低水平的经济生活，几乎失去了交易的功能。因此，为了解决流通中缺钱的困境，尽快恢复生产，发展经济，刘邦在称帝的当年（公元前 206），颁布了法令，允许民间铸造减重的半两钱，名称虽还叫"半两"，但重量却已经减轻了，这就是汉朝初期铸造的"榆荚半两""八铢半两"。允许民间私铸，实际上是等于将铸币权下放给民间。这本来是一项惠民政策，却被有政治野心的吴王刘濞利用了，引出一场几乎颠覆汉朝中央政府的诸侯叛乱。公元前 140 年，汉武帝登基后，从政治上加强中央集权，将铸币权收回中央是其中重要一步。因此，汉武帝是在即位之初就迫不及待地推行了以收回铸币权为目标的币制改革。

(2) 汉武帝币制改革的经济目的

汉武帝是极富个性且有政治抱负的人。他凭借"文景之治"所积累的物质基础，一改文帝和景帝所崇尚的"无为"黄老思想，对内对外都推行了积极的扩张政策。史书上说，汉武帝是"外事四夷，内兴功利"。他派卫青、霍去病北伐匈奴，收复河套及河西走廊地区；又派张骞出使西域，开通了丝绸之路。在西南方面，汉武帝收复了夜郎和西南夷，将四川以西以及云南、贵州纳入版图。在东南方面，汉武帝出兵平定南越、闽越，将广东、广西以及福建纳入了版图。在东北方面，汉武帝灭卫氏朝鲜，将朝鲜半岛纳入版图。通过对四周的征伐，汉武帝不但解除了汉初匈奴带来的威胁，而且基本上奠定了中国古代的疆域范围。这些大规模军事行动都是要花费钱财的，并且开支浩大，"文景之治"所积累的那点财富很快就被他给花光了。面对捉襟见肘的财政，汉武帝为了筹措新的经费，就从币制着手，先后进行了六次变革，对社会财富重新洗牌、填补中央财政空缺，并最终确定了五铢钱的重量标准。我们可以说，正是五铢钱奠定了汉武帝霸业的基础。

汉武帝币制改革的过程

汉武帝的币制改革，是从建元元年（前 140）至元鼎四年（前 113）的 27 年间分 6 次进行的。第一次是建元元年，销毁文景时期的"四铢半两"钱，改铸"三铢"钱。这是因为，当时流通的半两钱名义上重四铢，实际已减重到只有三铢或不足三铢，改铸三铢钱就是为了使它名实相符。但是，汉武帝没有想到，这又引起了民间私铸。汉武帝被迫于五年后又废弃三铢钱，重新恢复使用四铢半两钱，等于转了一圈儿，又回到了原地。第二次币制改革主要体现在技术上。在停铸三铢钱后，恢复铸造的四铢半两重 2 克左右，比文帝时期的"四铢半两"钱略微轻薄。但是，技术上却有一个重要的改进，就是加了一个浅细的外郭，被称为"有郭半两"。不要小看了这个边郭，它可是一项重要的技术创新。这是为了防止私铸者磨取铜钱边郭，用磨下来的铜屑铸钱。加边郭，既可防止磨边取铜，又可减轻流通中对钱币上文字的磨损，一举两得。因此，这是中国古代铸钱技术上的一大进步，此后铸造的钱币就都带有这样一个边郭。这项技术中国是领先的，比欧洲要早。第三次币制改革发生在元狩四年（前 119）。当年卫青、霍去病出击匈奴，军资耗损严重，国库空虚。为了增加收入，汉武帝采纳张汤的建议，铸造了"白金三品"并发行了"白鹿皮币"。第四次币制改革是元狩五年（前 118）。在发行"白鹿皮币"，铸造"白金三品"的同时，汉武帝又废弃了四铢半两钱，准许郡国铸造一种新钱，以"五铢"为文，这就是最初的五铢钱。铸造方式是由中央统一规定重量、尺寸、文字，由各郡国分别铸造，所以此钱又被称为"郡国五铢"。这样一来，从公元前 336 年秦国"初行钱"开始铸造，后来统一了中国古代货币的"半两钱"，在流通使用了 200 多年之后，最终被五铢钱替代了。第五次币制改革发生于元鼎二年（前 115）。由于郡国五铢钱的尺寸、大小以及工艺都不统一，给盗铸者提供了可乘之机，并愈演愈烈。为杜绝盗铸，汉武帝发布诏书，不许郡国铸钱，改由京师的钟官负责，统一铸造"赤仄五铢"钱。"赤仄五铢"就是指经过这种加工净边的五铢钱，规定赤仄五铢钱 1 枚等于此前郡国铸造的五铢钱 5 枚，民众缴纳赋税以及官府使用，都必须是钟官铸造的赤仄五铢钱才行，希望以此来杜绝盗铸现象的发生。第六次币制改革发生于元鼎四年。在统一铸造赤仄五铢钱仅仅两年之后，汉武帝又发布诏书，废除了赤仄钱与郡国五铢之间 1：5 的比价，规定各种五铢钱都平价流通。后来又再次重申禁止郡国铸钱，只准"上林三官"铸钱，并废止了以前的各种钱，规定天下不是上林三官铸造的五铢钱都不准使用。这里的"上林三官"指的是设立于上林苑的钟官、辨铜和均输三种官职。其中，钟官负责掌管铸钱，辨铜负责辨别铜色，均输负责管理铜锡等铸钱材料的运输，这可以说是我国最早的中央造币厂。从此，中国货币进入了五铢钱时代。五铢钱一直延续使用了 700 多年，直到隋朝末年，成为中国古代使用时间最长的货币。

汉武帝所推行的五铢钱币制的成功之处主要体现在两个方面：首先，五铢钱在历史上铸行量最多，流通时间最长。不仅如此，钱币形制与重量标准稳定，轻重适宜，对后世的货币制度产生了深刻影响，币制发展进入新的阶段。其次，铸币权收归中央，由中央政府机构统一铸钱，中央集权的铸币制度得以进一步加强。铸币权问题是自先秦至西汉以来，钱币制度反复更迭的根本原因，尽管秦始皇时期曾实现铸币权的统一，但随着秦末汉初的朝代更替，铸币权再次分散，汉初时的一些郡国和地方政府也具有铸币的权力。汉武帝建立的五铢钱制，设立了专门的铸币机构，解决了币制紊乱等问题，五铢钱制的成功符合货币发展规律，体现了国家垄断铸币权的正确性。

图 3.2 汉武帝改革币制并发行的"五铢钱"

（左为汉武帝像，右为"五铢钱"）

第二节　唐宋时期纸币的兴衰演变

一、纸币萌芽的历史溯源

在本书第二章中已经提到，我国是世界上使用纸币最早的国家，而从纸币演进的历程来看，可以说是萌芽于唐，成于北宋，而盛于南宋。在整个中国封建社会阶段，国家所印行的纸币，也以两宋时期最为发达。而纸币为何会出现在唐宋，又为何在两宋时迎来高速发展？这与当时中国社会的经济发展水平是分不开的。

从纸币产生的一般过程来考定，一般地说，产生纸币的条件，应该是以比较发达的商品生产和商品交换为前提的。只有商品货币关系发展到一定的程度，货币的流通手段已相当突出，纸币才能投入流通领域。而纸币的流通，又是以集权国家和民族市场的存在为前提的。因为，没有集权国家，就不可能有纸币在广泛地区行使的强制力量；没有民族市场的存在，也就没有大量吸收和容纳纸币的场所。这几个前提条件，在我国两宋时期就已存在，因此，国家就能大量印行纸币，并能在广泛区域内投入流通。在本书第二章的叙述中我们得知，中国最早的民间纸币是北宋时期的"交子"，并由最初民间的"私交子"而后发展为官方发行的"官交子"或称"会子"，然而，"官交子"及"会子"的产生，除了具备以上所述的前提条件以外，还须具备以下几个因素：

（1）统治者维护中央集权的需要。唐末到五代十国，出现了我国历史上少有的藩镇割据、武人专权、战争连绵不断、帝王几易其姓、生灵涂炭的混乱局面，对此，人民群众早深恶痛绝。赵匡胤代后周立宋以后，为了巩固其封建统治，早就有厉行中央集权的考虑，在采纳赵普的意见后，策划了"杯酒释兵权"。此举，一方面，废除藩镇，并且加强了对军队的控制、削弱了节度使和禁军将领的兵权；另一方面，赵又大量选用文臣代替军人掌控中央到府、州、县的行政机构，管理行政，同时又委派转运使到各路管理财政，把大部分租税运交中央，从而使封建的中央集权制度得到了加强，初步扭转了财政分散和混乱的局面。与此同时，宋朝廷的当权者为了防止地方割据和重新叛乱，又鉴于当时江南及四川、云南部分旧遗势力尚未根除，统治者放心不下，就于宋仁宗天圣元年 (1023)，将产生于四川的民间私交子收归国有，改由国家统一印制发行，并将四川原来的私交子停止流通，经过这样的改变，纸币就成为中央控制地方的一种统治工具，成为市场流通的主要货币形式。

（2）为弥补国家财政收入的不足。一般说来，中国封建社会国家所有纸币的发行，主要都是为了财政的需要，两宋时期更是如此。这是因为：一是两宋时期战争并没有完全绝迹，亟需弥补财政收入的来源。当时，先有北宋与辽夏统治阶级之间的战争，后有金军南进，于是两宋的统治者大量增兵，投入战争。这样，一面是军需日增，一面又是地盘缩小、财源枯竭，亟须增添新的财源。上述情况，尤以南宋初年更为突出。当时的朝廷偏居江南以自安，高宗渡江以后，又几致倾覆，政府非但在人力上不足以抵御外患，而且在钱粮和物资上也极度匮乏，难以支撑。于是，两宋政府不得不借增发纸币来达到弥补财政需要之目的，大量发行交子。仅徽宗崇宁年间，由于对西夏用兵，就多次滥发"交子"做军费。在崇宁元年 (1102) 至大观元年 (1107) 六年间，就增发交子二千二百零五万五千余贯，约相当于原定发行限额的二十倍。二是宫中奢侈浪费、挥霍无度。在太宗的时候，一个官人月俸只五贯钱，且有低于七百文的。但到神宗时，一个贵妃每月料钱就达八百缗，嫁一个公主要花到七十万缗。

（3）铜铁制货币太重，不便于货币流通。宋代虽然实行的是铜铁钱并行制，但又不是各区都兼用铜铁钱，因而也就形成了许多货币区。而在这些货币区，非但用的钱不同，各地又规定不准运钱出境，出现了一种割据的局面。在北宋时，就有开封府界、京东路、京西路、江北路、淮南路、两浙路、福建路、江南东西两路、荆湖南路、广南东西两路、荆西北路等十三路专用铜钱；成都府路、梓州路等四路行使铁钱；陕府西路和河东路则铜铁钱兼用。在南宋时，铜钱限于东南，四川用铁钱。总的来说，北宋以铜钱为主，南宋以铁钱为主。这些铜铁钱，根据统治者的规定，一般都是体大值小，分量又重，携带非常不便，不能适应当时经济发展和商品交换的需要。并且到了宋代，商业已经比较繁荣，交易也比较普遍，它不但需要更多的通货，而且需要更轻便的通货。这种情况，从张择端的《清明上河图》（见第二章图 2.3）中就可见一斑。宋代已出现了活字印刷术，具备了造纸印刷技术，构成了印刷纸币的基本条件；再加上，早在唐代"飞钱"已经存在，在宋代实际使用中又迭经蜕变，演变成两宋柜坊票据形态，商人都乐于使用。凡此种种，就促成纸币"交子"应运而生。犹如南宋吕东莱所述："蜀用铁钱，其大者以二十五斤为一千，其中者以十三斤为一千，行旅赍持不便，故当时之券会生于铁钱不便，缘轻重之推移不可以挟持，交子之法，出之所自为，托之于官，所以可行。铁钱不便，交子即便……"在《续资治通鉴》

长编卷一〇一仁宗天圣元年十一月戊戌条也有这样的记载："初，蜀民以铁钱太重，私为券谓之交子，以便贸易"。

（4）铜铁钱币泛滥，需要一种新的货币加以替代。宋代初期是铜铁二钱，分界行使，同时存在。这两种钱的折合率开始定为1：1，其实铁钱的实质价值远远不如铜钱，因此，使用不久，两钱之折合率就随之变动，加上，政府又出于各种原因收回益州铜钱，铁钱的兑换愈加困难，人们之间也不愿受授。在铁钱贬值的同时，铜钱也因政府滥肆发行和钱体减重、改变币材金属成色、成分等，实际价值大大降低，直接引起货币购买力的降低；流通中的钱币变成原来行使钱币的价值符号，又导致市场货币流通量的减少。为此，政府又增加铜钱的铸造发行；铸造发行愈多，物价也就愈加上涨。连京城的房租也加倍收取。宣和四年（1122），榷货务说当时米价比熙宁元丰以前高四倍。在《宋史卷工82·食货志盐》中就有这样一段记载："（宣和）四年，榷货务建议，古有斗米斤盐之说，熙丰以前，米石不过六七百，时盐价斤为钱六七十，今米价石二千五百至三千，而盐价仍旧六十。"

（5）交子铺逐步联合，促进了纸币流通的不断扩大。随着商品经济的发展，宋代柜坊业也日趋发达。这时，一方面是商品交易的票据需要逐渐增多，而且各地做法不一，发行紊乱，亟待整理统一；另一方面，同行业务增多后，相互间的竞争也十分激烈，交子铺要获得竞争的胜利，亟须健全本身，扩大力量。这就促成了交子铺的联合和合并经营。由于交子发行日益广泛，政府为适应社会需要，于是就赋予"交子铺"特权，并加以保护。因为交子铺有国家做后盾，它在百姓中的信誉也相应增高。

正由于上述种种因素，两宋时期的纸币流通也就愈来愈广泛，使之成为当时流通中的主要货币形式之一。

二、纸币"交子"的衰落

中国北宋时期出现的纸币"交子"，是世界上最早出现的纸币，甚至比西方国家最早的银行券领先了六七百年，然而，令人困惑的是纸币在古代的中国并没有一直延续使用下去，到明朝中叶，纸币便又重新被白银货币所取代，中国的货币制度又回到以金银为主的金属货币时代。那么，纸币没有在中国延续使用的原因何在？宋朝曾兴盛一时的"交子"又是何时消失的呢？下面我们就来解答这些问题。

（1）北宋战争造成了"交子"的通货膨胀。北宋时期，从仁宗到神宗，再到徽宗，均发动了对西夏的战争。几十年中，战争时断时续，对双方社会政治和经济生活都产生巨大影响。徽宗曾一度改写了宋朝曾经屡屡战败的颓势，在其战略部署下，宋军连战连捷。为保障胜利局面，徽宗增发交子以助军费，交子发行量达到每界发行限额的20倍之多，以致形成了严重的通货膨胀。交子界满，以旧换新时，新交子收兑旧交子以1兑4，即旧交子贬值75%，只剩下25%的价值。但是，新交子发行之后，仍然不能兑换足量的现钱，所以继续贬值下去。

（2）纸币由"交子"改为"钱引"。大观元年（1107），徽宗诏令交子务改为钱引务，交子改为钱引。这样做是为了提高纸币的信用等级。交子的意思是用于交换的凭证，而钱引的意思则是可以用来提取现钱的凭证。当时市场还有"盐引"和"茶引"，分别是提取食盐和茶叶的物权凭证。朝廷发行钱引，有利于人们增强对其流通价值的信心。交子改为钱引后继续贬值，大观年间，1000文钱引只能兑换10余枚现钱。大观4年（1110），徽宗诏令恢复纸币的发行限额，经过长期的努力，直到宣和年间（1119—1125），钱引的价值才逐渐得到了恢复。宣和四年（1122），北宋童贯俸徽宗旨意率军攻打辽国燕京。久攻不下之际，派使者至金朝请兵协助。金军到来，辽国不战而降。金军在燕京大肆抢掠之后，将燕京移交北宋管理。从此，北宋将以往每年交付辽国的银绢50万两匹转给金国，并付金国燕京代税钱100万贯，犒军费银绢20万两匹。宣和五年（1123），金太祖阿骨打去世，他的弟弟吴乞买即位，立刻整兵备战，南下攻宋。面对强敌，宋徽宗无奈下诏罪己，取消花石纲，不再收藏奇花异石，但是仍然挡不住金军南下，只好禅位给他的儿子宋钦宗。靖康二年（1127），金兵攻入开封，掳宋徽宗、宋钦宗北去，北宋灭亡。宋徽宗在位的25年，是战争频繁的时代。由于军费浩大，宋徽宗滥发交子，致使交子流通制度衰败。所以，宋徽宗诏令交子改为钱引。

　　（3）"钱引"流通的终结。继承交子流通制度，钱引的流通区域仍然限制在四川。金军南下击灭北宋，宋朝退避江南称为南宋。南宋的统治地区包括四川，所以钱引继续在四川流通。但是，随着战争规模的进一步扩大，钱引的发行也就突破了原定的限额。南宋高宗建炎年间（1127—1130），张浚以知枢密院宣抚川蜀，命赵开为随军转运使，在秦州设钱引务，在兴州鼓铸铜钱。此后，赵开大量制造钱引，使钱引数量达到4190万缗，超过限额大约33倍，却没有发生通货膨胀，而是引发了百姓的盗制。徽宗增发交子，并不增加发行准备，交子数量增多却不能兑现，所以迅速贬值。徽宗将交子改为钱引，并没有改变这种局面。《宋史·食货下三》云："大观中，不蓄本钱而增造无艺，至引一缗而当钱十数。"赵开在四川发行钱引，增设了银绢作为钱引的发行准备。官卖银绢，允许百姓用钱引购买银绢。百姓需要向官府缴纳各种税赋，赵开允许百姓采用钱引缴纳。因此，赵开采取的措施保证了钱引价值的稳定。南宋宁宗开禧二年（1206），韩侂胄指挥宋军大举出击，北伐金国，结果宋军大败。为了军备和战争的消费，南宋王朝大量发行纸币，纸币进入恶性通货膨胀时期。当时南宋统治地区流通的纸币，主要是东南地区流通的会子，以及四川地区流通的钱引，两者都出现了比较严重的通货膨胀。宋理宗端平元年（1234），南宋王朝再演宋徽宗联金灭辽的故事，这次是联蒙灭金，金国果然被宋蒙联合击灭。第二年，宋蒙战争全面爆发，此后数十年战火不息，纸币的问题也就愈加严重。宋理宗宝祐四年（1256），四川宣抚使李伯曾上《救蜀楮密奏》，指出四川钱引存在的问题，建议将四川发行纸币的权力收回朝廷。当年，朝廷下令使用封椿库新造的四川会子，收兑钱引。自北宋徽宗改交子为钱引，至南宋理宗诏令使用会子收兑钱引，钱引共流通约150年，至此终于完成了历史使命，退出了流通领域。

　　（4）纸币退出流通舞台。1272年元朝建都后，再次发行自己朝代的纸币"中统钞"，发行量很快超过了元朝的硬通货储备。1282年元朝政府明令禁止黄金和白银流通，"中统钞"成为不可兑换货币。1287年"中统钞"贬值了80%，元朝政府不得不发行"至元钞"来替代"中统钞"，并且无限制地印制"至元钞"，以致使市场拒绝接受"至元钞"。1309

年明朝发行"至大钞"取代了"至元钞",但被过高估值的"至大钞"再次被市场拒绝,当纸币彻底失去信任后,贸易活动不得不通过物物交换进行。1375 年明朝决定发行"大明宝钞",并禁止贵金属作为交易媒介使用。1394 年当"大明宝钞"贬值到不足面值的 20% 时,明朝政府采取了极端措施,禁止使用"大明宝钞"进行交易。15 世纪 30 年代,明朝决定停止印制和发行"大明宝钞",并承认白银的价值标准作用,允许百姓用白银纳税。自此,白银成为明朝和清朝的价值标准和交易工具,而纸币暂时退出了历史舞台。

三、关于宋代纸币的评价与反思

北宋发行交子以后,经历了南宋、金、元,直到明朝初年,是中国古代货币发展史上的纸币流行时期。魏晋到隋唐通用的实物货币——绢帛在宋初退出流通领域以后,它在货币结构中的地位逐渐被纸币——交子、会子、宝钞取代了。宋元到明初,纸币盛极一时,甚至一度排挤了铜钱。它的出现和推广就货币的物质形态来说,自然是一大进步,在当时是首屈一指的,比起西方国家最早的纸币——英格兰银行券,领先了六七百年。这一发明和普及对于中国封建社会经济的发展,特别是商业的发展,曾经起到了积极的促进作用。纸币的轻便,有利于国内各地区之间的贸易往来。另一方面,纸币的发明对于世界货币文化也产生了重要的影响。但是,我们在肯定它在历史上起到过积极作用的同时,还应当注意到下列现象:就是纸币在古代中国的发展并没有延续下去,而是中断了。在明朝中叶,它被白银所取代。从 15 世纪中叶到 19 世纪末期,白银和铜钱是明清两朝的主要货币,纸币基本上不用了;只是在天下大乱、国家财政出现危机的时候才临时发行一些,事后很快就作废了。纸币被金属货币取代了 400 多年,看起来是历史的倒退;而西方的货币发展史上没有发生过类似的现象。究其原因,我们可以从中西方社会背景的差异中来寻找答案。

(1) 社会经济低于欧美纸币诞生时的发展水平。西欧、北美开始发行纸币是在 17—18 世纪,那时这些国家的资本主义经济已经有了相当高的发展水平;像英国在 17 世纪末已经完成了资产阶级革命,商品流通和货币关系都比较发达,在这种前提下才产生了比金属货币更为先进的货币形态,即纸币。而中国纸币诞生的宋代,生产力、社会分工和商业水平相比之下要落后得多,就是到了后来的明清,也刚刚出现了资本主义萌芽,而这些根本没法和西方 17—18 世纪的经济状况相比。

(2) 金属货币的发展过程远未结束货币形态的发展,一般是经过实物货币、金属货币、纸币、信用货币这样几个阶段。金属货币的演变过程,通常是金属称量货币,即金属铸币(贱金属铸币—贵金属铸币)。后者的普及、成为主要(本位)货币的时间比较晚,像银元、金元,西方直到中世纪后期才开始流行,然后到 17—18 世纪才出现纸币的形态,也就是在金属货币发展到全盛时期(最高阶段)才诞生纸币,然后纸币逐渐扩大影响,金属货币由盛转衰,后来被钞票取代了统治地位,这是比较正常的。但是,中国货币的发展道路却不完全是这样。纸币产生的北宋初年,金属货币的发展远没有走完它的路程,贵金属金、银的铸币形态还没有出现,金、银甚至还不是正式的货币,直到清朝末年银元在中国才得到普遍使用。所以,中国和西方早期纸币的准备金不同,西方是贵金属铸币金元、银元，而中国则是贱金属货币——铁钱、铜钱。反映出我国早期纸币属于封建性质，落后于西方的资本主义性质的早期纸币。

（3）发行纸币的动机、目的比较复杂。西方国家的早期纸币，发行目的主要是减少贵金属金、银在流通使用中的磨损，解决它们大量运输的困难，本身符合经济发展的客观规律。当时钞票（银行券）的发行量受到资本、准备金的限制，通常不滥发纸币。像英格兰银行券，纸币和铸币的比例为1：10，不仅节约了贵金属，扩大了货币供应量，而且可以随时兑现，受到人们的信任和欢迎。可是中国宋代封建统治阶级发行纸币的目的就不完全是如此，北宋前期在四川发行"交子"的动机还比较正常，解决了当地铁钱笨重、交易不便的困难。而北宋后期到南宋一代，情况就不同了，国家积贫积弱，又面临辽、西夏、金、元等侵略的威胁，财政危机很严重，印发纸币的一个重要目的就是弥补赤字，解决军政费用的开支，剥削人民。所以印发纸币经常没有足够的准备金，不能保证十足的兑现，甚至有时根本没有准备金，完全是开空头支票，牟取暴利，本身就违反经济规律。以致后来到了明清，社会舆论普遍认为发行纸币是弊政。

基于以上原因，中国早期的纸币，诞生的基础不牢，发行的动机不纯，本身就蕴藏着危机。如果说北宋交子的出现还比较正常，那么南宋使用会子做主要货币就有些过早和超前了。中国古代的纸币由于没有坚实的经济基础，宋、金、元朝纸币的流通很不稳定，经常滥发钞票，引起通货膨胀。所以明中叶到清朝，纸币基本不再使用，它在货币结构里的主要地位又被贵金属白银所取代了。看起来，在货币形态的演变上似乎发生了倒退和逆转，但实际上是基础不牢，没有能力再往前发展，必须回过头来补课，重新打好基础，然后才能正常地前进。因此，接下来的明清时期，中国的货币制度又回到了以金银贵金属为主的道路上。

第三节　明代货币制度：银本位制度的确立

一、纸币制度向银本位的转变

明代的中国，已进入封建社会的晚期，整个社会的经济、政治结构都在发生深刻的变化，货币制度开始逐渐由铜本位向银铜复本位演变，货币制度中逐渐出现白银化的特征。这一时期的货币制度演变主要可分为四个以下阶段：

第一阶段：洪武七年（1374）以前的铜钱时期。朱元璋在元至正二十一年（1361）即开始铸行"大中通宝"钱。洪武元年（1368）又铸行"洪武通宝"钱。这一时期国家以铜钱为法币，但同时对于民间交易中行用的各类通货亦未施加积极干预。这是国家草创时期的一段过渡状态。

第二阶段：洪武八年(1375)至宣德十年(1435)的纸钞时期。洪武七年始设宝钞提举司。

次年印行"大明通行宝钞"。原则上规定钞一贯准铜钱一千文,准白银一两。但发行"宝钞"之始,即严禁以金银和实物进行交易。至洪武二十七年 (1394) 并铜钱亦收缴禁用,"宝钞"成为唯一合法流通的货币。这种纸钞的发行,没有实价货币为准备金,发行额也没有任何严格限定。民间可以按照规定的比价以金银向国家兑换纸钞,但不许用钞兑银,这种不限量发行的不兑现纸币很快恶性膨胀。尽管国家采用了各种强制性的挽救措施,到这一时期结束的时候,纸钞对白银的市场比价已降到一千贯抵银一两,60 年间贬值千倍。[①] 与此同时,白银却在民间贸易中,默默地开始扩大流通。

第三阶段:正统元年(1436)至嘉靖初(16 世纪 20 年代中)为银、钱、钞三币并行时期。国家以纸钞为唯一法币的一切努力宣告失败,于是不得不修正货币政策。正统元年赋税征银、开放银禁,到天顺年间又正式开放了钱禁。这一时期,原则上银、钱、钞都是国家准予流通的货币。但实际上,钞依银、钱定值,且已贬值到无法使用的地步,只是因为国家仍然大量用来赏赐、支俸、和买,并且坚持在纸钞时期规定的各种税钞政策,才得以保留货币地位。在货币流通中真正起作用的近于一种银、钱平行本位制。但此时私铸铜钱日益增多,造成钱位的混乱波动。到成化十六年 (1480),钱一百三十文才能抵银一钱。[②] 只有白银的使用呈现稳定发展的趋势,农业赋税征银日益普遍化,官吏体钞折银也在增多,成化二十一年 (1485) 实行了班匠输银制度。依据傅衣凌先生在《明清社会经济史论文集》中统计,在正统初至弘治间的徽州祁门地区一百一十三份土地买卖契约中,用银者为七十九份,占百分之七十。

第四阶段:16 世纪 20 年代以后,是货币白银化完成的银本位制时期。嘉靖四年(1525),"令宣课分司收税,钞一贯折银三厘,钱七文折银一分。是时钞久不行,钱亦大壅,益专用银矣"。[③] 这一时期农商税收都已基本征银,纸钞不再作为货币流通,只是作为钞关仍轮年征收一些纸钞用于赏赐。当时用钞以"块"计,每块为一千贯,实抵铜钱不到二十文,不及印钞成本,最终并赏赐亦不用,沦为货币制度中纯粹的赘疣。嘉靖初,国家立意整饬钱法,广铸铜钱,工料皆力求精美。但是规定新铸嘉靖通宝钱每文抵中样旧钱二文,比价过高,致使民间竞相私铸嘉靖通宝钱,真伪混淆,无法行使。于是又定钱三品制,上品嘉靖钱七文当银一分,中品洪武等朝钱十文当银一分,下品前代旧钱三十文当银一分,这样,铜钱丧失了价值尺度职能,白银逐渐统一了货币市场。至嘉靖四十三年(1564),终于停止了大规模鼓铸,此后,凡国家赋税收之于民者几乎全部用银,官给于民者银钱兼用;税课三两以下小额收钱,余则用银,这等于对铜钱实行有限法偿。由此,铜钱正式降为白银的辅助货币。一条鞭法实行之后,举凡国家农商赋税、军饷官奉、京库岁需、民间货易借贷等无不用白银,白银成为唯一具有充分货币职能的货币,铜本位货币制度最终被银本位币制所取代。

---

① 顾炎武:《日知录集释》卷11,上海:上海古籍出版社,2006年,第73页。
② 《续文献通考》卷11,浙江:浙江古籍出版社,2000年,第657页。
③ 据《明史》卷81《食货五》记载:嘉靖八年二月令解京银两皆倾销成锭,并凿收解年月、官吏及银匠姓名于其上。朱偰先生以之为中国正式银本位制之始,见《财政评论》1939年2卷1期《明代信用货币之研究》;千家驹、郭彦岗等学者亦以该年为银两制度确立之始,见《中国货币发展简史和表解》,北京:人民出版社,1982年,97页。

图 3.3 明朝时发行的纸币与纹银

[左为 "大明通行宝钞"，右为弘治年间（1488—1505 年）发行的纹银]

二、银本位制度形成的原因

明朝时期货币制度白银化的转变是与当时社会经济发展水平与西方白银不断流入的社会背景分不开的。首先，明朝政府为了便于行钞对铜币的流通加以限制，为白银化的实现提供了机遇。洪武八（1375）年发行 "大明通行宝钞" 之后，明朝下令禁止金银流通，后来连铜钱也一并禁止，专行纸钞，这是适应封建中央专制主义体制而进行的经济一统化政策。当时白银流通并无明显的弊端，禁止流通不是从经济发展着眼的必要措施，而实行统一的官钞，却可以把整个社会的货币流通控制在封建国家手中，进而掌握社会经济命脉，这是明初货币政策的基本出发点。这种政策的结果是：不兑现无限量发行的官钞根本不能独立担当起社会商品流通和财政运转的重担，急剧贬值，于是社会便失去了任何既符合国家立法又符合经济法则的流通货币。这种情况下，商品交换如要继续进行，就必然选择符合经济法则的白银为货币，于是就出现了混乱的状态：在社会商品交换过程中白银承担主要货币职能，在税收、赎刑、官俸等国家收支中则以纸钞为主要货币手段。商品流通与国家财政制度严重脱节，不仅造成社会经济生活的混乱，也使封建国家利益遭到破坏，这就迫使国家最终不得不调整货币政策。正统初开征金花银，在长期禁银之后突然规定年征白银赋税高达一百万两，竟然不仅行得通而且日益扩大，这表明此前的白银非法流通确已达到不能不合法化的程度了。这时的铜钱本可形成对白银货币发展的一定程度的抵制作用，但国家为了便于行钞而将之禁止了。这种国家垄断发行的货币一经禁止就失去活力，于是恰好使白银得以独步流通领域，于是，明初禁银行钞政策反而推进了货币白银化的进程。

其次，明中叶以后，美洲和日本的白银大量流入中国，为明代中国货币白银化最后完成提供了丰厚的物质条件。中国的白银蕴藏量本不十分丰富，经过宋元时期的大量开采和外流，至明前期白银的国内流通量已不足，这是当时白银与粮、钱比价提高的原因之一，这时固然周边各国有少量的白银输入，但远达不到货币白银化发展的需要。15 世纪末 "地理大发现"以后，西属殖民地有巨额白银流入西班牙，引起欧洲白银充斥、贬值。这时，日本的银产量也急剧增加。16 世纪中叶，随着东西方航路的开辟，西班牙、葡萄牙等殖民主义者先后来到亚洲。葡萄牙首先占领印度西岸的果亚，之后占据了中国的澳门，然后便大规模展开果亚—澳门—日本长崎之间的三点贸易。葡人由澳门运走的商品基本是中国内地的手工业品，其中以生丝最多，自果亚运往澳门的则以从欧洲转来的美洲白银为主。曾于 16 世纪末访问印度的一位英国旅游家说，每年有约 20 万葡元 (约相当 20 万两) 的白银因此运往澳门，以购买广州的中国货物，澳门与日本的贸易亦以收买中国商品换取日本白银为主。[①]据全汉升先生研究，在 16 世纪最后 25 年内，自长崎运往澳门的银子，每年为五六十万两。到了 17 世纪前期，每年为 100 余万两，更多时达到二三百万两，这些银子大部分流入中国。[②]西班牙人在 16 世纪下半叶占领菲律宾，一方面距本国太远，须用大量中国商品，同时转贸物美价廉的中国商品到美洲又有巨利可图，遂大力展开对华贸易。在 16 世纪末叶，每年由菲律宾岛输入中国的美洲白银已超过 100 万西元(约相当 72 万两)，至 17 世纪前期更增至 200 余万西元。万历时期的周起元为《东西洋考》所做序言中也记载："我穆庙时除贩夷之律，于是五方之贾，熙熙水国，剸鲸艑，分市东西两路。其做载珍奇，故异物不足述，而所贸金钱，岁无虑数十万。公私并赖。其殆天子之南库也。"这就使中国货币制度的转变获得了极有力的物质推动力。

三、银本位确立所带来的影响

首先，货币的白银化给传统的社会经济关系带来强烈的震动。中国是一个自然经济占统治地位的农业国，与之相应的是一种不发达的货币关系，方孔铜钱就是这种货币关系的标志。这种廉价、沉重的货币可以是商品交换不很发达的社会发展的杠杆，但又是商品交换关系高度发展的束缚。货币白银化结束了这种束缚，同时也结束了旧时铜币制度混乱的局面，使得后来中国货币制度在贵金属货币水平上形成了长期稳定。实物地租和赋税、大规模劳役征发制度在货币白银化进程中受到致命的冲击，松解了土地和政治权力对直接生产者的束缚。官俸折银把大批地主贵族拖入商品交换关系中来，白银比粗重的铜钱和毫无信誉的官钞对自然经济产生了不可比拟的渗透力，对促进商品生产和交换产生了促进作用。

其次，货币白银化促进了国家财政由实物中心制转向货币中心制。明朝初年严格贯彻保守的小农经济原则，对商业贸易和手工业、矿业实行压制政策。国家财政收入以农业税为主，辅以盐业专营专卖收入和军事屯田收入，这些收入无不以农产品粮食为主要形式，这是中国典型的自给自足经济的财政表现。开征金花银之后，400 万石实物赋税转为货币形式的财政收入，迅速改变了原有的实物中心财政体制。到 16 世纪中叶，农业税收和其他各项杂税杂役、盐业课税等都基本转为白银收入，使财政转为货币中心体制。这样大规

① 参见全汉升《明代中叶后澳门的海外贸易》，载香港中文大学《中国文化研究所学报》第5卷。
② 参见全汉升《明代中叶后澳门的海外贸易》，载香港中文大学《中国文化研究所学报》第5卷。

模的货币财政活动是与贵金属货币制度相适应的，绝不可能以"宝钞"或铜钱货币来承担。这种转变使国家与社会的经济关系由原始性的直接的实物和力役关系变为较大程度上依赖商品生产和流通的新的关系，把国家财政活动推到快速运转的经济旋流中去承受新的经济矛盾的冲击，并造成社会结构的新的严重的内部冲突。从而，造成了自然经济为基础的社会结构偏离传统运行模式的危机，这是中国封建社会进入晚期的突出标志之一。

再次，货币的白银化还引起社会阶级结构的变化。商人、市民阶层在抵制钞、钱制度中有所发展。洪武时期，杭州等地商贾不顾严格的银禁，不论货物贵贱，一律金银定价。永乐时南京"豪民"阻碍钞法，致使朱棣派专人前往处理。宣德时有些商人不用纸钞，关闭店铺，潜自贸易。嘉隆时期，商贾便于用银而不愿用钱，每当政府推行钱法之令下达，城市即"愚而相煽。既开闭匿观望之不免，而奸豪右族依托城社者又从旁簧鼓之，以济其不便之私。一日而令下，二日而闭匿，不三四日而中沮矣"。[①] 货币白银化促使大贵族地主阶级和官僚机构达到极端的腐化，又由于白银货币不同于钱钞制度下那样可以通过对国家分配、交换过程的高度垄断实现隐蔽的掠夺，因此，地主阶级便掀起了大规模公开的白银掠夺浪潮，终于空前激化了阶级矛盾，引发了轰轰烈烈的市民反抗斗争。这是中国封建社会的市民第一次显示自己的阶级力量，地主阶级内部也发生分化，形成具有改良色彩的政治集团。

最后，货币白银化使中国货币适时脱去了民族的外衣，成为世界货币，从而为中国展开对外贸易，广泛地加紧世界经济、政治和文化联系，改变数千年来封闭自足的状态提供了可能性。当时殖民主义的东来影响到中国华侨势力在南亚的地位，但并没有立即形成中国殖民地化的危机。因为中国是政治统一强大而且经济发达的国家，与东南亚落后的弱小国家不同，在十六七世纪的中欧贸易中，中国是商品输出国而不是原料产地，白银大量入超，这种贸易在当时有利于中国的经济发展，中国也具备绰绰有余的军事力量捍卫主权、抵御外侮。可悲的是，中国腐败的封建统治者没有抓住这一时机，利用这种可能性来发展中国的对外联系，却更紧地龟缩到蜗牛壳中，等到殖民主义者真的强大起来，就只好走向被殖民化的道路。

银本位货币制度的确立给当时的中国社会带来一系列积极的影响，但也在与旧的社会结构的矛盾中形成种种严重的社会弊病。比如，白银的价高和易储促进了高利贷资本的生长，狂热的白银崇拜使大量白银进入窖藏、退出；在白银紧缺的地区以白银收税加重了人民的实际负担；"火耗"的生成；等等。当然，随着社会经济的进一步发展，单纯的银本位制度也逐渐不再适应商品经济的发展，因此也终将被新的货币制度所取代。

---

① 靳学颜：《讲求财用疏》，《明经世文编》卷299，北京：中华书局，1962年，1124页。

第四节　清代货币制度：银钱平行与铜银并行

一、清代基本货币制度

清代实行银钱并用的政策，大额、远途交易往往用银，小额、近程交易用钱，国家财政收支用银，而小民日用用钱。杨端六先生称这种货币制度为"不完整的平行本位制"。[①]所谓平行本位制度，是两种金属都作为货币材料，同时流通，但彼此没有一定的法定价值联系。这种货币制度，在19世纪的欧洲国家也曾出现过。在这种制度之下，金铸币和银铸币按照它们所包含的黄金和白银的真实价值流通。这种平行本位制是复本位的一种。清朝的平行本位制不是金银复本位制而是银铜复本位制，其所以不完整，不在于两种金属之为金与银，或是银与铜，问题在于清朝币制有下列特点：其一，制钱的铸造虽然有约略一定的法定标准，纹银的成色和单位重量则随时随地不同；其二，制钱的铸造和销毁，其权都属于政府，人民私铸私销，照律治罪，而银锭银块的铸造，政府不加干涉。

在这种不完整的平行本位制下，银两的使用得到进一步普及。清代前期的"银两"制度仍是称重货币体系的延伸，"两"既是重量单位也是货币单位，两以下为钱、分、厘，均为十进，到厘时用制钱支付。银的传统货币形态是银锭，各地银锭的名称和铸造各不相同，但可以统称为元宝，或宝银，一般为50两一锭，大的有100两一锭的，各地征收的钱粮，要熔成宝银上解。铸造宝银的机关，可分为官银和私银两种，官银有官银匠熔化加戳，私银铸造多归炉房主持。此外，清政府还设有专门鉴定宝银的机关——公估局，"公估局之内部职务，约分看秤看色二种，看秤悉以砝码为衡。至看色一事，洵属专门的技术，本诸经验阅历，非老于其事者不能为也。以故公估局鉴定银锭之技术，其经验之深，为外人所惊服焉"。[②]由此可见清代白银货币的复杂。

其次，在使用白银的同时，清初即确立了银钱并行的货币制度，制钱在清代的使用也很广泛。清军入关前已开始铸造制钱，名"天命通宝"。入关以后，清政府逐步建立了一整套制钱铸造和流通的制度。顺治元年（1644），清政府建都北京，正式设置宝泉局、宝源局，分别隶属于户部、工部，开始铸造"顺治通宝"钱，此后"顺治通宝"便成为清代的主要流通货币。此后，虽然京省铸局的分工、地点和数量，以及铸钱数量、用料、重量时有变化，但在整个清代，铸钱始终没有停止过。

二、晚清货币制度的演变

① 杨端六：《清代货币金融史稿》，湖北：武汉大学出版社，2007年，第3页。
② 上海银行周报社：《上海金融市场论》，转引自杨端六，《清代货币金融史稿》，湖北：武汉大学出版社，2007年，第73页。

（1）银两向银元的演变。明朝中叶以后，地理大发现将中西方直接联系起来，外国银元开始进入中国，而此时数量仍然较少。到清朝中期，随着对外贸易的发展，外国银元开始大量涌入中国，逐步对中国经济社会产生重要影响。当时的中外贸易单方面倾向中国，中国人基本不用外国货，外国船只运来的是银元，运走的都是中国产品。但鸦片贸易打破了这种模式，贸易入超导致的白银外流引发了道光朝一系列内政外交的危机。银两和银元成色的差异也成为外国商人牟利的手段，一方面国外向中国输入银元换取货物，另一方面又向中国输入鸦片换回纯度较高的纹银，而后将纹银铸成银元再次输入中国，从而加剧了白银的外流。鸦片战争后，对外贸易进一步展开，纹银的输出和银元的输入一直持续到清朝灭亡。内因同样不可忽视，行用日久、民间乐用是银元普及的重要条件，到光绪朝时外国银元已经深入内地与银两并行成为主流货币。流入中国的银元种类很多，但最主要的有西班牙银元，俗称"本洋"以及墨西哥银元，俗称"鹰洋"。清初，流入中国的主要是"本洋"，多铸于墨西哥。1810 年墨西哥独立后，停止铸造"本洋"，被其新币"鹰洋"逐步取代，成为晚清主要流通的外国银元。除了上述两种外国银元，清初流入中国的还有荷兰"马剑"、葡萄牙"十字钱"，清末流入中国的还有美国"贸易银元"、日本"龙洋"等，但它们的流通数量和影响都不及"本洋"和"鹰洋"广泛。外国银元的流通，引发清政府仿铸、自铸银元。光绪十五年（1889），两广总督张之洞在广东设造币厂铸造银元，俗称"龙洋"，起初仅在广东、福建沿海一带流通，到后来逐渐散播开来流传内地，成为清政府自铸银元的开始。此后，各省群起竞铸，发展到后来的滥铸。虽然各省所铸银元，数量过剩，且成色分量不一，互相抵制，流通混乱，但可以判断出此时银元已经相当普及了。清朝后期，"银两"逐步被"银元"取代的现象强化了货币承担商品价值属性的趋势，弱化了金属货币自身的物理属性，将经济生活中长期积累的信用和观念体系融入以"元"为核心的新价值体系中，顺应了货币虚拟化的历史趋势，为商品经济的发展进一步拓宽道路，其本身是一种历史进步。

（2）制钱向铜元的转变。制钱走向铜元是另一个重要变化。制钱曾长期流通于民间经济生活，它的衰落初始于道光朝的银贵钱贱。银贵钱贱的局面动摇了制钱制度的根基，钱贱使得各省局铸钱亏损加重，先后减重或停铸，也使得民间私铸、私销、私运愈演愈烈，制钱轻质化严重。咸丰朝币制改革则加剧了制钱制度的衰落。太平天国起义后，清政府赋税来源和滇铜供应均被截断，财政日趋紧张，于是清政府开始发行钱钞，京城自咸丰三年（1853）起，先后发行了银票、钱票、铁钱和大钱，咸丰大钱种类较多，但只有当十大钱保存下来在市面流通，折制钱两个，大有取代制钱的趋势。咸丰朝的这些措施引发了恶性通货膨胀，改革最终走向失败。同治以后，清政府又试图恢复制钱制度，由于机器这时已在中国出现，有些人便鼓励推行机器铸钱，幻想用机器提高铸钱速度，借以迅速恢复旧制。在清政府的督促下，光绪十二年（1886）福建始铸，后浙江、广东、奉天等省陆续开铸。事与愿违的是，在铜价不断上涨的情况下，机制制钱成本太高，机器损耗严重，各省一般一两年就被迫停铸，不少省份干脆恢复土法铸造敷衍上级。光绪十四年（1888）六月，湖广总督裕禄报告湖北宝武局因洋铜价增暂行停炉，有些省份则建议减轻钱重，光绪十六年（1890）李鸿章建议改铸重八分之新钱，获得批准并推广至各省，而当时广东铸重七分制钱尚亏损严重, 何况八分重, 在这种局面下市场上制钱的流通数量日益减少, 直接导致了钱荒和物价上涨, 不少人私销制钱熔铸成铜出卖, 更是加剧了这种趋势。

为解决实际困难, 有人提出铸造铜元, 光绪二十三年 (1897) 四月御史陈其璋建议添铸铜元, "臣一再筹思, 计唯仿照外洋, 添造大小铜元, 以补制钱不足"。[1] 光绪二十六年 (1900), 李鸿章在广东最早开始铸造铜元, 由于式样精巧、民间乐用, 获利极大, 各省相继模仿铸造铜元, 从而引发了铜元的滥铸。由于地方铸造铜元的根本动机在于牟利, 于是纷纷向外省输出铜元, 引起纷争。此外, 各省所铸铜元样式、纯度、重量均不相同, 各自为政, 滥铸不已, 使得币制混乱, 币值下跌。至光绪三十四年 (1908), 清政府曾下令各省暂停铸造, 但遭到各省督抚的坚决反对, 只得草草收场。铜元数多质劣, 每况愈下, "及清亡, 而铜元遂为病恶币矣"。[2] 铜元弊病的日益加深, 也为日后北洋及南京政府推行的币制的进一步改革埋下伏笔。

第五节　民国时期的币制改革: 纸币制度的再次建立

一、"废两改元"改革: 银元替代银两

民国成立后, 北洋政府于 1914 年公布《币制条例》, 并开始大量铸造银元, 银元重七钱二分, 成色为九银一铜, 其正面印有大总统袁世凯的侧面像, 这就是赫赫有名的"袁大头"。此后, 银元逐渐在流通市场上占据主要地位, 而铜钱则彻底退出了历史舞台, 中国又从银铜复本位过渡到银本位, 但银两制依然存在, 此种复杂的货币制度不仅造成实际交易时银两和银元换算方式复杂, 同时银两和银元间行情的涨跌波动较大, 造成了交易的成本增加, 有碍国计民生。因此, 早已有金融界的有识之士提出了废两改元的建议, 早在 1921 年, 天津银行公会就陈请政府废两改元。国民政府也曾于 1928 年召开全国经济会议, 通过了废两改元的议案, 但后因种种阻碍而未能实现。转机出现在 1932 年, 因 1929 年世界经济大萧条、1931 年长江水灾及九一八事变等消极因素的影响, 中国内地经济遭受沉重打击, 造成大量银元流入上海等大城市, 一年之内, 上海的银元存量便增加了 1 亿元, 银元充斥导致了银元价格大跌, 此时如推行废两改元便能较为合理地确定银元与银两的换算率。因此, 1932 年夏, 国民政府正式将废两改元提上议事日程, 并专门组织成立了废两改元研究委员会。国民政府财政部长兼中央银行总裁宋子文数度专程到上海, 与金融界人士讨论此项问题, 阐述了政府关于废两改元的基本原则: 废除银两计算, 完全采用银元制度; 旧铸银元仍照旧使用; 待正式定下每银元法价后, 再行详细研究新币币值, 并表示

① 《中国近代货币史资料》, 第1辑 (下册), 北京: 中华书局, 1964年, 第651页。
② 戴铭礼: 《中国货币史》, 转引自千家驹《中国货币演变史》, 上海: 上海人民出版社, 2005年, 第203页。

以三个月为准备期，实施废两改元，由中央造币厂铸造新币。

上海银行公会对此明确表示支持，并希望政府能早日实施这一改革，而钱业公会则认为实行废两改元"断非仓促可期"，如果贸然实施将导致国内经济与金融的混乱。财政部在听取了各方意见后，表示对于实行废两改元的各种利弊已有充分考虑，一旦中央造币厂开铸新的国币后即开始实施。有关统一发行、整顿现有货币的主张，"本部自当制定方案，次第施行"。国民政府还就新币标准问题专门听取了上海金融界知名人士的意见。这样，政府与金融界之间、银行业与钱业之间就实行废两改元问题充分地交换了意见，在基本问题上有了更多的共识，从而为日后正式实施此项改革扫清了障碍。

1933年3月1日，国民政府正式颁布训令，规定上海市面通用银两与银本位币一元或旧有一元银币之原定重量及成色者，以重量七钱一分五厘折合银币一元为标准换算率，自1933年3月10日起首先自上海施行。凡公私款项及一切交易均按此定率用银币收付，不得再用银两。上海各家银行接到上述命令后，立即转告所属各分支行，对国外汇兑，如美元、英镑等，自10日起，也同样以法定换算率七钱一分五厘折合银元。3月7日，交通银行、中央银行和中国银行正式组成了上海银元银两兑换管理委员会，并制定了组织大纲，根据大纲规定，该委员会的任务是管理上海市面原有银两和通用银元的兑换事宜。按财政部规定，以七钱一分五厘作为银元折合银两的永久市价来兑换，中央银行、中国银行和交通银行的兑换比例分别是50%、35%和15%。3月10日，废两改元正式施行，上海地区各行业交易均改为银本位，兑换委员会也于当天开始办公，无限制兑换银元银两。此后，中国的银行业与钱庄业在废两改元的问题上也逐渐结束了长期的对立，彼此开始了协商与合作，使得这一重要改革得以在全国范围内正式推行。

废两改元意义重大，中国的币制实现了在银本位基础上的统一，而上海作为中国金融中心的地位得到了进一步的巩固。与此同时，国民政府通过此举加强了对于金融业和金融市场的控制，也为日后推行法币政策奠定了基础。

图3.4 北洋政府时期发行的袁世凯头像银元

二、再次发行纸币：纸币代替白银

1929 年的大危机中，美国等西方国家的经济遭受了重创。为了摆脱危机，缓解大萧条带来的通货紧缩，美国效法英日等国放弃了金本位制，并于 1934 年 6 月通过了《白银收购法案》，实行白银国有政策，在国外大量收购白银，国际银价从而大幅飙升，在一年之内猛涨了两倍半，比中国国内银价高出许多，从而导致中国的白银大量外流，造成了银根紧缩的局面，使得中国以银本位为基础的货币体系摇摇欲坠，从而引发了中国近代史上的第五次金融危机：全国物价大幅下跌，出口量剧降，工厂严重开工不足，而受灾最严重的则是上海和天津两地的房地产市场，随着房价暴跌，原本以房产抵押为主业的银行、钱庄饱受冲击，当时的上海就有近两成的民营银行和钱庄倒闭。

面对这一异常严峻而复杂的局面，国民政府下决心推行彻底的货币体制改革。1935 年 11 月 3 日深夜，当时的财政部长孔祥熙在上海召开紧急会议，代表国民政府向上海银行界领袖宣布改革货币，实施法币和白银国有制度，中央银行、中国银行和交通银行发行的钞票被政府定为法币，并享有无限买卖外汇之特权。11 月 15 日，财政部公布了《兑换法币办法》，规定各地银钱行号、商店及其他公共团体或个人，凡持有银元、生银或其他银类者，必须在法币政策实行后三个月内，就近向兑换机关换取法币。兑换机关分为四类：一、中央银行、中国银行、交通银行及其分支行或代理处。二、受中央银行等三行委托的银行、钱庄、当铺和邮政、铁路、电报各局及其他公共机关或公共团体。三、各地税收机关。四、各地县政府。不久，中国农民银行发行的钞票也被定为法币。在具体做法上，名义上法币与银元等量兑换，但各银行可用六成银币加四成票据，向央行兑换十成法币，这样一来，法币的流通就有了利益的驱动，而币值的合理贬值使得市场上的通货紧缩一下子转变为通货膨胀，从而达到了刺激物价上升，使经济逐渐回暖的目的。法币政策还使得国民政府得以从民间回收大量白银并出售给美国，并将换回的外汇作为今后支持抗战的有力财政保证。据统计，从发行法币的 1935 年到 1941 年太平洋战争爆发前夕的 6 年内，中国共向美国出售了 5.5 亿盎司的白银，换回了 2.5 亿美元的外汇，这笔钱中有很大一部分都用于对日作战的武器装备和粮饷的采购。

法币的发行在中国金融发展史上具有里程碑的意义。诚如当时日本三菱银行上海分行负责人所言："国民政府的币制改革，在中国经济史上可谓破天荒之举，任何外国的货币改革，其复杂与困难程度均不能与之相比，这是无与伦比的大改革和大成功。"

至此，近代中国终于告别了货币纷乱的时代，第一次在真正意义上实现了币制的统一，且成功地与国际接轨，符合近代以来世界各国通用纸币等信用货币的惯例，并在可控的范围内适当地刺激了通货膨胀，使得市场回暖、百业复兴，中国从而成功摆脱了 1934—1935 年间的金融危机。据统计，法币改革后的 1936 年中国工业产值比 1927 年增长了 83.2%。此外，还有力地促进了商品经济和对外贸易的发展，推动了国内统一市场的形成。

图 3.5 南京政府时期发行的孙中山头像银元

图 3.6 南京国民政府时期发行的法币

图 3.7 南京国民政府时期财政部长宋子文与孔祥熙（左为宋子文，任期 1928 年—1933 年；右为继任者孔祥熙，

任期 1933 年—1944 年）

第四章　新时期的货币改革：实现人民币国际化

第一节　货币国际化的一般理论

一、货币国际化的概念及特点

（1）货币国际化的概念。货币国际化是指一种货币跨出国门，在全世界范围内发挥交易媒介、价值尺度、支付手段和贮藏手段等职能，并成为国际贸易和国际资本流动中被广泛接受、使用和持有的国际货币的过程。如果对国际货币的职能进行分类，那么其至少要包含三个方面的职能：其一，交易媒介和干预货币的职能。这里的交易包括商品贸易和资本交易，在私人部门，国际货币可以作为媒介货币使用。而在官方部门，国际货币则可以作为政府干预市场从而实现国际收支平衡的工具；其二，计价货币和锚货币的职能。在私人部门的商品和金融交易中，国际货币可以充当计价货币。在官方部门，国际货币则可作为官方汇率确定的参照标准，也被称作锚货币，为其他货币提供汇率参考；其三，价值储藏和储备货币职能。国际货币在私人部门可被作为私人金融资产的贮藏货币；而在官方部门，则可成为一国外汇储备的主要货币（见表4.1）。

表 4.1 国际货币的职能

	官方部门	私人部门
交易媒介	干预外汇的货币工具	贸易和金融交易结算
价值尺度	本币盯住的锚货币	贸易和金融交易计价
价值储藏	国际储备	货币替代（如本币美元化）

（2）货币国际化的特点。国际化的货币，大体须具备如下三个特点：一是可自由兑换性。它是指为了使世界各国各地可以自由买卖交易商品或兑换货币，及时方便地进行商品流通。二是普遍接受性。它是指作为全球范围内所使用的货币可以不受任何行政等其他因素的干预，在外汇平台上或清算国际收支差额时能被老百姓所接受。三是相对稳定性。它是指作为国际化货币的币值不能总是处于波动状态，必须保持相对稳定，即汇率处于相对稳定状态。

二、货币国际化的条件

货币国际化是经济在全球范围内发展的结晶，其最基本的前提是成为自由兑换的货币，即满足以下两个条件：第一，一国货币可以在多个国家中自由地转换，并被大众普遍接受，在全球范围内，可以自由地兑换，贸易交易和流通使用；第二，可以实现其自由兑换业务，不仅包括经常项目，还包括资本项目。对于一种可自由兑换的货币，还要满足以下各个条件才可以称之为国际化的货币：

第一，强大的经济实力和大量的贸易开放是货币国际化的前提基础。一个有抵御重大货币国际兑换风险能力的国家，必须经济实力强大，科技水平高，经济结构和产品结构多样，国际清算货币和国际储备货币的地位稳定，一般而言，衡量国家的经济实力通常使用经济总量、贸易规模、国际投资规模这三个指标。货币国际化是一国经济实力在国际上的延伸，是货币国际化的基础保障，没有强大的经济实力做保障，该国货币就不可能有良好的信誉，不可能实现国际化进程。从历史的和现在的国际货币格局来看，主要国际货币经济体的经济实力在世界排名基本位于前 10 位。国际货币要想保持币值基本不变动的状态，这需要建立在货币发行国的经济实力强大、经济运行平稳的基础上。另外，一个国家的开放程度也决定了其是否能成为国际货币，因为资本市场的开放，是海外持有人持有一国货币回流的重要通道。国际货币的回流渠道依赖资本市场的高效率，提高持有人充足的持有信心，有助于国际货币的存放，同时还可以促进货币国际化的国际投资和国际贸易，通过一个全球化的金融市场，使国内外利率与汇率具有市场性和参考性，不断推动货币国际化在世界舞台中所占的分量。

第二，庞大的贸易规模是货币国际化的重要支撑。一国的贸易规模所占世界的比重和该国货币可能在对外贸易中的使用程度成正比，所以，应该不断加强一国的对外贸易规模，使该国货币在非本国中广泛接受。货币国际化解决的困难是将自身国家的货币通过贸易等方式供应到国外去，即货币在国际范围上的不断蔓延，所以货币国际化的基石之一是国际贸易的蓬勃发展，货币国际化是国际贸易发展到一定程度的必然结果。一般来说，一国的货币国际化程度越大，与该国的对外贸易规模就越高，即正相关。境外经济体对该国货币的需求量受到该国家对外贸易规模大小的影响，对该国货币的国际化影响很大。英国、美国、德国、日本最初都是利用本国的出口贸易来推行本币作为贸易结算货币，从而推动本币的国际化。因此，以贸易结算作为出发点输出本国货币，推动本币国际化是各国采取的主要方式。

第三，宏观经济的平稳发展和及时的调控措施是货币国际化的主要保障。良好的国际货币必须具有三个特性：适度的调整性、较强的流动性和可靠的信赖性。这三个特性就要求该国的宏观调控能力较强，财政和货币政策能够及时应对世界格局出现的各种经济状况，所以良好的宏观经济氛围是货币国际化运行发展的有利条件，经济周期的震荡可能带来一定的影响，应该及时采取补救措施，在宏观调控方面应该以经济调节为主要手段，为在世界金融市场上的发展创造良好的信誉。

第四，不断壮大的金融市场和完善的金融体系是货币国际化的重要支持。货币国际化的基本条件是：该国拥有发达的金融市场，拥有发达完整的二级市场，且市场中存在足够大的经常交易量，同时还要具有一定的广度、深度和弹性，能够为国际经济交往提供多种多样的金融工具，有能力应付比较大的突发事件和经济冲击。成熟的金融市场可真实地反映货币、资本及外汇市场的供求状况，提高市场运作效率，增强国际货币的流动性和收益性。

第五，恰当的汇率和合理的汇率体制是货币国际化的主要依靠。汇率政策要与该国国际收支平衡相一致，以其本身所代表的实际价值数量为根基，能够被外汇市场的供求客观准确地反映，也是实现货币国际化后为使外汇市场发展顺利进行所不可或缺的基础。布雷顿森林体系消失后，由原来单一的货币体系格局转变为了多元化发展，同时，从汇率体制上来看，主要是采取了有管理的浮动汇率制，并取得了一定的成效，是所采取的行之有效的办法。

第六，强大的政治力量是货币国际化的强大后盾。经济基础决定上层建筑，上层建筑又反作用于经济基础。正是由于经济和政治的这种关系，强有力的货币离不开强大的政治支持。一个国家的政治稳定可以增强对该国货币价值稳定的信心，从而推动该国货币成为国际货币。蒙代尔指出："政治和经济有一种密切关系，货币国际化虽然是经济问题，但也需要强有力的政治保障。"[1]英镑与美元地位更替的背后，是英美两大国政治霸权的交接。

三、货币国际化的相关理论

马克思在撰写《资本论》的过程中曾经提到过关于世界货币的论述，他被认为是探索货币国际化的先导者。马克思认为：货币的五大职能充分体现在"世界货币"之中，如作为支付购买工具等，它是一般等价物发展到一定阶段的必然产物。世界货币这些职能主要体现在：第一，作为支付手段，用来支付世界性收支的贸易额；第二，作为购买手段，主要是通过买入国外的产品等；第三，充当社会财富的标志，在国与国之间频繁地转换，相反，它的产生又提高了国际商品的频繁往来交易量和其他与经济相关的事项，而能扛得起"世界货币"重任的，只能是黄金白银。[2]在货币国际化的过程中，可以用以下几种理论来解释发生的现象：

（1）货币替代理论。货币替代理论描述的是用外币来替代本国货币使用的一个过程，它主要存在于开放经济条件下，是各个国家发展对外经济的一种表现，是一种货币性扰动，在当今部分货币可以自由兑换的前提下，充分发挥货币的基本职能，例如交易支付手段，来取代本币的使用。如果本币发生了严重的通货膨胀，人们就不愿意用本币来贮藏，而去选择相对于本币有较高币值的外币来贮藏，这就产生了货币替代。货币的国际化水平与货币替代也有一定的联系，当国际化水平高，人们在选择所替代的货币时就会倾向于这种，例如美元的国际化水平就比较高，人们通常会选择美元来替代。就目前我国的货币替代理论主要来源于交易预防性动机，套汇等非法手段来赚取外汇，以及资产组合所产生的对外币的需求等。

---

① 蒙代尔、向松祚：《蒙代尔经济学文集》第4卷，北京：中国金融出版社，2003年。
② 卡尔·马克思：《资本论》第1卷，北京：北京经济科学出版社，1987年，第62-111页。

（2）最优货币区理论。最优货币区理论的产生源于是选择固定汇率制度还是选择浮动汇率制度的抉择中，其由著名经济学家罗伯特·蒙代尔提出，是研究单一货币的适用区域的理论，主张在适当的区域内统一货币种类及汇率，减少货币的数量。蒙代尔认为：由于没有考虑发生通货膨胀的区域所带来的经济问题以及所涉及的地理范围问题，而无所顾忌地选择了浮动汇率问题，无论从理论上还是实践上都是不可取的，相当于原始社会中的拿一物来换取另一物的时代，这样货币本身的意义就失去了，同时，选择了浮动汇率，相应的流动性的资本成本就会随之提高。因此，为了解决这个问题，经各国国家的央行磋商，达成了一个共同目的的区域，即最优货币区，统一实施单一的货币或是固定汇率制。货币国际化的进程中，欧元就是通过最优货币区来实现欧元区的建立，取得了显著的成效，从而完成了欧元的国际化问题。

（3）金融深化理论。金融深化理论是由美国经济学家 R.I. 麦金农和 E.S. 肖在 1937 年共同提出的，由于当时政府对金融制度的过分干预，而出现了部分发展中国家的金融抑制情况，为了尽快扭转这种局面，出台了相应的改变金融体制的政策，通过金融体系的改革可以吸收接纳社会中大部分的闲置资金，将其充分利用，还可以通过贷款利率调节各部门之间的资金需求状况，调动经济增长，有效地抑制通货膨胀等。其核心思想是通过金融自由化，利用实际利率在资本市场中的市场机制的力量，使其在不断变化的运动中自动趋向于平衡状态。而要达到金融自由化，需要建立一个有组织和有效率的金融体系，逐步实现利率市场化，达到金融自由化，使储蓄能够聚集，使投资的企业能获得外源融资。金融深化理论与其他理论的不同之处在于，它比较全面地包含了关于金融方面的问题，其中就包括将在发展中国家里没有涉及的金融方面的不足问题予以指明，突出强调了要想实现货币国际化就必须重视金融体制和金融政策的核心地位。

（4）关税同盟理论。关税同盟理论可以分为静态效果和动态效果，其中静态效果主要有贸易创造效应、贸易转移效应和贸易扩大效应，动态效应是指随着关税同盟的建立，会对同盟成员国的经济结构产生较大的长期影响。关税同盟理论的形成是通过在同盟内成员国之间取消关税制度，而在非同盟国之间实施统一的关税制度，从而有利于同盟国之间专业化分工，贸易交易量大幅度提高，有利于同盟国之间的协商谈判，整个同盟国的整体经济实力不断增强，还可以通过远期来调节成员国之间的经济结构，使之有利于优化资源配置，逐步形成规模经济效益，通过扩大投资需求来逐步促进技术进步。在货币国际化历程中，可以通过关税同盟理论来不断地节省开支，减少走私现象的发生，增强各国之前的相互合作，从而增强本国的经济实力，使货币国际化步伐向前迈进一步。

（5）国际经济一体化理论。国际经济一体化理论是指两个或两个以上的国家在生产力水平发展到一定程度时，国际货币分工明确的前提条件下，通过政府之前的协商缔约条款，相互让渡了国家的部分主权，消除贸易发展过程中的障碍壁垒，从而建立起来的多国之间的联盟状况，在一定程度上，经济达到了联盟结合，提高了其在国际舞台的声誉，最终形成了一个高度协调发展的经济统一体的过程。美国著名经济学家贝拉·巴拉萨曾将这一过程描述为：由贸易的自由发展，到关税同盟的建立，到共同市场的完善，再到经济上的货币联盟，最后实现经济的一体化发展的过程。该理论的提出主要是在世界各国经济之间可以彼此开放，相互依赖的前提下，在坚实的经济贸易、金融、制度协调基础上，通过国际合作来得以实现的，在实现的过程中，以上几个阶段是逐步按顺序完成的。货币国际化的实现过程，我们也是要通过各国之间的彼此开放，相互合作，相互联系，协调发展来不断摸索不断前进完成的，因此，经济一体化理论为货币国际化理论奠定了一定的理论基础。

第二节　人民币国际化的意义及路径

一、人民币国际化的概念

目前，界定人民币国际化的概念，大体有三种表述：第一，人民币国际化是一种不断变化的动态过程，即人民币向国际货币演变的过程，首先应跨出国门，由内而外，由周边到区域范围不断扩展，最终在全球范围内实现国际化的自由流通的过程；[①]第二，货币的主要作用就是充分发挥其主要职能，这在货币实现国际化过程中也是毋庸置疑的，例如充当支付工具，购买工具等；第三，是一种权利与义务结合体现的发展过程，针对单个国家而言，是投入成本和分享利益的权衡过程，是拥有权利和承担义务的对等过程。[②]

综合以上观点，本书将人民币国际化概括为：人民币国际化不是静止不动的状态，而是一种不断变化前进的动态过程，是一种拥有权利和承担义务的国际化过程，为了将货币的主要职能充分地运用到世界这个舞台上，使其走出国门，超越国界，于世界范围内敞开大门，使其在境外市场上流通，充分发挥货币职能，随着境外流通量的不断扩大，货币职能在世界范围内发展到一定水平，使人民币可以作为全球性货币在世界范围内流通的过程。

二、人民币国际化的意义

无论是贸易还是投资，全球化面临的一个重要机制是货币机制，或者是货币体系。20世纪30年代的大萧条以及后来的布雷顿森林协议催生了以美元为核心的国际货币体系，尽管布雷顿森林体系解体之后，国际货币开始向多极化转变。然而，众所周知，在目前的国际货币体系中，美元仍然保持着一币独大的局面：作为世界上最主要的储备货币，美元在各国官方货币储备中占比高达60%~70%，在80%左右的国际贸易中充当计价结算货币。2008年美国次贷危机爆发，并很快演变为全球性的金融危机，长时期被美元单一货币垄断的货币体系缺陷进一步暴露。首先，作为主要的国际储备货币，美元的发行不受限制，几乎可以无约束地向世界倾销货币，但偿还却得不到应有的保障。其次，现行国际货

① 刘力臻，徐奇渊：《人民币国际化探索》，北京：人民出版社，2006年，第154页。
② 梁勤星：《对人民币国际化问题的思考》，载《西南金融》，2003年第3期，第17页。

币体系缺乏平等的参与权和决策权，仍是建立在少数发达国家利益基础之上的制度安排。美国利用货币特权向其他国家征收铸币税，通过金融技术和衍生工具却可以将风险扩散到全世界，让其他国家都可能为美国的危机买单，美元流入国因此而承担美国金融体系的风险。只要这种货币体系内在矛盾没有根本解决，就不可能消除这种体制性危机的爆发。最后，是调节机制的局限性。国际货币基金组织（IMF）缺乏足够的权威，资本存量不足，其制度设计和投票权分布不合理，使美国和作为一个整体而存在的欧盟掌握着否决权，能够有效地在国际货币组织中维护自身的利益，IMF 很难通过任何不利于美欧利益的决议，从而使得国际货币组织对美国和欧盟始终无法实行有效的监督和约束。

三、人民币国际化的路径选择

回顾世界主要货币的国际化路径可以发现：美元国际化主要是依赖全球性汇率的制度安排；欧元国际化依赖的是货币主权联邦制的区域性制度设计；日元国际化则是依靠实体经济的发展与金融改革的深化。而本书认为，人民币的国际化更多可以借鉴欧元和日元国际化的路径和战略。事实上，货币国际化的道路是一个荆棘丛生、充满挑战的过程。人民币国际化是人民币作为国际货币的职能演化、时间阶段推进和流通范围扩展的三维动态统一，其实质是货币国际化的一般规律与中国国情的有机结合。必须认识到人民币国际化的趋势性和长期性，充分利用人民币国际化的有利条件，努力改变不利因素，制定出切实可行的分阶段战略目标和发展战略，稳步向前推进人民币的国际化进程。

费孝通先生提出了著名的"差序格局"理论来描述中国亲疏远近的人际格局：如同一块石头扔到湖中水面上泛开的涟漪一般，一圈一圈地延伸开去，按照距离自己的远近来划分亲疏。[①] 本书则借用这个理论来构想"一石激起六层浪"的人民币国际化"涟漪战略"，以我国为圆心，不断扩大人民币信任、接受和使用半径和圆周的进程，从而推动人民币国际化的最终实现。具体来讲，一共分为六层涟漪（见图 4.1）：

第一个涟漪是中国圈，中国是涟漪的核心，其中上海起着特殊的作用。国家战略目标是把上海建成与我国经济实力和人民币国际地位相适应的国际金融中心。"十三五"规划明确上海国际金融中心建设以人民币为主导，这一点非常重要。一个大国崛起的过程与国际金融中心建设和本币国际化过程是互动的，国际金融中心的共同点就是以本币为主导，只有形成人民币全球中心，上海的金融中心地位才能确立起来。根据"十三五"规划，上海建设与人民币全球中心直接相关的人民币资产交易中心、定价中心和清算中心。交易是金融中心的基本功能，定价是核心功能，支付清算则在国际金融市场体系中居于基础性地位。三大中心，最难的是定价中心，因为是金融中心就要争取定价权。没有定价权，金融资产的交易不可能有主动权；没有主动权，难以形成凝聚力和辐射力，就会影响全球资源的配置。2015 年 10 月 30 日，中国人民银行等七部委印发关于《进一步推进中国（上海）自由贸易试验区金融开放创新试点，加快上海国际金融中心建设方案》，允许自贸区进行人民币资本项目可兑换的先行先试，逐步提高资本项下各项目可兑换程度。

---

① 费孝通：《乡土中国》，北京：人民出版社，2008年，第78—96页。

第二个涟漪是大中华圈，包括中国大陆、香港、澳门以及台湾，这里香港的地位十分重要。作为成熟的国际自由港，香港拥有成为人民币离岸中心的良好硬件和软件条件，而且中央政府也通过政策支持它成为离岸中心。未来可以加强香港离岸市场的广度和深度，吸引境外投资者更广泛地参与人民币交易，促进人民币在东南亚乃至更广泛的国际范围内的接受度和使用率，在中华圈里，复杂点是台湾及其新台币。

第三个涟漪是邻国圈，远亲不如近邻。要推进人民币在朝鲜、越南、老挝、缅甸、尼泊尔、印度、蒙古、俄罗斯等周边国家和地区的结算和流通。

第四个涟漪是亚洲圈，不断提升人民币在亚洲的地位，使之逐步成为亚洲的区域性主导货币。在亚洲圈里，麻烦点是日本及其日元，日元跟人民币有一定程度的抗衡。

第五个涟漪是亚洲和太平洋经济圈，主要包括东亚国家、东南亚国家，太平洋上的一些岛国，以及濒临太平洋的美国、澳大利亚等。亚太圈里最大的难点是美国及其美元，美国肯定是不会甘心失去美元霸权地位的，可能会采取一系列手段打压人民币。

第六个涟漪是人民币最后波及全世界，在全球范围内行使国际货币的职能。人民币最终将通过六个涟漪的不断扩展，逐步向世界货币过渡。

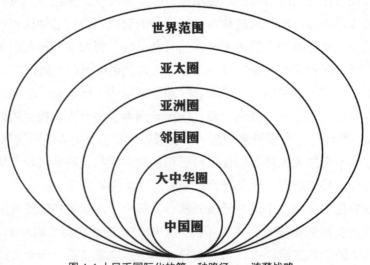

图 4.1 人民币国际化的第一种路径——涟漪战略

此外，人民币国际化的路径也可以如图 4.2 所示，通过从职能上和路径上的不断推进和演化来向国际货币过渡。首先，从职能上包括三个阶段：第一阶段，结算货币。结算货币是指货币在贸易领域发挥计价结算职能，此阶段货币当局的职能比较简单，主要是监督货币兑换和确保国外本币的可得性。第二阶段，投资货币。投资货币是指货币在金融领域（包括国际投资和国际借贷）发挥计价结算职能，此阶段货币当局的职能要进一步扩展到对本国金融市场的监管上。第三阶段，储备货币。储备货币是指货币作为各国官方的国际储备手段，此阶段货币当局还要密切关注国际金融市场上货币供求的变化。其次，从地域上也包括三个阶段：第一阶段，货币周边化。货币周边化是指货币在货币发行国与个别周边邻国间使用，此时的货币兑换及使用多为民间性质的，自由使用该货币的程度较低。第二阶段，货币区域化。货币区域化是指货币在某个区域范围内（多为与多个邻国形成的区域）能够充分发挥其职能，而且被区域内各国普遍认可和接受。货币兑换开始进入官方部门，货币的自由化程度较第一阶段有所提高。第三阶段，货币全球化。货币全球化是指货币被邻国以外的其他国家认可和接受，不仅可以在货币发行国与其他国家之间使用，更主要的是在非货币发行国之间使用，此时的货币已经可以自由兑换，成为国际货币。以上便是人民币实现国际化的路径实施方法。

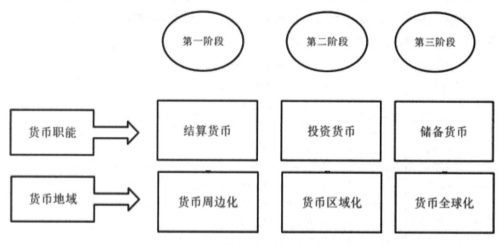

图 4.2 人民币国际化的第二种路径

第三节 人民币国际化的条件、进程及现状

一、人民币国际化的条件

从目前国际货币市场的情况来看，人民币还远不是真正意义上的国际化货币，人民币的国际化基本处于起步阶段，因此，有必要对人民币实现国际化的现有条件进行分析，以下主要从国内和国外两个方面的条件来进行分析。

（1）从国内条件来看，人民币实现国际化主要具备以下四点优势

第一，持续增长的中国经济。蒙代尔认为："关键货币是由最强的经济实力提供的。"坚实的经济基础要靠一个实力强大的经济体来支持，雄厚的经济实力使得宏观经济发展不会出现异常情况，这是实现货币国际化的根本出发点。步入 21 世纪以来，中国的经济增长平均每年都在 10% 以上，其中，2008 年中国 GDP 达到 300,670 亿元，是 2021 年 GDP 的 2.7 倍，是 1978 年 GDP 的 83 倍，中国的经济总量已占到世界的 5.5%，在德国前面，位居全球第三。这些迅猛发展的变化见证了中国经济的快速发展，虽然受到 2008 年金融

风暴的洗礼，全球范围内的大部分国家的经济发展都有所下降，但中国及时应对这些危机，在 2009 年 GDP 增长中依然保持在 8% 以上。因此，要想实现人民币国际化，中国经济的快速增长是其先决条件。

第二，不断加大的贸易规模，不断扩充的外汇储备。国际贸易是货币国际化的基础性条件，其实质是指货币的国际化宣传应用，它通过贸易规模的不断壮大来实现货币交换的过程。自 1978 年以来，中国的对外贸易额增长飞速发展，2008 年中国进出口数量达到 25,883.6 亿美元，截至 2009 年 11 月，外汇储备规模达到 22,725.95 亿美元，已占全球首位，这些大量的外汇储备是我国外汇市场得以运行和顺利发展的坚实后盾，为人民币实现国际化打下了牢固的基础（见表 4.2）。

表 4.2 中国各项经济指标

年份	GDP 总额（亿元）	GDP 增长率 %	占世界GDP 的比重 %	占亚洲GDP 的比重 %	贸易总额（亿元）	占世界贸易的比重 %	外汇储备（亿美元）	黄金储备（万盎司）
2000	99214.6	8.4	3.75	13.25	39273.2	3.60	1655.74	1267
2001	109655.2	8.3	4.16	15.64	42183.6	3.72	2121.65	1608
2002	120332.7	9.1	4.41	16.84	51378.2	4.32	2864.07	1929
2003	135822.8	10	4.44	17.31	70483.5	4.86	4032.51	1929
2004	159878.3	10.1	4.64	18.07	95539.1	5.78	6099.32	1929
2005	183217.4	10.4	4.98.	19.70	116921.8	6.66	8188.32	1929
2006	211923.5	11.1	5.47	21.89	140971.4	7.18	10663.44	1929
2007	257305.6	11.4	6.04	23.94	166740.2	7.73	15282.49	1929
2008	300670	10.1	7.23		179763.9	7.9	19460	1929

资料来源：WorldBank, IMF 官方网站，国家统计局。

第三，持续稳定的人民币汇率。稳定的汇率政策为人民币国际化提供了保障，自 1994 年以来，我国汇率制度有所改变，即单一的、有管理的浮动汇率制度，这种制度主要建立在市场供求的背景下。在 1994—1997 年的四年间，人民币由原来的 1∶8.70 升到了 1∶8.28 提高了近五个百分点；从 1998 年来，美元兑人民币汇率基本保持在 8.27，波动幅度相对比较小。其中，在亚洲金融危机中，各个国家都顶着货币大幅贬值的压力，中国政府却依然做出了人民币不贬值的承诺，说明政府有能力应对这场风波，人民币的国际形象空前提高，为国际化步伐打下了基础。

第四，不断加强的区域经济合作。货币国际化对该国的区域经济合作同样有较高的要求，中国与周边国家的区域经济合作诸多，如 2011 年，印尼曾在上海开展了关于国际纺织工业的一个博览贸易会，借此寻求东盟等周边国家的区域合作，让区域经济合作有了进一步发展，人民币国际化向前更迈进了一步。

（2）从国外条件来看，国际局势对人民币实现国际化有以下两个方面的利好

第一，美元走势下滑，人民币币值稳定进入 2009 年以来，货币发行量迅速增加，这使得美元汇率持续走弱，美元出现贬值迹象，同时伴随着国际油价的不断变化，美元也出现了波动性情况，这就使得美元在国际的往来面临着巨大的汇率风险。与此同时，自我国外汇管理体制改革以来，人民币汇率在曲折道路上缓慢平稳地发展，长期保持着良好的态势，这就赢得了不错的国际声誉以及足够的国际清偿资金。在金融风暴情况下，中国经济率先崛起，对人民币有着坚强的信心，可逐步完成货币的自由兑换，从而实现最终的人民币国际化目标。

第二，单极向多极发展的货币格局的演变。前文已经提到，在布雷顿森林体系建立以来，美元为中心的国际货币体系格局始终存在，然而随着 2008 年美国次贷危机的爆发，货币体系格局出现了弊端。美元作为国际货币的最主要角色，使美国可以通过对外输出和转嫁风险来分散危机，但与此同时，越来越多的人呼吁改革国际金融秩序和国际货币体系，美元的国际地位呈现下降趋势，国际货币结构开始发生变化，正在由美元的单一结构向多元结构发展转变。同时，欧元借此机会，表现出明显的上升势头，多极化的发展趋势显现出来，在欧洲和部分非洲多数国家执行其交易、支付等手段，同时，国家将其作为储备资产来使用，事物的两面性决定了欧元也有其内在不足的地方。错综复杂的国际货币争斗局面为人民币走向国际化提供了广阔的舞台，人民币可借此机遇，形成美元、欧元、人民币等多极化的货币体系格局。

综上所述，人民币已经在国内、国外两个方面具备了一定实现国际化的条件与机遇，目前也已经顺利地在周边区域推进了国际化工作，在本书接下来的部分我们将对人民币国际化的进程及现状展开进一步的分析。

二、人民币国际化的历史发展

2003 年和 2004 年，我国相继开始为香港和澳门地区个人人民币业务提供清算安排。2007 年美国次贷危机爆发，为了应对危机，2008 年 10 月，我国采取了积极务实的态度，同韩国银行、中国香港金管局、马来西亚中央银行、白俄罗斯、印度尼西亚分别签订了人民币互换协议，这标志着人民币开始作为贸易结算货币在全球市场上流通，人民币向国际货币迈出了关键一步。2009 年，我国发布《跨境贸易人民币结算试点管理办法》，逐步解除了跨境贸易人民币使用限制。2011 年，我国发布《境外直接投资人民币结算试点管理办法》和《外商直接投资人民币结算业务管理办法》，允许境内机构以人民币进行对外直接投资和境外投资者以人民币到境内开展直接投资。之后，人民币跨境使用快速发展，在跨

境贸易和投资、外汇交易、国际支付、国际债券等方面相继取得了突破性进展(见表4.3)。

表 4.3 人民币国际化进程

时间	国际化进程
2008 年 6 月	首只人民币债券在香港登陆，在此之后，内地多家银行多次在香港推行短期的人民币债券，总额超过 200 亿人民币
2008 年 7 月 10 日	国务院批准央行的三定方案，新设立汇率司，其职能就包括"根据人民币国际化的进程发展人民币离岸市场"
2008 年 12 月 4 日	中国与俄罗斯加快两国的贸易往来，改用本国货币结算进行了磋商
2008 年 12 月 12 日	中国人民银行和韩国银行签署了双边货币互换协议，协议规定，两国可以通过本币互换来实现短期流动性支持，其中规模可以达到 1800 亿人民币

(续表) 表 4.3 人民币国际化进程

时间	国际化进程
2008 年 12 月 25 日	国务院决定，将对广东和长江三角洲地区与港澳地区、广西和云南与亚细安的货物贸易进行人民币结算试点。此外，中国与周边八个国家签订了自主选择双边货币结算协议，其中包括蒙古、越南、缅甸等
2009 年 3 月	中国央行同马来西亚、白俄罗斯、印度尼西亚、阿根廷等国家签署双边货币互换协议
2009 年 7 月	六部门发布跨境贸易人民币结算试点管理办法，标志着我国跨境贸易人民币结算试点正式启动
2010 年 6 月	六部门发布《关于扩大跨境贸易人民币结算试点有关问题的通知》，跨境贸易人民币结算试点地区范围将扩大至沿海到内地 20 个省区市，境外结算地扩大到所有国家
2011 年 6 月 21 日	央行公布了《关于明确跨境人民币业务相关问题的通知》
2012 年 4 月 16 日	中国人民银行宣布：银行间即期外汇市场人民币兑美元交易价浮动幅度由 5‰扩大至 1%
2008 年 12 月 25 日	国务院决定，将对广东和长江三角洲地区与港澳地区、广西和云南与亚细安的货物贸易进行人民币结算试点。此外，中国与周边八个国家签订了自主选择双边货币结算协议，其中包括蒙古、越南、缅甸等

资料来源：(1) 新浪财经；(2) http://guba.eastmoney.com/look,600114,0.html 整理得到。

三、人民币国际化的现状

人民币作为硬货币，是进行边贸交易的主要工具之一。在朝鲜，人民币被称为"第二美元"，在边民互市贸易和朝鲜惠山市的集贸市场是可以半公开使用的，在外汇商店和大的宾馆、饭店也可以使用人民币消费；在缅甸，人民币有"小美元"的头衔，每年进出入境的人民币数量多达几亿元；在老挝，频繁的贸易交易使得其数额可以高达数十亿美元，这数十亿的贸易额全部是通过人民币来结算的；在泰国，中国游客是可以直接用人民币消费选择商品的；据估计，在蒙古国境内，也有部分人民币在流通，其中在所流通的货币中有 60% 的部分是使用人民币的，尤其在靠中国边境的蒙古西北五省地区，这些地区人民币的流通量超过了该地区的 80%～90%；[1] 在西北地区，人民币主要在俄罗斯、巴基斯坦和中亚五国流通，目前哈萨克斯坦的人民币使用量是最多的国家，有十多亿元，在中亚的其他国家累计起来一共也有十多亿人民币在使用中；[2] 在巴基斯坦，主要集中于靠北边的吉尔吉特和边境周围，使用数额在一亿元左右；在俄罗斯，大部分居民更倾向于选择人民币作为其外汇储蓄。更值得一提的是，在欧洲和北美洲的一些发达国家中，随着中国经济的不断发展和游客的不断增多，也出现了人民币流通的趋势，如唐人街、纽约的机场以及部分华人比较集中的地区。在日本，华人聚集的地方也开始收集人民币，因此，可以看出，人民币目前在周边国家的使用量正在不断增加，人民币的国际化程度也在逐渐提速。

然而，人民币目前的国际化程度与我国全球经济总量第二和贸易总量第一的地位尚不匹配。根据环球同业银行金融电信协会（SocietyforWorldwideInterbankFinancialTelecommunication,SWIFT）的统计，截至 2014 年 12 月，人民币是全球第二大贸易融资货币、第五大支付货币、第六大外汇交易货币。美元、欧元、日元、英镑依然是全球国际化程度最高的货币，这与我国当前的贸易总量和 GDP 全球排名还存在一定差距。此外，从人民币与美元在世界范围内的结算比例来看，2016 年，我国货物贸易进出口总值 24.33 万亿元等值人民币，其中以人民币结算量 4.12 万亿元，占比 16.93%，在全球贸易中人民币结算量占比更低至 2.17%。同期，美国跨境货物贸易绝大部分采用美元结算，在全球贸易中美元结算占比则约为 42.09%。从货币官方储备职能分析，截至 2016 年 12 月，人民币在全球官方外汇储备中份额为 1.07%，美元在全球官方外汇储备中份额高达 63.96%。从货币计价投资职能分析，以人民币计价的国际债券和票据余额为 980 亿等值美元左右，在全球占比为 0.48%，美元计价的国际债券和票据余额在全球占比例为 43.73%。毋庸置疑，人民币与美元在世界范围内的影响力还存在一定差距。因此，这也是我国政府要以"一带一路"倡议为契机，加快推进人民币国际化的原因。

---

[1]　《2004年人民币现金跨境流动调查》，人民币现金跨境流动调查课题组编，《中国金融》2005年第6期。
[2]　王健君：《人民币国际化图景》，《瞭望》2007年第47期。

第四节 人民币国际化的制约因素

一、国外制约因素

(1)在位国际货币的惯性作用。在 1997 年经济危机和 2007 年美国次级信贷危机中，与美元关联度大的经济体受害最深，出现了各国货币大幅贬值、股市暴跌、经济倒退以及政局动荡等严重后果。

由于在位国际主导货币的惯性作用的存在，拥有的规模经济和货币使用的习惯，要想取代它的位置也相当困难，这个正是经济学里所讲的黏滞效应。虽然布雷顿森林体系已经崩溃多年，但是美元作为世界第一货币的地位仍然不可动摇，一国货币国际化受美元惯性影响比较深，如用美元进行的交易在外汇市场上数量相当多，金融衍生产品大多以美元为标的，汇率风险管理体制以美元为中心等。值得一提的是，中国的外汇储备大多以美元存在，损害美元价值的行为，不利于人民币国际化的实现，有投鼠忌器之虑。

(2)国际政治斗争的影响。蒙代尔曾经指出，"根据历史总结出来的事实经验得出，最强的货币是由最强的政治实力提供的"。强大的货币是依靠强大的政治力量在背后支撑着，所以人民币国际化不仅是金融问题，更是政治问题，不可避免地受到国际政治因素的影响。在世界政治方面影响人民币国际化的国家大体有两个：一个是美国，美国不会愿意看到自身的势力受到削弱，对东亚尤其是中国的发展动向美国始终保持高度戒备之心，"主导欧亚，称霸世界"一直是美国的全球性攻略，同时，美国也通过种种途径试图介入东亚经济事务。人民币国际化后必然对美国的经济政治冲击巨大，因此，美国是不会支持人民币国际化道路的，甚至有可能会在道路上设下陷阱。另一个是日本，一方面，人民币国际化将进一步增强中国在亚洲的影响力；另一方面，人民币国际化必然会进一步削弱日元的国际地位，甚至使日元的国际货币资格发生动摇，日本的利益受到直接冲击。从人民币的地位来看，人民币和日元的冲突可能更直接。另外，还有来自其他新兴市场国家的竞争，比如印度，也完全有可能干扰人民币国际化，随着印度近些年的崛起，它一直将中国视为竞争对手，特别是在经济上，而人民币国际化势必会影响印度的利益，因此，印度反对人民币国际化也是完全有可能的。此外，还有中国的外部安全问题，例如台湾问题等，一旦这些问题恶化，短期内在中国投资的外国投资者都很有可能抛售人民币资产，撤离中国。

二、国内制约因素

(1)人民币自由兑换。在中国经济蓬勃发展的今天，人民币的自由兑换业务可以在经常项目下进行，但人民币资本账户尚未开放，也就是说人民币资本项目下的外汇交易仍然需要在国家严格的监管下进行，人民币要想实现完全的自由兑换尚需时日，人民币自由流通仍然存在诸多障碍，中国居民兑换外币仍然有额度上的限制。人民币要实现完全国际化，货币自由兑换是事先要完成的，但开放资本账户会带来巨大的风险，这也是世界许多国家对此保持谨慎态度的原因。资本账户开放在一定程度上为国际游资的进出提供了便利，国际上部分操盘手借此机会纷纷将资金在国与国之间买卖，金融市场出现比较混乱的局面。人民币想要实现自由兑换，还需要中国继续建设好金融市场，做好先期准备工作。

（2）金融市场的广度与深度有待提高。中国金融市场起步晚，虽然发展快，但金融产品的品种、质量及金融创新能力仍与发达国家存在很大差距，同时，现阶段中国的金融监管体系还处在较低水平。中国人民银行虽然从1984年就开始专门行使中央银行职能，但是对政策工具的运用仍然不成熟，应对经济变化的相应经验相对于西方国家央行来说仍然不足，对全球经济、金融发展的分析判断水平还有待提高。银监会、证监会对控制和防范银行业风险的手段和经验比较匮乏，正是出于这个原因害怕市场风险而迟迟不敢推出金融衍生产品交易。对监管经验的缺乏，对监管体制的缺失，使得在进行套期保值时，将投资者转向日本、新加坡等海外市场，无法正确利用各种金融工具来规避风险。可见，要承担风险防范所带来的问题，中国的金融监管体系还远远不够。中国金融体系的不够健全以及人民币面临的升值压力使得国外居民使用人民币结算面临很多的问题，人民币很难发挥价值尺度和支付手段的职能，影响人民币的国际化。此外，境外人民币资金的投资和兑换需求，可以不断促进国内金融业的迅速发展，而这些都将推进人民币国际化进程，促使中国金融市场更加开放并与国际接轨。

（3）缺乏全球性银行系统的支撑。先进的全球性银行系统是实现一国货币国际化的重要支撑，直接带动本国货币的境外输出、输入、流通和兑换，而目前我国的银行系统还远远没有达到这个标准。首先，中央银行金融监管和国际经济、金融的研究能力还不够强，监管工作水平不高，特别表现在外汇、汇率的调控方面缺乏丰富的经验和手段。其次，商业银行缺乏完善的发展规模以及健康的运行体制。目前，四大国有银行是我国银行产业的支柱，其他商业银行无论从性质上还是从规模上都不如这四大银行，境外的部分投资性银行也都是崭露头角的状态；对于民营资本，直到2002年下半年才予准入，规模也相对比较小，而四大国有商业银行尽管资产规模庞大，但是其不良资产却一直居高不下。如果人民币成为国际货币，面临的问题将会更多，从而带来人民币大幅度贬值，更严重的会引发金融风暴。总之，中国银行系统还不能提供与国际化货币相称的信誉保障体制。另外，中国银行系统还存在着国际化程度低、经营管理水平落后、激励机制与业务创新能力弱、总体竞争实力不强等问题，这些问题的存在使得中国银行系统还不能适应人民币国际化载体的需要。

第五章　国际经验借鉴

本章通过对四种当前主要国际货币的国际化发展进行分析对比，四种货币有其各自的发展背景、发展路径，我们可以通过比较分析，借鉴其国际化经验，并尽可能地避免人民币国际化中所面临的风险，行之有效地促进人民币国际化。

第一节　英镑

一、英镑的国际化历程

从 19 世纪 70 年代至 1914 年一战爆发，英国是起步最早，实现工业革命最早的国家，它有比较高的经济水平，它的经济、政治体制都处于那个年代的核心地位。拥有极高的声誉和强大的影响力，一直保持着自身第一的经济地位，直到第一次世界大战后有所下降，不及美国。在全球经济发展极不平衡的情况下，英镑凭借政治军事霸权的力量，呈现出动态发展的过程，主要有三个阶段。

第一阶段是英镑体制中的基本不变的币值策略与实现英镑的自由兑换。从 16 世纪开始，英国凭借其强大的经济后盾，对外发起了历次战争，最终在世界中称霸。随着工业革命的率先结束，其生产力发展可谓是突飞猛进，发展速度惊人，产品市场上的品种数量繁多。1695 年，英国皇家交易所开始了股票交易，主要和英格兰银行、东印度公司通过公债的方式实现。随后，最强大的金融中心阿姆斯特丹的资本市场的各种交易技巧纷纷在伦敦涌出，为了稳定英镑价值，提高英镑应用范围，1717 年牛顿为黄金定价，从此英国开始实行金本位制。1800—1850 年的半个世纪里，英国的工业产量猛增了 324%，这是人类历史上前所未有的，而同期英国工人的工资却下降了 9.1%。当英国国内市场无法消化过剩的产品时，英国的资产阶级开始用大炮寻找和开拓国外市场，在全球范围内建立起"日不落帝国"的殖民地，从而逐步形成了广泛的世界市场。为了保证英镑的可自由兑换性，进一步增强持有信心，19 世纪英国与欧洲大陆国家通过中央银行进行一系列贷款和金银互换合作，有力地增强了英镑币值的稳定，促进了英镑的可兑换性，提高了英镑的国际支付能力。

第二阶段是打造与欧洲国家间的自由化贸易网络平台。18 世纪 50 年代起，英国的贸易政策由重商主义向亚当·斯密的自由贸易主义转变，开始了轰轰烈烈的自由化运动。之后通过与欧洲各国家陆续签订贸易协定，逐渐建立自由贸易网络。随着自由贸易政策在欧洲的推广，英国逐步进入全盛时期，稳定的经济和贸易关系为英镑币值稳定创造了极好的外部条件。英国采取恰当的贸易逆差方式和不断向外的投资策略，使英镑在国际经济和金融领域的影响力逐步扩大，促使各主要工业国纷纷向英镑体制靠拢，采用金本位制，从而在19世纪70年代以英镑为核心的国际金本位体系得以实现，可以说，这是由于自由贸易在当时的大力推行才最终完成的。到18世纪后半时期，阿姆斯特丹在资本市场上的地位远远不及伦敦，其在国际金融市场上的角色就此确立。伦敦金融市场的繁荣，使得英国政府的融资成本也大大降低，政府筹集资金的方式多样，并且更加容易，从而推动了其经济快速发展。

第三阶段是成立自治的领单边关税特惠区。从19世纪80年代初，由于经济增长速度不及以前快速，欧洲纷纷推出了贸易保护主义，来缓解经济增长所带来的问题。为了维护本国利益，尽可能地减少对本国经济的冲击，英国不断地扩张海外殖民地，即在自治领之间建立互惠联盟。税收优惠政策的大力出台，单方关税特惠区在英国本土及其自治领之间大体完成，英国对外贸易和投资主要以自治领土为重要范围。

 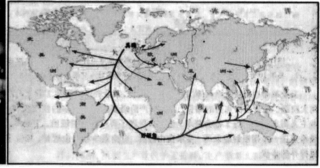

图 5.1 英国工业革命

（左图：英国工业革命时期的纺织厂女工；右图：英国工业革命后的对外扩展促进了英镑在世界范围内的流通）

二、英镑国际化的条件

英镑的国际化起源于国际贸易，其经历时间较长，但其实现过程所具备的条件相对简单。币值稳定对于一个国家的经济发展有着重要的作用，英镑的对外经济发展中一部分可以通过长期持有他国的贸易；英镑的国际地位部分是通过国际贸易投资得以体现的；周边的欧洲国家如法国、西班牙等国的经济实力的减弱，为可以实现英镑国际化的进程创造了机遇。国际的贸易往来使英镑走出国门，作为国际性货币在世界范围内使用，从而为提高英镑的国际化发展起到了一定的作用。此外，在时代的大背景下，国际经济政治体制还不够健全，英镑的国际化发展主要以武力为基础，只能通过武力来扩展区域，通过推行强制殖民地和依附于其他国家来推行英镑的广泛使用。

然而，第一次世界大战后，英国开始走向衰落，随着美国综合实力的不断增强，国际上一度出现英镑和美元共同主导全球货币体系的情况。1945 年,"布雷顿森林体系"正式建立,美元确定了霸主地位,成为全球唯一的主导性国际货币。1949 年 9 月,英镑一次性贬值 30.5%,英镑兑美元的汇率从 1940 年的固定汇率 1:4.03 跌至 1:2.8 左右。但是英镑并没有就此退出世界货币体系的历史舞台,仍然在区域化基础上居于国际次要位置。1961 年,英国的经济总量被西德超过,1964 年被法国超过,1967 年被日本超过,英镑的国际货币地位也最终落到了这些国家的货币之后。根据 IMF 的统计数据,截至 2016 年 12 月底,英镑兑美元的汇率约为 1:1.23,英镑在国际货币体系中,位列美元、欧元和日元之后,在国际储备货币中占比为 2.1%~4.9%。

图 5.2 英镑的纸币与硬币

三、英镑国际化对我国的启示

英国强大的军事实力和贸易霸权使得英镑的国际化得以成功,并以世界霸主的身份强行推广,此种有利条件是历史特殊时期形成的,是不具有可复制性的,而二战后英国霸主地位的衰落也是英镑丧失国际垄断货币地位的根本原因。在当今的时代格局下,纵观当前更为复杂的国际经济环境,英镑实现国际化时的单边经济局面已经消失,从这个角度分析,英镑对人民币的借鉴意义并不是很大,但是凡事都有其两面性,英镑的国际贸易发展在当时的时代背景下是前所未有的,中国目前主要是出口导向型国家,通过大量的外汇储备来提高国际贸易发展,所以,从这个角度来分析,英镑的国际贸易发展对我国人民币国际化进程还是有一定的借鉴意义的。

第二节　美元

一、美元的国际化历程

毋庸置疑，美元是当今世界的第一大货币，其在经济金融、贸易投资以及价值储备等领域被广泛地接受和使用，美元之所以有其现在的国际地位主要源于布雷顿森林体系。美元的国际化之路始于19世纪末20世纪初，当时美国进入了快速发展阶段，成为当时最具实力的区域和投资地，出现了至今还是工业巨头的财阀，如花旗银行、摩根公司、美孚石油公司等。美国总统塔夫脱1912年提出"金元外交"政策，掀起了美元最终成为国际货币的序幕。美元的国际化历程有其特殊的历史背景，通过不断打压最终取代英镑的国际化历程，两次大战是其发展的引线，大体有以下几个阶段：

第一阶段是在两次世界大战之间，随着战争的到来，美元的地位凸显出来。1914年第一次世界大战爆发，美国并没有参与到战争中来，而是保持中立静观其变，同时，它利用这个契机与交战国进行大规模的军火生意，从而大发战争财，黄金储备大大增加。美国政府借此机会建立金本位制，使固定价格保持与黄金兑换的美元挂钩，更具吸引力，这样美元计价的世界格局油然而生，为了减少交易所带来的风险，部分私人部门开始用美元来进行贸易交易。第二次世界大战爆发后，作为主战场的欧洲国家受到重创，美元成为各国主要储备货币。战争结束时，美国工业产成品数额高达全球的二分之一，对外交易往来数额超过了全球范围的三分之一，美国在开展对外贸易投资中，投资总额大幅度上升，在短短的七年中黄金储备也从100多亿美元急速突破了200亿美元，高达资本主义世界黄金储备的59%左右。[①]

第二阶段是在二战结束后，美元进一步抢占英镑市场。第二次世界大战期间，美国经济水平突飞猛进，并想建立以美元为主导的货币体系格局；相反，二战中英国的经济地位有了明显的下降，英国参与战争，美国作为其旁观者，作为其后方供应者，不断地供给物资从中获利，迅猛发展，英国的经济实力大为削弱，美国自然而然地成为全球债权国的首领。1944年7月，布雷顿森林体系的形成，意味着美元最终实现了其国际化发展。布雷顿森林体系建立后，又出现了"特里芬难题"，即国际货币需要有大量清偿实力，这就要求美国通过贸易逆差形式来提供美元，同时还要维持美元与黄金的正常兑换，保证美元的信用地位。在20世纪50年代末期，大量的美元闲置无用，过剩的美元使得其黄金储备逐渐流向国外。

---

① 孙兆东编著，《世界的人民币》，北京：中国财政经济出版社，2010年。

图 5.3 布雷顿森林会议现场

（1944 年 7 月 1 日，44 个国家的代表在美国新罕布什尔州布雷顿森林镇召开布雷顿森林会议，会议宣布成立国际复兴开发银行和国际货币基金组织两大机构，确立了美元对国际货币体系的主导权，构建了战后国际货币体系的新秩序）

第三阶段是在 1945 年二战结束至 20 世纪 50 年代中后期，最终形成了以美元为主导的国际货币体系，这种格局的建立使美元作为当时唯一的世界性货币。二战后，建立了关贸总协定 (GATT)，这个多边性的协定，主张降低关税，扫清国际贸易中的困难和不平等待遇，从而有利于将美国商品运到国外去，占领国际市场，达到经济扩张的目的。由于美元是当时仅有的一个可自由兑换的货币，所以美国凭借关贸总协定和布雷顿森林体系使美元的国际货币地位稳如磐石。另外，美国还通过马歇尔计划和"占领地区救济基金"，对欧洲和日本进行援助，这也为这些国家和地区打开了市场，放弃商品定价权，更加依赖美元。

第四阶段是在 20 世纪 70 年代时期，布雷顿森林体系的崩溃。1971 年美国市场上涌现出全国的收支逆差现象，美国的国际收支出现了不平衡状态，导致黄金储备大量减少。1971 年 8 月 15 日，尼克松政府就此现象迫不得已宣布实行"新经济政策"，这标志着美元与黄金的兑换制度停滞。1973 年初，美国正式宣布停止美元兑换黄金，布雷顿森林体系也行将灭亡，走到了最后，最终彻底瓦解。布雷顿森林体系结束后，多元化的货币体系格局开始形成，日元、德国马克、英镑等货币逐步涌入国际货币体系中，美元并不单单是世界上唯一的世界货币，美元的国际地位受到了一定程度的削弱。即便如此，美国依旧是全球范围内经济实力强大的主力国家，短期内基本不会改变美元的核心货币格局。

图 5.4 美元的纸币与硬币

二、美元国际化的条件

美元国际化是在英镑的发展上更完善的一个国际化过程，其发展的模式具有历史的特殊性。首先，在两次世界大战中，美国借此机会经济迅速增长，贸易激增。在此期间，美国的进出口贸易总值都保持在 40 亿美元之上，其中，1920 年超过了 120 亿美元，贸易交易量相当大；其次，战后在政治和经济上其他国家的重建更加依附于美国，为美国进一步发展经济，提高美元的国际地位提供了良好的机遇；最后，金融市场的发展以及国际资本市场的发展为美国稳住美元的霸主地位提供了契机，这一点使得其他货币难以在短期内通过金融扩张与美元争霸。

三、美元国际化对我国的启示

虽然美元国际化的时代背景也是不可复制的，但其整个发展过程对中国还是有一些启示的：第一，强有力的经济实力是货币国际化的先决保证，只有有了资本说话的语气才够硬，在布雷顿森林会议中美国的经济实力使得比英国有更大的话语权。只有有了雄厚的经济状况，国际化的货币才有可能孕育而生，因此，人民币要想实现国际化，就要不断地大力发展中国的经济，这是最先要完成也是最重要的保证。第二，政府在一定程度上对美元的国际化进程起到了很好的辅助效果，这是由于美国政府有效地应对各种困难来实现其国际化，例如二战之后，形成以美元为主要货币的布雷顿森林体系，实现了美元的国际化道路，所以中国政府也应充分发挥其积极力量，提供人民币可以实现国际化的各种途径，把握机遇，提升人民币的国际影响力。第三，健全的金融市场和完善的监管体制是坚实的后盾，美国的资本市场比较发达，基础设施比较发达，金融产品丰富，金融市场成熟，投资渠道多，金融监管体制完善，是国际化的金融中心，为美元发挥其基本职能创造了一个广阔的发展空间。同理，中国也应大力加强相关金融体制和市场的建设；第四，建立币值稳定的货币体制，20世纪初期，美国确立了金本位制，布雷顿森林体系又建立美元—黄金本位，这些货币制度启示我国人民币要保持稳定的币值制度，在对外贸易的援助中，鼓励国民和企业使用人民币，扩大接受人

民币的国家和地区的范围。

第三节　欧元

一、欧元的国际化历程

欧元国际化起源于欧洲经济共同体的建立，建立货币联盟，各国放弃主权货币，进而建立起区域货币。欧洲一体化进程并没有遇到多大障碍，因此，欧洲货币一体化过程也很迅速，欧元的诞生是区域内各国相互探讨与相互协作的产物。欧元的国际化经历了创立欧洲货币单位（ECU）、汇率机制（ERM）和欧洲货币基金，建立欧洲经济与货币联盟、实施单一货币等阶段。欧元国际化的起步阶段始于欧洲经济一体化进程。1950年，欧洲16国建立了欧洲支付同盟。欧洲各国开始实施共同农业和关税同盟政策，以促进区域内商品自由流动。1965年，欧洲共同体成立。随着布雷顿森林体系向牙买加体系的转变，传统储备货币之外的其他货币迎来了国际化的时间窗口。20世纪70—90年代，德国经济总量居世界前三位，马克作为重要的国际储备货币，是欧洲地区的核心货币，在1979年形成的欧洲货币体系中具有"锚货币"的地位，这是欧元得以成功启动的关键前提。1979年，欧洲经济共同体8个成员国建立了欧洲货币体系，以德国马克为主，8国货币汇率彼此固定，共同应对美元浮动。1991年12月，欧洲共同体通过《欧洲联盟条约》和《马斯特里赫特条约》。1993年11月1日，《马斯特里赫特条约》的生效标志着欧盟的正式诞生，1997年，欧盟建立由欧洲中央银行和各成员国央行组成的欧洲中央银行体系。在欧盟的主导下，1999年，欧元启动发行，2002年1月1日，欧元开始正式流通，并逐步在国际金融市场上发挥重要作用。欧元的广泛使用使其在较短的时间内实现了从区域性货币向国际化货币的转变。这既是欧元国际化的成功，也是马克国际化的成功，意味着马克在经历了半个世纪的努力之后，最终借助区域经济和货币合作成功实现了国际化蜕变。某种程度上，欧元国际化是对马克国际化的延续。欧元的出现一度对美元造成了一定的冲击，但随着时间的推移和政治经济形势的变化，欧元没能对美元造成实质意义上的挑战。尤其是近年来受欧债危机以及英国脱欧等事件影响，国际市场对欧元的信心有所下降。

图 5.6 欧元的纸币与硬币

二、欧元国际化的条件

首先，经济条件是一国发展货币国际化的先决条件，欧元作为一种货币，代表着欧元的真实的经济状况（如表 5.1 所示）。为了实现目的，欧盟采取了各种方法，例如降低各国政府预算、完善税收制度发展等，从而实现了较低通货膨胀和较低利率的宏观经济氛围，改善了其欧元的国际形象，对欧盟经济的平稳增长做出了巨大贡献。其次，政治力量是其国际化的重要保证。欧洲的政治精英们在一体化进程中，既是设计者、实施者，又是帮助者、协调者，他们专心研究、重点扶持，从而取得了今天货币合作的成就。经济一体化和货币一体化都是实现欧洲政治一体化的途径，从《欧洲煤钢联营条约》到欧洲经济共同体，再到欧盟和欧元区，欧洲政治家们在这条路上一点点地前进着。此外，在欧洲货币一体化的进程中，作为核心国家的法国、德国起到了决定性的作用，从德法和解建立欧洲经济共同体开始，两国之间的合作就为今日欧元区国家的货币统一打下了良好的基础。然后，合作理念是欧元国际化的有力支持。欧盟并非一个国家，是一个经济体的集合，欧元的流通使用是在这些国家中，这就需要各国之间有良好的合作关系，欧洲人的区域认同感，使得联合统一的思想成为一种理念和共识。这种理念和共识支撑着欧洲货币合作的进程，跨越艰难险阻，不断前进。例如，历史上的"舒曼计划"和《欧洲煤钢联营条约》就是合作理念的代表，使得长期敌对的法德两国走向联合。在建立欧元区的过程中并不是一帆风顺的，对于不断出现的问题和挑战，正是依靠各国之间的集思广益，汇集精华才出现了后来的欧洲货币体系，为后来的国际化货币奠定了一定的基础。最后，完善的制度体系和利益平衡机制是欧元国际化的坚强后盾。一个国家的法律具有一定的约束力，这是由于法律条文的约束力最终保障了欧元的顺利进行，高度发达的制度体系确保了欧洲货币合作的顺利进行，使得欧盟可以蓬勃地向前迈进。

表 5.1 欧盟 15 国主要经济指标

年份	GDP 总额 （10 亿美元）	GDP 占 世界的比 重 %	外贸总额 （10 亿美元）	外贸总额占 世界比重 %	储备资产 （百万欧元）	世界外贸总额 （10 亿美元）	特别提 （百万 SDRs）
1989	29368.19	24.084	2518.68	20.47	109513	12301.56	3325.98
1990	35175.20	24.178	3060.36	23.52	118064	13013.04	3944.02
1991	36972.48	24.335	3082.92	22.61	130000	13637.4	4284.85
1992	38512.95	24.226	3235.92	22.1	147765	14646	2774.21
1993	30195.60	23.729	2929.44	18.96	150088	15448.92	4573.6
1994	32227.41	23.658	3342.84	19.567	151583	17085.48	4459.02
1995	37268.84	23.556	4063.8	21.62	149879	18792.24	6078.66
1996	39913.83	23.132	4249.44	20.92	177736	20311.56	6005.5
1997	36701.44	22.827	4190.28	18.62	199670	22504.32	5152.56
1998	37040.35	22.96	4376.4	18.51	338945	23637.12	6967.93
1999	37479.75	22.878	4402.92	17.53	337724	25120.2	4117.15
2000	35504.99	22.714	4643.64	16.29	342415	28513.32	4351.55
2001	33203.97	22.68	4602.24	15.97	338399	228816.32	4670.74
2002	36471.86	22.334	4827.24	16.03	314017	30120.12	4211.78
2003	45214.39	21.826	5778.36	18.05	267304	32019.6	2949.16

注：储备资产：包括黄金和外汇储备。资料来源：IMF 官方网站、中经网，部分数据整理所得。

三、欧元国际化对我国的启示

欧元的国际化是一个区域经济合作的产物，它打破了单个经济体的货币仅依靠发行国自身力量走向国际化的传统模式，取而代之的是依靠区域的力量，建立了区域统一货币，这种货币的国际地位强于任何单一个体的货币，很值得中国借鉴与学习。

第一，区域货币合作。经过半个世纪的努力，欧盟实现了欧洲经济一体化，建立了统一的市场和统一的货币，从而在世界货币体系上立足。欧元国际化是各个国家彼此协作孕育而生的，欧盟不是一个国家，而是许多小国的集合体，正是凭借这些小国的协调发展，凭借国家的目的性扶持，欧元的国际化才得以完成，是货币国际化的一种特殊的表现。第二，区域市场融合。从欧共体建立开始，各成员国就广泛开展成员国之间的经济合作，促进了商品、人员、劳务和资本在成员国之间全面自由流动。第三，加强欧洲的影响力。欧元欲实现其国际化，就必须有其外部基础，加强以欧元为核心的国际贸易网络建设，是欧元国际化的重要保障，就像一国货币的国际影响力体现在本国之外一样，在这个思路的指导下，西欧的首要目标是大欧洲策略，推动在欧洲区域的广泛合作，积极向东欧和地中海地区渗透，逐渐巩固西欧在欧洲的核心地位。第四，欧元的负面性，随着欧盟的扩大，欧元区也随之扩大，各成员国的经济质量不一，2009 年希腊爆发了主权债务危机，曾一度导致欧元危机，欧元兑美元的汇率一路下滑，至今，希腊债务危机的阴霾依然没有散尽。此外，2018 年以来英国的"脱欧"问题也给欧元进一步向国际货币发展蒙上阴影。

"欧元之父"蒙代尔在 2001 年曾对未来世界货币格局提出了自己的观点，认为即将出现三大货币区，即欧元区、美元区和亚洲货币区。国内已经有学者开始研究以中日韩三国为核心的亚洲货币产生的可能性，即仿效欧洲那样，发起"亚元"，日本民间也有"亚元"的相关研究。目前来看，中国现在已经成为世界第二大经济体，并且经济实力持续高速增长，就所提出的"亚元"设想，是有可能实现的。

第四节　日元

一、日元的国际化历程

日元国际化是日本经济腾飞的标志，但日元国际化的过程并不是一帆风顺的，甚至有些曲折，同时，日元在国际化的过程中形成了较为完善的金融体系，东京也成了当前远东的重要金融中心，因此，日元国际化对人民币未来的发展具有一定的参考价值。

日元的国际化历程可以分为以下三个阶段：第一阶段是在 20 世纪 60 年代中期至 80 年代初期，二战结束后，日本经济面目全非，状况相当不好，国际收支极度不平衡，国内资金不足，处于一片混乱的状态，此时日本采取了周密的金融管制制度，制止了严重的恶性通货膨胀，使日本的病态经济情形得到改变。日本凭借朝鲜战争这个契机，与美国合谋，成为美国主要设备的供给国，从此日本的发展在很大程度上依赖美国的发展，也正是借助这个机会日本的经济得以显著发展，还原了日本的政治主权地位。1964 年日本全面实施日元的自由兑换，日元国际化由此正式开始。1973 年布雷顿森林体系解体之后，不再使用黄金来兑换美元，逐步形成了多元化的国际储备世界货币格局。日本借此机会，崭露头角，凭借其日趋发达的经济实力，在国际货币体系中站稳了脚跟，形成了多元化货币体系中的一个重要组成部分。

第二阶段是在 20 世纪 80 年代中后期至 90 年代中期，1985 年《广场协议》的签订是日元国际化的一个转折点，协议签订以后，日元被迫开始了十余年的升值历程。1986 年12 月日本开放了东京离岸市场，这意味着日本向欧洲敞开了大门，将日元引进了欧洲市场，使得日元可以大量地在国际贸易往来中自由地流入流出，方便了国际贸易的结算手续，有利地加快了日元国际化步伐。1988 年日本先后开放了日元商业票据和外汇市场等，这些都标志着日元的国际化进程在逐步提速。

第三阶段是在 20 世纪 90 年代末以后, 1997 年的亚洲金融危机给包括日本在内的诸多国家的经济及金融系统带来了巨大的冲击, 日本政府的不负责态度使得日元处于贬值状态, 削弱了日元在国际中的地位, 使得日元国际化问题停滞不前, 如表 5.2 所示。从表中我们可以看出, 美元的国际货币职能一直占据着重要的部分, 而日元所占比重远远下降; 同时, 在 1999 年欧元的诞生使得日本产生了强烈的危机感, 欧元的成功也迫使日本政府反思日元的国际化道路。日本政府认识到了发展国际化的缺陷, 决定彻底采取改进措施, 从而总结出有利于日元国际化的发展思路。1998 年 10 月, 日本公布了对东南亚国家进行大额援助的设想, 这个计划主要是低息贷款和优惠的贸易和投资措施, 计划的核心是大部分使用日元货币, 1999 年, 日本又追加了援助的额度, 同样, 大部分货币仍是日元, 虽然日本政府积极推进日元的区域化和国际化, 但是日本经济长期萎靡不振, 甚至倒退, 再加上在东南亚经济危机期间, 日本曾经一度自保以及日本历史在政治上、军事上对亚洲国家一系列遗留问题, 日元区域化阻力依旧很大。

表 5.2 1998 年底, 世界货币职能在各国之间所占比例

职能	美元	德国马克	日元
外汇储备	57%	12.8%	4.9%
国际贸易结算	48%	31%	6%

资料来源: 徐万胜. 浅析日元国际化 [J]. 现代日本经济, 1999 (6)。

日元的国际化走了很多弯路, 到目前为止, 仍然不是真正意义上的国际货币, 国际化道路一度倒退, 这仍旧是困扰日本的一个难题。在国际化的历程中, 日本政府急于求成, 试图越过区域化, 企图实现日元的跨越式国际化, 忽略了货币国际化的地域基础。东南亚经济危机过后, 虽然日本发现了货币国际化进程中区域化的必要性以及重要性, 但是却已错过了进一步推进日元国际化的最佳时机。

二、日元国际化的条件

(1) 经济条件。20 世纪 70 年代后期日本及时地应对了第三次石油风波所带来的不利影响, 从而提高了经济综合实力, 拥有了足够的资金。1976—1980 年间, 日元的外汇储备比重为由原来的 2.0% 上升到 4.5%。1989 年 4 月全世界主要国家的外汇交易比重如表 5.3 所示, 1990 年, 日本的进出口额结算比重分别为 37.5% 和 14.5%, 分别比 1980 年上升了 8.1 和 12.1 个百分点。20 世纪 90 年代以后, 日本受到泡沫经济的淹没及经济长久停滞不前状态的影响, 状况越来越差, 主要表现如表 5.4 所示。

表 5.3 1984 年 4 月全世界主要国家的外汇交易比重

币种	美元	日元	德国马克	英镑	瑞士法郎
外汇交易比重	45.0%	13.5%	13.5%	7.5%	5.0%

资料来源: http://www.safe.gov.cn/model/safe/news/new/detail.jsp.

表 5.4 20 世纪 90 年代后，日本经济恶化的主要表现

序号	主要表现	具体情况
1	日本的对外贸易中按日元结算的比重下降	1993 年，日本出口贸易按日元结算的比重虽然提高到了 42.8%，但其后又转为了下降，2000 年 1 月只为 36.1%，退回 20 世纪 80 年代中期前后的水平。从进口方面看，1995 年 3 月按日元结算的比重虽然提高到 24.3%，但其后也转为了下降，2000 年 1 月也只回升为 23.5%
2	各国外汇储备中日元的比重下降	1991 年以来，日元在世界各国的外汇储备中的比重一直是下降的趋势，1999 年末已下降为 5.1%，这不仅低于 1991 年末最高的 8.5%，而且也低于 1985 年末的 7.3%
3	银行对外资产中日元资产的比重下降	20 世纪 90 年代，在日本各银行的对外贷款中，日元贷款的比重一直徘徊在 20% 左右。2000 年 9 月末，在发达国家银行的对外资产中，日元资产的比重只为 8.7%，大大低于 1985 年末的 14.1%
4	国际债券中日元债的比重下降	在全世界的国际债券余额中，日元债的比重自 1995 年末达到 17.3% 以后，就一直是逐年下降的趋势，到 2000 年末已下降为 8.6%，只相当于 1995 年的一半

资料来源：① Ministry of International Trade and Industry, Ministry of Finance (2001)；② IMF survey (2000)；③ Internationalizing the yen: for whose Benefit Canada Asia Review, April 1999-p7-10；④ BIS Quarterly Review, June 2001.

（2）政治条件。日元的国际化受到美元的影响比较大，美国转变战略的同时迫使日本采取措施加以协助，当时的美国处于经济衰退期，美国凭借这种方式使其货币发挥更大的作用。20 世纪 80 年代竹下内阁上台之后，他根据日本当时的经济情况，寻找准确的政治地位，通过对外战略的实现，对提高日元在国际上的地位发挥了一定的作用，是至关重要的一个环节。在 1997 年的金融风暴之后，日本政府也相应地转变了其原来消极的态度，进而选择了更为积极的方式来应对危机。

（3）制度改革条件。放松管理制度和金融自由化是制度改革的前提。20 世纪 70 年代末 80 年代初，部分国家受到金融自由化风波的冲击实施了各种解决办法，目的在于放松管制和推动金融自由化，日本也受到这个风波的影响，提出了一些相应的变革措施，制度的变革促使日本本国自由化的同时也相应地对全球性的金融自由化产生了影响力，日本放松了金融管制，通过改革扩大日元债券的影响力，鼓励日元的国际贸易和金融资本市场的交易，来逐步实现日元国际化的进程。

三、日元国际化对我国的启示

总体来说，日元的国际化进程对我国的启示比较大，主要从以下几方面来体现：首先，金融体系的健全和宏观经济的稳定为货币国际化提供了重要的基础条件。起初日本的银行金融体系还不是很健全，这就给日元国际化造成了不利影响，缺乏竞争力，与经济大国的日本形象不相匹配，所以日本加强金融制度的深化改革，发展金融市场。同时，经济实力是最重要的因素。多年以来，日本的贸易往来和经常项目保持顺差状态，提高了国际

信用地位。20 世纪 70 年代，日本经济迅速崛起，成为经济实力仅次于美国的资本主义第二大国，随之而来的是国际地位和影响力的大幅提升，这是历史的必经之路。其次，日元币值不稳定，当遇到汇率兑换时遭到很大震荡，从而影响了日元国际化。出于历史原因和日本自身经济的特点，日元的汇率附属于美元存在，对美元有一种依赖性，当美国强制日元升值时，日本无能为力只能顺从，从而导致经济泡沫和日本国际化停滞。所以，人民币国际化进程中应积极采取稳定的汇率政策，中国在 2009 年，人民币开展了跨境结算试点工作，这意味着人民币在国际化道路上有了更进一步的发展，提高了其国际声誉。最后，宏观经济政策的影响，日元的升值问题会影响到日元的国际化发展，当日本已经没有能力通过调节货币政策来控制经济时，日元的国际化问题也就进入了难以突破的瓶颈。

第六章　人民币国际化的几个关键词

第一节　资本项目自由化

一、资本项目自由化的定义

在回答什么是资本项目开放自由化之前，我们首先要定义什么是资本项目。"资本项目"（CapitalAccount），又称资本账户，是国际收支平衡表中的两个主要项目之一，用来反映国际资本流动情况，包括各国间发生的全部金融资产交易以及对外金融资产和金融负债的变动情况。在1993年之前，国际货币基金组织出版的《国际收支手册》中将资本项目定义为包含经常项目和资本项目两大类，但是在其后的第五版修订本中又将"资本项目"修订为"资本项目和金融项目"（CapitalandFinancialAccount）两项。"资本项目"包括资本转移，非生产、非金融资产的收买或放弃。在我国"资本项目"一般指国内居民向国外移民时所发生的资本流动，"资本项目"相较"金融项目"资本流动的规模较小；"金融项目"包括了广义上的对外资金交往活动，即引起一个经济体的对外资产和负债按所有权变更的所有权交易，由直接投资、证券投资、其他投资和储备投资四部分组成。[①]《中华人民共和国外汇管理条例》第五十二条对资本项目的含义进行说明，即"国际收支中引起对外资产和负债水平发生变化的交易项目，包括资本转移、直接投资、证券投资、衍生产品及贷款等"[②]，此定义与国际惯例较为相近。

那么，什么是资本项目自由化呢？资本项目开放又称资本账户可兑换。通俗解释为任意资本（无论投资国内资本市场还是国外资本市场），均可以自由兑换成该国货币资本。目前，学界对资本项目自由化的定义尚未统一，本文在此仅选取几种有代表性的进行阐述。

（1）国际货币基金组织的定义。虽然国际货币基金组织并未对资本项目自由化做出全面定义，但定义了资本项目自由化的一方面——货币可兑换。《国际货币基金组织协定》第八条"会员国的一般义务"中规定，对货币可兑换的条件进行了描述："第一，各会员国未经基金同意，不得对国际经常往来的付款和资金转移施加限制；第二，各会员国不得施行歧视性货币措施或多种货币汇率制；第三，任何会员国对其他会员国所持有的本国货

---

① 《国际收支核查手册（第五版）》，国家外汇管理局国际收支司编，北京：中国金融出版社，1995年。
② 《中华人民共和国外汇管理条例》，国家外汇管理局https://www.safe.gov.cn/safe/index.html2.

币结存，如其他会员国提出申请，应予购回，但申请国应说明此项结存系最近经常性往来中所获得，或此项兑换系为支付经常性往来所必需"。

（2）经济合作与发展组织的定义。经济合作与发展组织（OECD）对于资本项目自由化的定义比起国际货币基金组织的定义外延更大，且形成了具有法律效应的《资本流动自由化通则》（以下简称《通则》）。《通则》中规定："所有成员国必须逐步地取消资本流动的限制，来促进国际的有效经济合作，在放开对资本流动的外汇管制的同时还要取消相关法律法规的限制，实现资本流动的自由化"。

（3）国内外学者的定义。国外学者 Quirk、Evans 和 Gajdeczka[①] 认为"资本项目自由化"就是"解除对国际收支的资本和金融项目交易的外汇管制，包括数量限制、税收和补贴"；国内学者管涛[②] 提出"资本项目自由化"的内涵即"避免对跨国界资本交易的限制，避免实行歧视性的货币安排，同时避免对这些交易进行补贴或征税"；国内学者姜波克和邹益民[③] 将"资本项目自由化"定义为："解除对资本项目交易施加的货币兑换、对外支付和交易的各种限制，资本项目自由化的目标就是基本实现资本自由流动。"《通则》中覆盖的范围事无巨细，可以说基本涵盖了悉数资本交易。

根据以上几种对资本项目开放代表性的定义，本书认为资本项目开放主要涵盖了两个内容，其一是取消交易限制，其二是取消汇兑限制。基于学者们的理解，本书对资本项目开放的概念理解为消除对国际收支平衡表中资本及金融项目各项目的外汇管制，实现资本项目在国际的自由流动。在此需要说明的是，资本项目自由化并不意味着彻底取消所有管制，同样并不代表资本完全自由流动没有限制。根据国际货币基金组织发布的《汇兑安排和汇兑限制年报》分析可知，世界上并没有一个国家完全实现了自由化，即便是那些早已宣称实现资本项目自由化的国家也是如此。一般情况下，若一国对全部 11 类资本项目交易控制不超过 5 类，且其中还必须包括对金融信贷取消管制，那么就可以认为该国实现了资本项目自由化。

二、资本项目自由化与人民币国际化的关系

资本项目自由化与人民币国际化的概念并不相同，但二者又存在紧密的联系。从本质上来说，资本项目自由化取决于货币供给方，而一国的货币能否实现国际化则取决于货币需求方。前者是国家政府根据国家经济发展水平而决定的，经济发展水平制约资本项目自由程度水平；而后者则受货币在国际上的竞争力和在国际市场的被认可和使用程度的影响。虽然资本项目自由化和货币国际化并不对等，但是两者是存在相互促进的关系的，资本项目自由化能加快人民币货币国际化的推进，人民币国际化也能推进资本项目自由化的发展。资本项目自由化中的货币自由兑换可以促进人民币在国际市场上的流通，而货币自由兑换在国际市场上不断扩大能加快人民币国际化的推进，因此，资本项目自由化对人民

---

① Quirk.P.J,Evans.O&Gajdeczka.P,"CapitalAccountConvertibility:ReviewofExperienceandImplicationsforIMFPolicies",*InfOccasionalPapers*,Vol.19,No.2(April1995),pp.199-215.
② 管涛：《资本项目可兑换的定义》，《经济社会体制比较》2001年第1期。
③ 姜波克、邹益民：《人民币资本账户可兑换研究》，《上海金融》2002年第10期。

币自由化起到催化作用。

首先，资本项目自由化意味着资本在国际进行自由流动，这也就增强了人民币的跨境流通能力，对于其国际接受度也有裨益。因此，资本项目自由化是人民币国际化的首选道路。其次，当人民币实现国际化后，能有效缓冲因资本缺乏严苛管控带来的风险，在另一方面，也有助于削弱因为汇率波动性较大而造成币值稳定的不良作用。故此，人民币国际化也是资本项目自由化的有力保障，资本项目自由化是人民币国际化的必要条件，也是人民币国际化的核心内容。如果一国完全封闭其资本账户，那么该国的货币国际化也就无从谈起，所以，综上所述，两者之间是一个相互促进、相辅相成的过程。

三、资本项目自由化对人民币国际化的影响

一国货币实现国际化的主要标志是允许非居民广泛地使用该法定货币，将该货币的基本职能不断向外拓展，在国际贸易结算、投资、储备、计价等方面运用。而资本项目自由化则是国际的资本实现自由流动，也就是允许了居民和非居民在非贸易项下自由地使用外币。需要说明的是，资本项目未实现自由化，货币的国际化仍可以进行，但只能对国际化程度有所限制。以中国为例，人民币国际化虽然持续推进，人民币国际化程度也有所加深，但一直无法达到与我国国力相匹配的国际化程度，其持续性也有所保留。资本项目自由化对人民币国际化的促进作用主要包含以下两个方面：

第一，资本项目自由化有助于一国货币在国际市场上履行交易媒介职能。在资本项目存在管制的情况下，由于清算行和代理行额度限制等，境外获取他国货币的规模有限，在此情况下，当境外贸易商无法获得某国货币，或认为在市场上购买某国货币的成本过高后，以该国货币进行的贸易结算因此受到制约。而当资本项目实现自由化后，境内外均可自由兑换货币，更有利于该货币用于贸易结算，对于一国的进出口商而言，使用本国货币作为跨境贸易结算货币可以降低美元等其他结算货币的汇率风险，还能节省汇兑成本。除此以外，若境外的货币能够投资于丰富的该国货币计价的金融产品，从而提高非居民持有的货币收益率，非居民也会更愿意使用该货币进行贸易结算。

第二，资本项目自由化有助于一国货币在国际市场上履行计价单位职能。当一国政府对该国的资本项目存在较多管制时，企业难以找到有效的投资渠道，资本流出渠道和规模都受到了严重的制约，这在一定程度上降低了该国货币的吸引力。而资本项目自由化通过消除对资本项目的管制，使得该国货币可以通过金融渠道自由进出，增加了境外企业和居民持有的本国货币数量，并且增加了该货币的投融资渠道，使得企业可以通过资本项目投融资实现资产保值增值，以满足投资需求。因而，资本项目自由化保证了一国货币的双向流通机制顺利进行，增加了境外企业使用该国货币的意愿。当资本项目实现自由化后，一方面允许外国居民和非居民将他国货币自由兑换成某国货币投资于该国国内资本、证券和货币市场，另一方面允许本国非居民和居民利用本国货币进行境外投资，有助于增强该国货币在国际金融市场交易的地位，逐步实现该货币作为金融产品计价货币的职能。

由于货币的储备职能更多体现的是母国经济实力与货币的公信力，表面上看与一国资

本项目是否实现自由化联系并不很多，但若一国资本项目存在严重管制，使得该国货币的流出、流进都要受到严格限制，那么该国货币的国际接受程度必然大打折扣，该国货币的国际储备职能也必然因此受到限制。

四、中国资本项目自由化的发展

（1）我国资本项目自由化的历史进程。人民币经常项目和资本项目的开放进程是在我国改革开放实践中逐步探索前行的。1986 年，国务院颁布《关于鼓励外商直接投资的规定》，放开外商直接投资的流入。1993 年，党的十四届三中全会在《中共中央关于建立社会主义市场经济体制若干问题的决定》中明确提出："改革外汇管理体制，建立以市场供求为基础的、有管理的浮动汇率制度和统一规范的外汇市场，逐步使人民币成为可兑换货币。"1996 年 12 月，我国接受了国际货币基金组织协定第 8 条第 2、3、4 款的相关规定中，从整体上实现了经常项目项下的人民币自由兑换。[①]2003 年，党的十六届三中全会在《中共中央关于完善社会主义市场经济体制若干问题的决定》中明确："在有效防范风险的前提下，有选择、分步骤放宽对跨境资本交易活动的限制，逐步实现资本项目可兑换。"2005 年和 2010 年，"逐步实现资本项目可兑换"目标先后写入了国家"十一五"和"十二五"发展规划。2013 年，《中共中央关于全面深化改革若干重大问题的决定》提出了"加快实现人民币资本项目可兑换"的政策意向。在经历 2015 年前后的股市和离岸人民币市场震荡后，我国金融对外开放政策更加重视防控风险和审慎原则。2017 年，全国金融工作会议特别强调："要扩大金融对外开放，深化人民币汇率形成机制改革，稳步推进人民币国际化，稳步实现资本项目可兑换。"

（2）我国资本项目自由化的现状。IMF 对经常项目可兑换有明确的定义，即前文中的 IMF 协议第 8 条，但是对资本项目可兑换则始终没有出台公认的严格定义。由于 IMF 没有依据统一标准对资本项目开放程度进行裁决，各国就有很大的自由载量和自主选择空间，并和 IMF 存在识别资本项目可兑换程度的标准差异。截至目前，在资本项目账户下的 7 大类 11 项 40 个子项目中，根据中国人民银行和国家外汇管理局的数据，我国已经实现完全可兑换的项目有 7 个，部分可兑换的 27 个，完全不能兑换的 6 个，85% 的资本项目交易已经实现了不同程度的可兑换。但是，根据 IMF 在最近的《汇率安排与汇兑限制年报》中的统计口径，我国只在结汇、信贷业务项下的商业信贷和直接投资清算项目中基本上不存在限制，其他的资本项目交易都存在不同程度的资本交易限制或管制。显而易见，我国将有部分限制或部分管制的开放统归为资本项目开放，和 IMF 的识别标准不尽相同。

---

① 按照国际货币基金组织（IMF）的定义，一国若能实现经常账户下的货币自由兑换，该国货币就被列入可兑换货币。由于自由兑换的条款集中出现在国际货币基金组织协定的第 8 条，所以经常账户下货币自由兑换的国家又被称为"第 8 条款国"。具体而言，自由兑换的要求集中出现在第 8 条第 2、3、4 款，其内容为：1. 避免限制经常性支付（第 2 款 a）；2. 避免实施歧视性货币措施（第 3 款），第 8 条款国须事先取得基金的批准，否则诸如多种汇率制度、多边贸易协定等安排均可被认为具有歧视性，从而构成对该款的违反；3. 除个别的例外情况，第 8 条款国有义务兑付外国持有的本国货币，只要求兑换的国家表示需要兑换该货币用以支付经常性交易（第 4 款）。

表6.1　我国资本项目开放现状一览表（截至2016年2月）

7大类	11项	40个子项目	现状评估	备注
一、资本和货币市场工具	1.资本市场证券	股票或参股性质的其他证券		
		1.非居民境内买卖	部分可兑换	合格机构投资者
		2.非居民境内发行	不可兑换	无法律明确允许
		3.居民境外买卖	部分可兑换	合格机构投资者
		4.居民境外发行	可兑换	
		债券和其他债务证券		
		5.非居民境内买卖	基本可兑换	银行间债券市场对境外机构投资者全开放
		6.非居民境内发行	部分可兑换	准入条件与主体限制
		7.居民境外买卖	部分可兑换	合格机构投资者
		8.居民境外发行	基本可兑换	登记管理
	2.货币市场工具 10.非居民境内发行 11.居民境外买卖 12.居民境外发行	9.非居民境内买卖	部分可兑换	合格机构投资者
		不可兑换	无法律明确允许	
		部分可兑换	合格机构投资者	
		可兑换		

（续表）表6.1　我国资本项目开放现状一览表（截至2016年2月）

7大类	11项	40个子项目	现状评估	备注
		16.居民境外发行	部分可兑换	内地与香港基金互认
二、衍生工具和其他工具	4.衍生工具和其他工具	17.非居民境内买卖	部分可兑换	可投资产品包括股指期货、特定品种商品期货、外汇衍生品等
		18.非居民境内发行	不可兑换	无法律明确允许
		19.居民境外买卖	部分可兑换	合格机构投资者与其他符合监管要求企业
		20.居民境外发行	不可兑换	无法律明确允许
三、信贷业务	5.商业信贷	21.居民向非居民提供	基本可兑换	余额管理与登记管理
		22.非居民向居民提供	部分可兑换	中资企业借用外债有严格审批条件和约束
	6.金融信贷	23.居民向非居民提供	基本可兑换	余额管理与登记管理
		24.非居民向居民提供	部分可兑换	中资企业借用外债有严格审批条件和约束
	7.担保、保证和备用融资便利	25.居民向非居民提供	基本可兑换	事后登记管理
		26.非居民向居民提供	基本可兑换	额度管理

（续表）表 6.1 我国资本项目开放现状一览表（截至 2016 年 2 月）

7 大类	11 项	40 个子项目	现状评估	备注
四、直接投资	8.直接投资 28.对内直接投资	27.对外直接投资	基本可兑换	行业与部门仍有限制
		基本可兑换	须经商务部门审批	
五、直接投资清盘	9.直接投资清盘	29.直接投资清盘	可兑换	直接投资清盘
六、不动产交易	10.不动产交易 31.非居民在境内购买 32.非居民在境内出售	30.居民在境外购买	基本可兑换	与直接投资要求一致
		部分可兑换	商业存在与自住原则	
		可兑换		
七、个人资本交易	11. 个人资本转移	个人贷款 33.居民向非居民提供	不可兑换	无法律明确允许
		34.非居民向居民提供	不可兑换	无法律明确允许
		个人礼物、捐赠、遗赠和遗产 35.居民向非居民提供	部分可兑换	汇兑额度限制
		36.非居民向居民提供	部分可兑换	汇兑额度限制
		外国移民在境外的债务结算 37.外国移民境外债务的结算	——	无法律明确规定
		个人资产的转移 38.移民向国外的转移	部分可兑换	大额财产转移须审批
		39.移民向国内的转移	——	无法律明确规定
		博彩和中奖收入的转移 40.博彩和中奖收入的转移	——	无法律明确规定

资料来源：中国人民银行、国家外汇总管理局网站，笔者在巴曙松、郑子龙统计基础上进一步整理。

五、中国推进资本项目自由化的目标与路径

（1）资本项目自由化的目标。2015 年，在第 31 届国际货币与金融委员会系列会议上，中国人民银行周小川行长首次提出人民币资本项目开放的目标为"有管理的可兑换"，即我国的人民币资本项目开放后，仍将视情况对资本项目交易进行管理。按照惯例，全球把资本项目 100% 可以兑换叫作完全可自由兑换。很多中等收入的市场经济国家出于达到西方市场经济标准或加入有关国际组织的需要，把 70%~80% 可以兑换就称作资本项目开放，实际上其中一些国家的资本项目可兑换程度还远不及我国。由此可见，只要 IMF 或其他国际组织不出面干预或裁决，我国在金融对外开放过程中，特别是在资本项目开放的改革过程中，就应当本着有利于经济发展和对外开放全局的原则，依据转轨中新兴市场经济国家的自身定位，设定符合我国利益的资本项目开放目标，而不能自绑手脚，将资本项

目开放的目标设定得高不可及、不切实际。我国国情复杂，区域经济发展不平衡，还有"一国两制"等全球独一无二的政治经济制度体系。从宏观审慎政策角度出发，我国应始终坚持对热钱或者过度投机性的资本流动进行适当管理，而不应该定义为资本项目开放程度不够。

（2）实现资本项目自由化的路径。首先，我们要将"一带一路"建设与推动资本项目自由化目标相结合。我国推动资本项目自由化应当为"一带一路"服务，坚持"引进来"和"走出去"相结合，深化双向投资合作，应当能够促进资本等要素更加自由流动，力争形成"一带一路"沿线国家广泛参与并以人民币为核心的区域性货币合作体系，优化"一带一路"投融资和贸易合作环境，推动实现资本等要素的高效配置乃至全球市场的深度融合。在现行的全球信用货币体系下，我国倡议的"一带一路"建设依赖美元等域外国际货币是高风险且不可持续的，必须推动以人民币为主导的本币金融合作，加强"一带一路"区域内的货币稳定体系和信用体系建设。"一带一路"覆盖亚非欧的 65 个国家，约占世界人口的 63%，资源禀赋各异，经济互补性强，发展潜力巨大。据估算，仅"一带一路"基础设施建设的投资需求未来 5 年就将达到 10.6 万亿美元。人民币国际化是从贸易结算开始的，但是可以预测，投资未来将成为人民币国际化的重要推动力。"一带一路"建设可以实现人民币在资本项目项下对外输出，在经常项目项下通过跨境贸易形成回流。我国是世界第一大贸易国和第二大经济体，在"一带一路"建设中推进人民币国际化，对我国和世界都是公平和有益的。

其次，我们要逐步放松对利率的管制，进一步推动利率市场化。利率市场化是价格信号的客观体现，发挥着引导资金资源合理流动的作用。麦金农认为，发展中国家应该按照宏观经济稳定、国内金融自由化、汇率自由化和资本项目开放的顺序逐步推进利率改革。孟刚认为，在利率管制的情况下，如果我国完全开放资本账户，会有很多弊端，如出现资本外逃、货币替代等，我国的货币政策有效性也会受到较大影响，如果资本流入量或流出量大幅增加，还会引起汇率剧烈波动。特别要指出的是，在经济全球化背景下，金融风险的传播速度快、隐蔽性强、传染性高、危害性大，发达国家以本国利益为核心的货币政策外溢性加大，资本项目开放的国家易遭受重大冲击。刚过去的国际金融危机给了我们重要启示，实施有效资本管制的国家在危机中受到的冲击最小。因此，我国应当充分发挥政府主导型市场经济改革模式的优势，力争国内问题可控、国际问题可防，可以综合采纳渐进派和综合派的观点，统筹协调推进利率市场化、汇率自由化和资本项目开放，但是在顺序上必须先内后外，先完成利率市场化，并始终坚持有管理的浮动汇率制度，最后实现有管理的资本项目开放。

最后，我们要鼓励以人民币为计价的金融产品创新，并以此作为推动资本项目自由化的驱动。随着"一带一路"建设的深入，与贸易和投资相关的人民币金融产品需求凸显。为了提高金融服务实体经济发展的能力，资本项目开放应当本着有利于中资企业走出去和人民币国际化的原则，鼓励创新推出在国际金融市场上能够被广泛接受的以人民币计价的金融产品。当前，我国资本项目开放的子项目中，信贷和直接投资项目开放程度最高，证券投资类项目开放程度居中，个人资本交易类项目开放程度最低。学界基本上达成共识，个人资本交易类项目可以等到今后我国的市场经济体系更加成熟后再放开。证券投资类项目开放程度不高，特别是衍生产品类项目的开放程度较低，则暴露出了我国金融体系的"短板"，反映了和金融发达国家的差距。我国新时代的资本项目开放，应当鼓励中资金融机构以"一带一路"建设为契机，积极开发人民币计价的基金产品、衍生产品和外汇交易类产品等，实现人民币国际化的贸易驱动、投资驱动及金融产品创新驱动等多层次发展模式，满足全球客户的人民币需求。此外，为了引导全球资金支持"一带一路"建设，应当逐步降低境内中资企业借用外债的门槛，在统一外债管理部门、主体资格审批、长短期借债模式、资金用途的多样性、归还外债的具体要求等方面，力争突破目前严格的审批管理和政策约束，以市场机制激励和约束中资企业的国际化投融资行为。

第二节　自由汇率

一、汇率对国际贸易的影响

汇率通常是指本国货币相对于外国货币的价格，这种比率通常表示为购买单位外币所需要的本币数量。实际上，由于汇率是一种相对价格，它反映的是一种货币之间的供求关系，当对一种货币的需求增加时，这种货币的价格就会上涨。因此，当人民币兑美元汇率从 6 人民币兑换 1 美元降低到 5 人民币兑换 1 美元时，表明人民币相对于美元的价格变得更贵。人民币的升值意味着，兑换 1 美元所需要的人民币数量更少。或者从另一方面说，每 1 人民币可以兑换到更多美元（从 0.17 美元增加到 0.20 美元）。

本国货币的升值，或者说本币相对于其他货币的升值有利于消费者，因为本币的升值意味着外国商品的价格更低，从而提高了家庭收入的总体购买力。例如，如果一名中国游客现在来到纽约市，可以用 2000 人民币预订一套 400 美元的宾馆房间（按 5 人民币兑换 1 美元），但以前预订这套房间则需要支付 2400 人民币（按 6 人民币兑换 1 美元），由于人民币的升值，中国游客获得了实惠。然而，货币升值也会带来问题。海外廉价进口商品会殃及本国的制造商，因为面对咄咄逼人的进口商，他们要么通过降价维持竞争力，要么拱手让出市场份额。出口商则会发现，按本币计算的利润会减少。此外，他们还要面对市场份额被压缩的威胁。比如说，一家中国纺织品企业按 10 美元（60 人民币）的单价向美国出口服装，这套服装在曼哈顿盖璞（GAP）商场里的售价为 75 美元。当人民币兑美元的汇率从 6 人民币兑换 1 美元升值到 5 人民币兑换 1 美元时，如果制造商要将这套服装的价格继续维持在 10 美元，其收入就会从 60 人民币减少到 50 人民币。但是削减工人工资，会影响到员工士气，甚至还会降低工人的工作效率。而且为维持营运资金而支付的银行贷款利息也不会减少。当然，厂商可以提高产品价格，但这就会降低产品的竞争优势。因此，如果孟加拉国或越南能提供替代品的话，盖璞将会把生产工厂从中国搬到那里，这无疑将影响中国的出口贸易。综上所述，汇率的变化将关系到一国经济的稳定以及进出口贸易的变化，因此，选择正确的汇率管理策略对人民币实施有效监管对中国的经济发展至关重要。

二、人民币汇率改革的历史进程

自从人民币诞生以来，人民币汇率经历了数次重大演变，但整体来看还是比较符合当时的客观经济环境，并对国家对外贸易起到了一定的促进作用。纵观其变化，不难发现改革开放和汇率并轨对人民币汇率体制产生了极其重大的影响，并依此可以把人民币汇率改革划分为以下三个时期：

（1）改革开放以前的单一盯住汇率制度。从新中国成立到改革开放以前，由于国内一直执行的是高度计划的经济体制，因此在这个阶段，人民币汇率制度一直都是单一盯住汇率制度。并且综合考虑当时的国内外的宏观经济形势，笔者认为在此时期人民币汇率可分为两个阶段加以考察：一是（1949—1972 年）单一盯住美元的汇率制度，在这一时期，人民币汇率主要是依据"一价定律"加以计算的，其主要是通过对比中美两国的物价水平，进而确定人民币的汇率；二是（1973—1978 年）盯住货币篮子的浮动汇率制度，在这一时期，我国改变了原来单一盯住美元的汇率政策，进而采取盯住一篮子货币的浮动汇率制度。

（2）经济体制改革时期的汇率双轨制。自从 1978 年改革开放到 1994 年社会主义市场经济体制建设的开始，这段时间属于经济体制改革时期。在这一经济体制动荡时期，人民币汇率变化大概可以分为两个阶段：一是（1979—1984 年）官方汇率与贸易汇率并存时期，为了同时实现提高产品国际竞争力和防止资本冲击的目标，我国实行官方汇率与贸易汇率并存的汇率制度；二是（1985—1993 年）官方汇率与调剂汇率并存时期，我国自 1985 年 1 月 1 日起，重新执行单一的汇率制度，并把官方汇率固定在 1：2.8。

（3）1994 年后以市场为导向的人民币汇率制度。1994 年中共十四大提出建设社会主义市场经济体制，我国的改革开放进入了新的历史阶段。与此同时，我国的汇率体制改革也进入了新的历史时期，大致可以分为两个时期加以考察：一是（1994—2005 年）单一盯住美元的汇率制度，自 1994 年 1 月 1 日起，我国把人民币官方汇率与市场汇率进行并轨，实行单一的汇率制度。二是(2006 年—至今)依据货币篮子进行调节的浮动汇率制度，我国将人民币汇率制度调整为以市场供求为基础的、参考一篮子货币进行调节的、有管理的浮动汇率制度。

综上所述，我国目前采用的汇率制度仍然是尊重市场供求前提下的、有管理的货币制度，国务院与中国人民银行仍然会对我国的外汇汇率进行经常性的管理和调控，从我国目前经济发展的现状来讲，这种汇率制度是合理的。但是，在未来，逐渐地放宽对外汇汇率的管制，最终实现自由汇率是我国外汇政策的目标，那么我们该如何达到这一目标？在实施这一目标的过程中还有哪些困境和难题是需要我们去解决的？

三、实现人民币自由汇率的路径及方法

（1）汇率管理的难题：升值还是贬值

一国货币的坚挺程度与其经济实力息息相关。从长期来看，一种货币的汇率往往依赖该国生产增长率与其主要贸易伙伴国生产增长率的比率。一国生产增长率的提高，会强化其货币的国际地位。但这种由标准理论经济模型而来的实证关系，仅存在于 10 年甚至更长的时期。在短期内，资本流动、利率及商业周期等因素也会对汇率产生影响。此外，由于汇率是金融变量(一国的货币)之间的相对价格，因而其价值也会受到投机因素的影响，而这些投机力量往往与经济基本面不完全对应。

进入 21 世纪的第一个十年，中国经济快速增长，吸引了大量的海外私人资本流入。此外，中国还持有巨大的贸易盈余，中国向其他国家出口的商品和服务远远超过其他国家对中国出口的商品和服务，当货币以出口收益或外国投资者的资本流动的方式进入一个国家时，便对本币产生了巨大的需求，出口商必须以本币支付工人的工资和供应商的采购款。因此，上述案例提到的中国纺织出口商需要将盖璞商场支付的美元，通过银行在外汇市场上兑换为人民币。投资项目也是一样，因为建筑材料、劳动力和土地成本都需要以本币支付，所以当国内出口商将出口收到的资金带回中国时，就会增加对人民币的需求，从而推高人民币价格。为抵消货币升值带来的负面影响，作为中国的中央银行——中国人民银行会主动卖出本币，并买进易于交易并被世界各国广泛接受的货币，比如美元。通过抛出本币，中国人民银行就可以增加人民币的市场供给，满足市场对人民币的需求增长。由于中国人民银行拥有发行人民币的权力，因此，其经常会根据市场的需求来印发货币，从而干预人民币汇率升值，进而达到限制进口、推动出口，改善中国国际贸易逆差的目的。在外汇市场完成这种干预性操作之后，中国人民银行必须为换取的外汇寻找具有足够安全性和流动性的投资。满足央行标准的外汇投资通常包括美国、欧元区、日本、英国及瑞士等主要发达经济体发行的政府债券。这些投资构成了一国的外汇储备，一国的储备资产还可以包括黄金等其他资产，但外汇储备目前占中国全部国际储备约 98% 的份额。同时，央行对外汇市场还可以进行反向干预，以防止本币出现贬值，但是一国货币的剧烈贬值可能会造成进口商品价格的上涨，因此，为抵消货币贬值的副作用，央行可在市场上出售外汇储备，买入本币，从而推高市场对本币的需求，抵消本币的贬值。

对货币价值的管理是一门异常复杂的艺术。长期以来，中国始终以美元作为管理人民币的基本参照物，人民币兑欧元及日元的走势始终与美元保持一致，从世界范围来看，中国政府的决策并无特殊之处，大多数对货币价值进行管理的国家，尤其是亚洲国家，均以本币兑美元的汇率为基准，这也从另一个侧面体现了美元在全球金融体系中的重要性。

无论是在中国还是其他国家，人民币兑美元的汇率均受到广泛关注。但是从经济视角看，仅以它来衡量人民币的价值显然还不完整，有时甚至会引起误解。毕竟，在中国的商品出口总额中，以美国为目的地的比例为 18% 左右。在人民币兑其他主要货币汇率上涨的情况下，中国出口商并不会因人民币兑美元汇率下跌而收益巨大。2015 年上半年的情况就说明了这一点。在美国经济持续复苏，而其他国家，尤其是欧洲及日本经济持续疲软

的背景下，美元兑其他所有主要货币实际上都在升值，这意味着，中国的出口商在约 4/5 的出口市场中，正在丧失价格优势。

从理论上说，中国要维持出口价格及进口成本优势，其根本取决于中国的贸易在主要贸易伙伴中的分配，以及人民币兑这些国家货币的汇率走势。在中国的全部商品贸易（包括商品的出口和进口）中，约 14% 是以美国为对象。但是仅以人民币兑美元汇率来代表人民币的价值变化存在偏颇，因此，这里采用有效汇率（人民币相对于所有主要贸易伙伴的价值变化，以中国与每个主要贸易伙伴国的贸易额为权重计算所得的加权平均数作为汇率参考）。在计算有效汇率时，人民币兑美元汇率在指数中的权重为 14%~18%（具体权重取决于在计算指数时如何定义贸易，是采用出口贸易总额还是进出口贸易总额），而人民币兑欧元汇率的权重则在 16% 左右。考虑到中国的贸易伙伴，以及与各贸易伙伴国的贸易量都在持续变化，因此，这些权重也始终处于变化状态。2000 年，美国在中国商品贸易中的比重约为 16%，而在 2015 年则减少到 14%。

如上所述，有效汇率的基础依旧在于名义汇率（NominalExchangeRate），比如人民币兑美元或人民币兑欧元的汇率。因此，有效汇率也被称为贸易加权的名义有效汇率（Nominal EffectiveExchangeRate,NEER）。当然，一种货币的购买力还要受到通货膨胀的影响。因此，可按中国相对贸易伙伴国的通胀率对名义有效汇率进行修正。为体现这种通货膨胀的影响，经济学家又设计出另一个指数——实际有效汇率（RealEffectiveExchangeRate,REER）。对中国而言，实际有效汇率也是一种以贸易额为权重的双边汇率，只不过它以中国物价水平相对于各贸易伙伴国物价水平的加权平均数之比为权数。为了让这些指标易于计算，便于理解，负责计算的国际货币基金组织（IMF）和国际清算银行（BIS）等机构认为，NEER 和 REER 的增加是货币升值的标志。这恰恰与传统意义上的汇率相反，即汇率值下降（购买单位外币所需要的本币数量增加）代表本币升值。无论是 NEER 还是 REER，所有以贸易额为权重的汇率走势均表明，与人民币兑美元汇率相比，在过去 10 年里，人民币相对其他贸易伙伴的汇率升值幅度更大。这背后的原因不难理解，全球金融危机过后，美元相对于欧元和日元等其他主要货币大幅升值，在这种情况下，人民币兑美元的升值会带动人民币兑欧元及日元的进一步升值。因此，NEER 和 REER 两个概念所体现的正是近年来中国政府大力推进人民币持续升值的客观事实。

（2）实现自由汇率的第一步：两种人民币汇率

1994 年 4 月，中国人民银行建立了中国的第一个银行间货币市场中国外汇交易中心，总部设在上海，职责是为境内货币交易提供便利。该中心最初的交易系统主要以人民币兑美元的汇率为核心，其成立之后，业务范围不断扩大，并在 2005 年引入外币交易业务。截至 2016 年 6 月，中国外汇交易中心提供人民币兑 15 种外币的双边交易，以及另外 9 种不涉及人民币的外币间交易（如美元兑欧元和美元兑日元）。

设立之初，该中心仅吸收少数几家国有银行作为参与者，这就使得中国人民银行易于对人民币兑美元汇率实施管理。实际上，在这些国有银行中，很多银行始终为自有客户提供外汇交易（某些客户需要卖出美元、买进人民币，其他客户则希望买入美元、卖出人民币）。因此，银行之间通过公开市场完成的交易数量实际上非常有限。

　　随着时间的推移，尽管外汇交易中心始终由中国人民银行负责，但其开放程度已大为改观。2016 年 6 月，该中心已吸纳 30 家银行机构担任即期市场的做市商，其中，约有 1/3 为外资银行。做市商的基本职能就是为市场提供流动性。也就是说，在交易日的任何时点，这些机构随时为中心交易的每一种外币提供买、卖双边报价，并有义务按上述报价执行最低数量的买、卖订单。在中心注册并进行交易的机构数量远远超过做市商数量，截至 2016 年 6 月，其机构数量已超过 500 家，其中约 100 家为外资机构。

　　人民币的官方汇率就是由这个在岸市场决定的。人民币的交易代码为"CNY"。不过，还存在一个人民币交易的离岸市场。人民币离岸交易的场所主要是香港银行间市场（HongKongInterbankMarket）。人民币在该市场的交易代码为"CNH"。在外汇交易中心成立之前，离岸市场满足了对人民币交易的需求。在外汇交易中心成立之后，凭借香港国际金融中心的地位，离岸市场继续保持着繁荣态势。

　　在岸市场需要接受中国政府对资本账户的管制，因此，在这个市场上，受中国人民银行控制的人民币价值贬值较为剧烈。相比于在岸 (CNY) 市场，离岸 (CNH) 市场不会受到中国政府的直接控制或干预。因此，人民币的离岸市场价值经常会偏离在岸市场价值。当人民币需求旺盛时，中国人民银行会通过在岸市场抑制需求。因此，在岸市场上的人民币汇率可能会相对较高。当然，这种差异不会长期持续，因为金融市场的参与者在意识到这种汇差存在的时候，马上会采取套汇，利用汇差盈利，从而让汇差迅速消失，而且，限制资本流动会让这种套汇者难以得逞。

　　自 2010 年底以来，人民币兑美元的 CNY 和 CNH 汇率基本保持同步，这表明，中国的在岸货币市场和离岸货币市场正在走向趋同。但在此之前，离岸市场的人民币业务受到严格限制，导致 CNY 汇率明显偏离 CNH 汇率。通常，人民币的离岸市场价格要高于在岸市场价格。离岸与在岸两种市场汇率机制成为实现人民币向自由汇率迈进的第一步。

　　(3) 实现自由汇率的第二步：逐步放宽汇率管制，实现人民币有浮动地升值

　　1997 年，亚洲金融危机爆发，迅速波及中国香港、泰国、马来西亚、新加坡、韩国等地区和国家。危机爆发后许多外国投资者开始对整个亚洲的经济丧失信心，争先恐后地从亚洲撤资逃离，因此导致了许多国家的币值大幅下跌。随着外国投资者拒绝对债务展期并开始提前收回以前发放的贷款，亚洲的这些国家和地区纷纷出现资金告急的情况，很多原本资金充裕的公司也开始出现流动性危机，而销售带来的现金流又不足以延缓债务危机。这引发了一系列连锁反应，大量企业破产，政府财政空前紧张，而这反过来又造成货币的进一步贬值，形成恶性循环。

　　在一些亚洲国家和地区陷入泥潭的时候，中国也面临着一个重大抉择。由于债务较少，对人民币进行贬值似乎是最可取的对策。否则，在其他亚洲国家货币纷纷贬值的情况下，中国就要承受丢失海外市场的风险。但是对其他亚洲国家而言，人民币贬值则是一种糟糕的境况，因为这意味着，它们只能承受贬值带来的成本，而没有任何收益可言。于是，全世界都在屏息以待中国的抉择。它们很清楚，如果中国顺乎逻辑地选择维护本国利益，危机将被无限期地延长，整个亚洲地区将会陷入更深重的痛苦之中。在这样的情境下，中国出人意料地选择了静默。在邻国经济和货币在泥潭中挣扎的时候，中国的人民币

兑美元始终维持坚挺。时任中国人民银行行长戴相龙指出："由于亚洲金融危机爆发严重影响了本地区的稳定和增长，因此，我们需要维持人民币币值的稳定，严格遵循人民币不贬值的政策。"中国政府以高度的责任心，从维持地区稳定和发展的整体利益出发为亚洲乃至整个世界的经济稳定和发展做出了应有的贡献。

亚洲金融危机过去之后，充满希望的 21 世纪到来，2001 年中国在经历了复杂而冗长的谈判之后，终于成功加入世界贸易组织（WTO），这意味着，全世界的市场将对中国的出口商全面打开。在中国加入 WTO 之后最初的日子里，为了保证出口贸易不受影响，中国政府曾一度加强了对外汇汇率的管制，中国人民银行一再加强对人民币升值的干预力度，使人民币汇率始终维持在较低水平。直到 2005 年 7 月，中国人民银行宣布，将取消人民币盯住美元的汇率制度，中国人民银行将开始实行有管理的浮动汇率制，以市场供需力量确定人民币的价值，并同时参考一篮子货币进行调节，而不再是单一盯住美元，这一宣布无疑是中国放松对人民币汇率管制的第一步。一个月之后的 2005 年 8 月，中国人民银行行长周小川再次宣布："考虑到美国欧盟、日本和韩国已成为中国最重要的贸易伙伴。因此，它们的货币将会被放入篮子货币。"《人民日报》针对此次讲话发表的报道指出："新加坡、英国、马来西亚、俄罗斯、澳大利亚、泰国和加拿大同样在中国的对外贸易中扮演重要角色。因此，它们的货币对人民币汇率同样至关重要。"然而，尽管有上述种种说法，但是在实践中，美元依旧是管理人民币价值的主要参照基准。

新的汇率体系建立在有管理的浮动汇率基础之上，其核心表现为：在某一天外汇交易开始时，由中国人民银行宣布相对于美元的中间价（或称参照价），作为当日人民币开始交易的价格。每日银行间外汇市场美元兑人民币的交易价在上述公布的美元交易中间价上下 0.3% 幅度内浮动。也就是说，在任何一个交易日，上海外汇交易中心的外汇价格根据市场供需实时浮动，但涨跌幅度不得超过中间价的 0.3%，在这种固定中间价的汇率机制下，人民币兑美元开始实现循序渐进的升值。2007 年 5 月，银行间即期外汇市场人民币兑美元交易价的浮动幅度进一步由 0.3% 扩大到 0.5%。到了 2008 年夏季，人民币兑美元的汇率较 2005 年 6 月已升值了 17%，尽管 2008 年，由于雷曼兄弟的倒闭，中国人民银行再次对人民币汇率实施了严格管制，但 2010 年 6 月，随着全球经济复苏，中国政府再次悄然放开了对人民币汇率的管制。2012 年 4 月，中国人民银行决定将银行间即期外汇人民币兑美元交易价浮动幅度由 0.5% 扩大至 1%。2014 年 3 月 17 日，银行间即期外汇人民币兑美元交易价浮动幅度进一步扩大到 2%。据统计，2005 年 6 月—2014 年 6 月的九年间，人民币兑美元汇率已升值近 25%，名义汇率升值幅度达到 30%。

实现自由汇率的第三步：放开汇率管制，由市场决定汇率。

2015 年 8 月 11 日，中国再次让全球金融市场为之震撼，而造成震撼的原因是中国人民银行宣布：中国政府将放开对人民币的汇率管制，由市场决定汇率。但是，在这一宣告背后我们要了解的是此举并不意味着中国人民银行完全放弃了对人民币汇率的管制。

据悉，中国的外汇管理由三个要素构成：首先，中间价机制，即由中国人民银行每天早晨为中国外汇交易中心（CFETS）设定人民币兑美元中间价；其次，银行间即期外汇市场人民币兑美元交易价围绕中间价上下浮动 2%，这就确定了人民币兑美元汇率的当日最大波幅；最后，有管理的浮动，避免汇率剧烈波动。当中国人民银行认为汇率在某个方向上振幅过大或速率过快时，可采取措施调节汇率波动。而中国人民银行的此次宣言只是放宽了汇率管理的第一个要素，而对另外两个要素在此次改革中未做调整，也就是说，为降低日内波幅或汇率在某个方向上的"过度"波动，中国人民银行依然会干预外汇市场。

尽管这一决策是向人民币汇率自由的又一次迈进，但是却引起了国际社会的不同反应。由于在此次汇改的过程中，中国人民银行在对外沟通机制上的不成熟与欠缺，使国际社会对这次汇改有了误解，甚至造成了国际外汇市场的剧烈震荡。尽管之后中国人民银行和国务院总理李克强分别对此次汇改的内容与目的进行了再次说明，但是仍然给国际社会留下了一些困惑和不良影响。事实上，影响央行沟通政策的羁绊有政治和经济两个方面的原因：中国人民银行隶属国务院直接管辖，在任何重大问题上，它必须同党中央保持一致。此外，在金融体系相对落后，以及政府依旧对经济处于直接控制的环境下，中国央行的行动可能会带来无法预见的效果，更不能与市场经济中的央行相提并论。但考虑到央行对中国经济和全球金融市场的影响日趋加大，因此，中国人民银行必须进行机制改革，并学会清晰无误地向外界传递政策意图，这也正是未来中国政府必须面对和解决的问题，相信随着时间的推移，人民币汇率将进一步向自由化迈进。

四、"一带一路"倡议与人民币自由汇率改革

（1）"一带一路"倡议对人民币汇率的影响。"一带一路"建设的推进减轻了我国外汇储备的压力，加速推动了人民币的国际化。2014 年以前，由于我国贸易顺差较大，外商对国内投资较多，引起外汇储备持续增加，外汇储备的规模越来越大，导致人民币升值，进而导致降低了我国产品的出口竞争力。近两年"一带一路"的实施通过政府援助、政策性贷款、商业贷款、直接投资以及发行基础设施债券等方式，对沿线国家直接投资和信贷需求快速增长，使我国外汇储备持续减少，人民币贬值。直到 2017 年 2 月外汇储备出现连续增长，2017 年末的外汇储备额增加，人民币在 2017 年出现兑美元的连续升值。

（2）"一带一路"倡议对外汇储备的影响。"一带一路"倡议的提出减轻了我国外汇储备的压力，使得我国外汇储备投资多样化，不再局限于投资美国债券，而是开始广泛投资于"一带一路"沿线国家及地区，在帮助其发展经济的同时获得较高的收益，在提高我国国际地位的同时，也推动了人民币国际化的进程。人民币国际化的实现能够有效提升人民币在世界范围内的话语权，有利于国内企业扩展国外市场提升企业竞争力与经营效益。尽管近年来国内的改革进行得十分艰难，但是总体来说效果还是显著的。在经济基本面上，我们的企业情况有所回升，由于美国经济开始复苏，中美经济之间不再出现背离，人民币兑美元升值预期增强。由于我国的外汇储备大部分以美元计价，所以我国政府不得不通过减少外汇储备的方式进行缓解。在前些年为了调结构促转型，我国政府淘汰了很多落后产业，因此势必需要资金来投资新兴产业，央行的货币政策偏向宽松，而美联储多次加

息都未能实现，导致美元趋软，使得人民币贬值预期强烈。然而当前中国的政策正在向"中性稳健"靠近，随着"一带一路"倡议下的国内企业的国际化，以及中国民众收入水平的增长，各方对海外资产配置的需求都大幅提升，资金有了更多的出境需求，也可促进人民币的自由流动。同时，随着境外人民币 QFII 制度的逐步开放，有利于增加人民币的吸引力，当人民币在国际市场中的地位逐渐接近美元的时候，我国外汇储备也将相应减少，进而缓解人民币的升值压力，促进我国的净出口，从而改善我国的进出口贸易逆差状况。

第三节　离岸金融市场

一、离岸金融市场的定义

（1）传统定义。离岸金融市场 (OffshoreFinancialMarket) 最早是于 20 世纪 50 年代末在伦敦形成的美元市场，所以初期也曾被称为埔外金融市场 (ExternalFinancialMarket)、欧洲货币市场 (EuroCurrencyMarket) 或欧洲美元市场 (EuroDollarMarket)。传统概念上讲，离岸金融市场是指有关货币在货币发行国境外进行各种金融交易或资金融通的场所。离岸性，就是指有关货币交易或融通在货币发行国境外进行，如欧洲美元市场或者亚洲美元市场都是美元在发行国——美国之外进行交易。离岸金融市场的交易主体包括机构和个人两类，机构主要包括银行、非银行金融机构、企业、政府部门和国际组织等。银行是离岸金融市场最主要的参与主体，银行间业务往来在离岸金融市场占比 80% 以上。银行在离岸金融市场提供的金融服务主要包括吸收存款、发放贷款、发行债券、短期拆借、提供互换和票据等金融衍生产品等。

（2）当代定义。随着各国金融创新的发展，离岸性特征指在境外的这一属性已经被淡化，境外不再成为区别离岸和在岸的标准。离岸金融是指非居民从事的金融活动，和在岸金融的主要区别在于适用法律不同，如居民和非居民之间的交易属于在岸金融的涉外金融业务，是传统国际金融业务。现代意义上的离岸金融市场概念是指：货币发行国的货币在国内金融体系之外由非居民进行金融交易的国际金融市场，地理位置上可以在货币发行国境内，也可以在境外。非居民性，就是指特定的金融交易由某一司法管辖区内的金融机构代表居住在其他司法管辖区域的客户来执行。1999 年，我国《现代金融辞典》将离岸金融市场定义为非居民之间从事国际金融业务的场所。2000 年，国际货币基金组织将离岸金融市场定义为：离岸金融市场是指那些离岸金融活动（由银行或其他金融机构主要向非居民提供的一种金融服务）发生的金融市场。

二、离岸金融市场对人民币国际化与"一带一路"倡议的影响

（1）搭建离岸金融市场有利于推动人民币国际化。2009 年，中国启动跨境贸易人民币结算，人民币资金开始大规模输出海外，人民币国际化正式起航。对于中国而言，作为全球经济的领头羊，更大程度上使用人民币是公平的；对于资金接受国而言，则可以降低汇率风险，节省换汇成本，建立更多的国际资金来源渠道。美国通过"马歇尔计划"实现欧洲美元的布局，日本通过"黑字环流"计划促进日元国际化取得突破，都离不开离岸金融市场的巨大贡献。在"一带一路"建设中大力发展多层级的境外人民币离岸金融市场，有利于打造人民币的资金运用平台、资产管理平台、清算结算平台和风险管理平台，对推进人民币国际化具有重要意义。

（2）离岸金融市场有利于降低中国在"一带一路"建设中的经济、政治风险，是支持"一带一路"的重要战略平台。"一带一路"建设中，资金融通至关重要，是设施联通、贸易畅通、政策沟通乃至民心相通成功的关键。近年来，美元出现了强势回流，引发的全球货币危机使"一带一路"沿线的发展中国家和新兴市场经济体深受其害。在此背景下，发展人民币离岸金融市场，可以促进有关国家加强以人民币为主的本币金融合作，有利于中国从政治经济安全角度突破美元区的包围，帮助发展中国家减少外汇危机给经济发展带来的巨大冲击，是支持"一带一路"建设的重要战略性合作平台。

（3）离岸金融市场为绿色、普惠金融的发展提供了平台，是"一带一路"金融创新的前沿孵化器。金融创新是"一带一路"建设取得成功的重要保障，2017 年的"一带一路"国际合作高峰论坛和全国金融工作会议，都着重强调了绿色、普惠和本币金融创新的极端重要性。孟刚研究认为，近年来，中国积极促进绿色金融在"一带一路"国际项目融资中的应用和普及；中国的普惠金融已经融入了互联网金融、移动支付、共享经济等诸多创新元素，可以为"一带一路"金融创新有效供给中国智慧；人民币资金可以解决"一带一路"建设的巨大资金需求，境外人民币离岸金融市场为绿色、普惠和本币金融合作的机制及产品创新提供了平台，是"一带一路"金融创新的最前沿孵化器。

（4）离岸金融市场建设有利于提高我国在全球金融治理体系中的话语权。王鸿刚研究认为，既有的全球金融治理体系存在严重缺陷，应当以扩大"一带一路"合作推动全球治理体制的优化，促进解决全球主导货币的权利义务失衡问题。"一带一路"建设的核心内容就是引导社会资金服务沿线国家实体经济发展需要，为世界经济复苏提供新动能，对全球金融治理体系具有正向再平衡作用。在"一带一路"建设中发展境外人民币离岸金融市场，有助于解决国际金融市场的效能失灵问题，引导社会资本支持重大项目，提高人民币在国际货币体系中的地位，分散西方国家的政策外溢效应对发展中国家经济的冲击，防范区域性金融风险。

三、人民币离岸金融市场的发展

在很大程度上，人民币的国际化使用将依赖它在离岸市场的流动性有多大，以及有多

少金融中心可以为人民币境外交易提供清算业务的授权。中国香港和中国澳门是最早被指定为人民币离岸清算中心的地区。其中，香港凭借其发达的金融市场，以及强有力的监管执行机构，成为第一个人民币国际化的理想试验场，通过建立香港离岸清算中心，中国政府可以在不丧失控制权的前提下，尝试性推动人民币国际化的进程。其实，早在2004年，香港已经开始试点个人人民币业务，即允许其居民在香港开立人民币计价的存款账户。2007年，中国开始采取一系列跟进措施，推进人民币的国际化运用。实际上，将香港作为第一个离岸金融市场的好处在于不仅可以在内地与香港的金融市场之间建起一道防火墙，而且一旦改革引发社会不安并造成社会震荡，便可以立即叫停香港的改革，而不使危机蔓延至内地。与此同时，中国香港国际金融中心的地位还有助于提高人民币的国际地位，至少其在亚洲地区可以发挥这样的作用。香港相对完善的法律和监管制度，也有助于国际投资者接受香港作为人民币交易结算中心，因为来自世界各地的投资者会认为，在香港他们可以得到国际通行规范的保护，从而保障自己的资金安全。

继香港之后，澳门成为第二个人民币离岸清算中心，这一举措符合人民币国际化的迫切需要，同时也满足澳门经济转型升级的自身要求。尽管从澳门的金融发展状况来看，在金融基础设施、金融人才及资金规模等方面，与香港存在一定的差距。但在澳门建立离岸人民币清算中心走的是差别定位、共同发展的道路。澳门在粤港澳地区人均GDP是最高的，它有一些独特的优势，地域狭小、规模小、产业结构单一，但是却可以作为葡语系国家的人民币清算中心，同时也可以作为葡语系国家中国金融机构海外离岸区域管理中心。中国金融机构企业走出去，要在葡语系国家设有分支机构，澳门无疑是最好的桥梁与中转站。2019年2月，中共中央、国务院印发的《粤港澳大湾区发展规划纲要》中，再次明确澳门积极发展旅游休闲服务业、博彩旅游的同时，也要担任葡语国家交流平台中心的角色。而拥有2亿多人口、1070多万平方千米土地的葡语系国家市场潜力很大，将在"一带一路"建设中扮演重要角色。澳门人民币离岸市场的建立将进一步推动人民币交易结算的范围，有助于人民币国际化的步伐进一步加快。

中国香港与澳门尽管已经被指定为人民币离岸清算中心，但这两个中心本身显然还不足以承载人民币国际化这一重任，尤其是在亚洲以外的国家还需要更多的离岸市场来为人民币国际化服务。因此，自2012年以来，中国政府陆续授权了17个国际金融中心来开展人民币国际业务，为人民币海外结算提供便利。这些金融中心在地域上分布甚广，亚洲有五个，分别是新加坡、中国台湾、泰国、韩国和马来西亚。2014年，欧洲的三大金融中心法兰克福、伦敦和巴黎均加入这一行列。最近，中国政府又授权两个南美洲国家从事人民币清算业务，分别是智利和阿根廷，其他国家还包括澳大利亚、加拿大、卢森堡、俄罗斯、南非、瑞士和卡塔尔等。值得关注的是，日本和美国并没有出现在这份名单上。在2016年6月举办的中美战略与经济对话中，中美两国政府已同意将尽快在美国设立离岸人民币清算中心。离岸金融中心将为以人民币计价的金融资产交易提供便利。对某些喜欢在本土或法律监管环境更有保障的金融中心进行交易的投资者来说，这一点更为重要。此外, 在选择国外金融中心从事人民币业务时, 中国政府还充分考虑了地域的分布性, 做到尽可能覆盖更广泛的地域。实际上, 借助人民币业务的快速增长, 中国向全球金融中心展现了人民币业务的巨大潜力, 并利用这种吸引力, 巧妙地对全球各大金融中心形成了一种牵制。由此, 我们可以看到, 中国目前已在全世界的范围内建立起越来越密集的人民币清算网络, 人民币离岸金融中心的建立将大大加快人民币国际化的进程, 同时将为"一带一路"沿线国家使用人民币进行贸易提供更多的便利条件。

图 6.1 香港与澳门已建成人民币离岸清算中心

（左图为香港；右图为澳门）

第四节　跨境支付系统

一、人民币跨境支付系统的定义

人民币跨境支付系统（Cross-borderInterbankPaymentSystem, CIPS), 是由中国人民银行组织开发的独立支付系统, 旨在进一步整合现有人民币跨境支付结算渠道和资源, 提高跨境清算效率, 满足各主要时区的人民币业务发展需要, 提高交易的安全性, 构建公平的市场竞争环境。该系统于 2012 年 4 月 12 日开始建设; 2015 年 10 月 8 日, CIPS 系统第一期成功上线运行; 之后, 运营机构在实践过程中不断改进系统功能, 2018 年 5 月 2 日, CIPS（二期）全面投入使用, 实现了对全球不同时区的金融市场的全面覆盖, 从而满足全球人民币用户的业务需求。

二、建立人民币跨境支付系统的意义

（1）俄罗斯跨境支付系统缺失的反面案例

在介绍为什么要建立人民币跨境支付系统之前, 我们首先来了解一个俄罗斯由于没有独立的跨境支付系统而在国际博弈中丧失主动权的反面案例。2014 年, 俄罗斯出兵干预乌克兰局势，在几周之后占领了克里米亚半岛，导致西方与俄罗斯的紧张局势持续发酵。考虑到军事对抗可能带来严重后果，欧洲与美国选择以经济制裁作为回击，欧盟和美国连同加拿大等其他北大西洋公约组织国家对俄罗斯采取了大范围的金融制裁措施。制裁措施包括对进入欧美金融市场的限制，以及禁止采用某些俄罗斯国有企业在银行、能源和国防领域提供的服务。这些制裁引起了石油价格下跌，迅速对俄罗斯经济造成了冲击。尽管只有少数俄罗斯企业和金融机构受到制裁，但其实际效果非常明显，相当于直接切断了俄罗斯工业及金融进入欧美金融市场的通道，俄罗斯企业失去了海外融资渠道，并随时面临无法与外国合作伙伴履行金融交易的风险。与此同时，更为尴尬的是俄罗斯银行发行的信用卡也无法在海外使用，因为万事达和维萨等信用卡运营公司收到美国财政部指令，停止处理俄罗斯信用卡持卡人的付款。对此，俄罗斯总统普京的回应措辞强硬，他说：

我们以前从来没有想到会这样。我们一直相信，我们的所有合作伙伴，无论是维萨还是万事达，都是不受政治力量左右的经济实体。但事实并非如此，它们被强大的政治压力所左右，而且似乎已经屈服于这些压力……俄罗斯国内的信用卡支付都是通过维萨和万事达进行的，但完成这些支付的服务器基本在美国这不是疯了……现在，我们已经采取更务实的措施，那就是要建立自己的支付系统……我们必须确保，不管世界发生了什么，也不管是政治、经济还是全球金融系统发生了什么，主要行业的收支结算都要正常进行，不出现任何差错。

同年6月，俄罗斯央行行长艾尔维拉·纳比乌琳娜（ElviraNabillina）最终对外宣布："随着近期系列法律修订案的通过，俄罗斯将有条件建立一个完整的国内支付结算体系，从而让所有在俄罗斯境内使用银行卡和已经习惯这种支付方式的人知道，他们的活动是安全的，不会受到俄罗斯外部任何机构恶意行为的影响。"然而，外界很快就发现，在如此短的时间内，俄罗斯根本就没有能力建立一套运行稳定的支付结算体系，更不用说与国际金融体系接轨了。就在俄罗斯的支付系统投入运行大约一个月之后，俄罗斯的这套全国支付结算体系便出现故障，在某天上午连续数小时停止运行。进入2016年，乌克兰危机继续发酵，西方社会也没有放松对俄罗斯的经济制裁，加上全球支付结算及金融体系对俄罗斯的禁入，俄罗斯经济只能继续在泥潭中艰难跋涉。

俄罗斯的这次典型案例不得不引起我们的警惕，显然，拥有独立的跨境支付系统已不仅仅是一种经济需要，更是国家安全的重要保证。同时，对支付体系的控制不仅是一种经济优势，也是一种地缘政治优势，因此，中国必须拥有属于自己的独立支付系统。而且，能对中国尽快创建跨境支付系统提供重要保证和推动作用的就是人民币国际地位的提升，当人民币结算被更广泛地用于世界各地的对外贸易之中时，人民币跨境支付系统将会被更快速地推遍全球。同时，人民币跨境支付系统的广泛使用也会对人民币国际化产生反向的推动作用。

（2）建立人民币跨境支付系统的背景与意义

近几年，随着跨境人民币业务规模的不断扩大，我国相继出台了各项跨境人民币业务的相关政策以应对市场变化，而市场规模的增长除了需要政策的规范和指导，还亟须金融基础设施的保驾护航。此前，我国主要使用的跨境支付系统模式由于受运行时间和报文系统等问题的限制，一定程度上影响着跨境人民币支付清算的开展，出于对效率和安全性的追求和考量，对新系统的研发迫在眉睫。

CIPS 上线的意义到底几何，通过一组数据可以直观地了解。2015 年 10 月 8 日上午，在万众期待中上线的 CIPS 系统启动运行后不负众望，仅仅 45 分钟便完成了 336 笔业务，涉及金额 6.76 亿人民币。而 2020 年 8 月，人民币首次超越日元，成为全球第四大支付货币，市场份额也升至 2.79%，尽管相对于美元、欧元和英镑这前三者的市场份额而言微不足道，但却是人民币国际化的一大步。此时，CIPS 系统作为跨境人民币支付清算的"快速通道"上线，对于人民币在全球支付体系中地位的进一步提升无疑起到重要作用，同时也是人民币纳入特别提款权（SDR）货币篮子的重要筹码。可以看出，人民币跨境支付系统确实是急市场所需，充分挖掘了庞大的海内外客户的需求，对于促进我国外贸发展有着举足轻重的作用，是人民币国内外支付的重要支撑。同时也展示了新系统在支付清算上的高度自动化，大大提升了银行后台的交易处理能力。此外，在我国与国际不断接轨的大背景下，中国企业越来越迫切地需要"走出去"，银行业也不例外，人民币跨境支付系统为其提供便利和有效的支撑，也为跨境电商、银行跨境人民币业务等的拓展打下基础，有助于国内企业在全球经营的布局。

CIPS 缩短了清算路径，提升了清算的效率和安全性。而效率的提升意味着资金流动性的改善，即客户资金成本降低。从金融安全的角度考虑，CIPS 降低了对国际银行间结算工具的依赖，同时方便监管当局对威胁国家金融安全的支付活动进行监督控制，创造更安全的金融环境。简而言之，新系统能够有效规避汇率风险，可以帮助人民币在国际化的过程中攻城略地。

三、人民币跨境支付系统的发展

人民币跨境支付系统（CIPS）目前已上线两期，两期的特点与功能各不相同。

（1）CIPS（一期）的主要特点

CIPS（一期）采用实时全额结算（RTGS）模式为其参与者的跨境人民币支付业务等提供资金清算结算服务。其建成运行使我国人民币跨境清算结算体系在制度基础、系统架构、运行时间、清算路径、参与者管理、账户设置、流动性安排和报文设计等多个方面实现了突破，具有重要的创新意义。

①在制度基础方面，考虑到 CIPS 是面向全球的跨境支付系统，CIPS 在设计上力求符合国际惯例和相关国际标准，实现独立的清算和结算功能。中国人民银行制定并发布的《人民币跨境支付系统业务暂行规则》特别明确了 CIPS 支付业务的结算最终性，规定"CIPS 在成功借记发起直接参与者账户并贷记接收直接参与者账户后，该支付业务不得撤销"。

此外，CIPS 由独立公司运营，既有利于隔离法律风险，又体现了市场化理念。中国人民银行依据《人民币跨境支付系统运营机构监督管理暂行办法》对该公司进行监督管理。

②在系统架构方面，CIPS 与 HVPS 连接，但两个系统相互独立，CIPS 参与者的所有支付和信息类等业务均通过 CIPS 处理。HVPS 仅支持 CIPS 参与者的流动性调拨，CIPS 和 HVPS 之间不能处理客户、银行机构的支付业务，相关业务在 CIPS 中完成最终结算。

③在运行时间方面，CIPS（一期）按照北京时间运行。每日时序分为营业准备、日间处理、业务截止和日终处理四个阶段。日间处理支付业务的时间为 9:00-20:00，能够覆盖欧洲、亚洲、非洲、大洋洲等人民币业务主要时区。相比较以往其他清算结算渠道，其对外服务时间明显增加。

④在参与者管理方面，实行分级管理，支持直间参之间"一对多"的关系，以鼓励竞争。CIPS 参与者分为直接参与者和间接参与者。直接参与者在 CIPS 开立账户，可以通过 CIPS 直接发送和接收业务。间接参与者通过直接参与者间接获得 CIPS 提供的服务。CIPS 运营机构参照国际通用的 SWIFTBIC（银行识别代码）编制规则确定参与者的 CIPS 行号。为了鼓励直接参与者为间接参与者提供更好的服务，CIPS 支持一个间参与多个直参建立业务关系。符合条件的境内外银行机构和金融市场基础设施均可以申请成为 CIPS 参与者，有助于构建人民币全球清算网络。

⑤在清算路径方面，CIPS 为人民币国际化搭建了一条资金结算的"高速公路"。CIPS 要求直接参与者必须实现"一点接入"、集中清算和直通式处理，来账报文自动清分至其辖属机构，往账报文由直接参与者一点发送。此外，广大的 CIPS 海外间参也是人民币全球清算网络的重要节点。与"代理行"和"清算行"模式相比，由于间接参与者在 CIPS 内具有行号作为唯一标识，其他参与者向其发送业务时，可以根据这个唯一标识准确定位汇款路径，清算效率明显提升。

⑥在账户设置方面，CIPS 对其参与者账户实行零余额管理。CIPS 在 HVPS 开立清算账户，该账户是 CIPS 所有直接参与者的共同权益账户。直接参与者加入 CIPS 时，运营机构同步为其在 CIPS 开立账户。直接参与者的 CIPS 账户日终账户余额自动划回该机构的 HVPS 账户。CIPS 在 HVPS 开立的清算账户和直接参与者的 CIPS 账户均不允许透支，日终余额为零。

⑦在流动性安排方面，通过设定最低注资限额严肃清算纪律，保证参与者在日间的支付业务能够顺利开展。直接参与者可以在日间通过 HVPS 利用注资、调增和调减等方式从本机构在 HVPS 的账户调整流动性。此外，各直接参与者还可以利用现有的全国同业拆借中心的交易平台，通过同业拆借方式获得流动性。

⑧在报文设计方面，CIPS（一期）采用国际通用 ISO20022 报文标准，采纳统一规范的中文四角码，支持中英文传输，在名称、地址、收费等栏位设置上更有利于人民币业务的自动处理。CIPS（一期）报文设计还充分考虑了与现行 SWIFTMT 报文的转换要求，有利于跨境业务直通处理并支持未来业务的拓展。

自上线以来，CIPS（一期）安全平稳运行，境内外参与者数量不断增长，业务量稳步攀升，逐步成为人民币跨境清算结算业务的重要渠道。截至 2017 年 5 月底，CIPS（一期）共有 28 家境内外直接参与者，574 家境内外间接参与者，覆盖了 85 个国家和地区（其中，"一带一路"沿线国家 41 个）。CIPS（一期）的成功投产和业务拓展意义重大：一是完善了人民币跨境清算结算安排，提高了人民币跨境结算效率，改善了市场参与者的资金汇划体验，有利于进一步推进人民币国际化，更好地支持实体经济发展和"一带一路"倡议等国家战略。二是丰富了我国支付系统的门类，展示了我国支付体系发展的重要成就。CIPS 在诸多方面的有力突破，标志着我国金融市场基础设施建设又上新台阶。

（2）CIPS（二期）的主要特点

2018 年 3 月 26 日，人民币跨境支付系统（二期）投产试运行，10 家中外资银行同步试点上线。5 月 2 日，CIPS（二期）全面投入使用。自此，人民币跨境支付系统运行时间基本覆盖了全球各时区的工作时间，支持全球的支付与金融市场业务，满足全球用户的人民币业务需求。较之于 CIPS（一期），CIPS（二期）在功能特点上进行了改进和完善：一是运行时间由 5×12 小时延长至 5×24 小时 +4 小时，实现对全球各时区金融市场的全覆盖；二是在实时全额结算模式的基础上引入定时净额结算机制，满足参与者的差异化需求，便利跨境电子商务；三是业务模式设计既符合国际标准，又兼顾可推广可拓展要求，支持多种金融市场业务的资金结算；四是丰富参与者类型，引入金融市场基础设施类直接参与者；五是系统功能支持境外直接参与者扩容，为引入更多符合条件的境外机构做好准备。考虑到 CIPS（二期）时序调整后的夜间时段正值欧美金融市场的营业时间，为满足境内外直接参与者夜间调剂流动性的需要，保障支付清算安全，人民银行研究决定银行间货币市场加开夜盘。

综上所述，CIPS 的建成运行是我国金融市场基础设施建设的里程碑事件，标志着人民币国内与国际支付统筹兼顾的现代化支付体系建设取得重要进展，也将进一步推进人民币的国际影响力，促进人民币国际化的更好实现。

四、"一带一路"倡议背景下，人民币跨境支付系统的挑战及应对

人民银行组织的CIPS建设，其目标是整合人民币跨境清算渠道，促进人民币国际化。系统的不断建设完善适应了我国跨境贸易和投融资发展需要，为人民币成为"一带一路"沿线国家间贸易投资的主要使用货币奠定了基础。但不可否认，受各种因素的影响，当前人民币并未成为"一带一路"沿线国家和地区的核心货币，CIPS 业务发展还面临诸多挑战。

（1）沿线国家地区的社会环境形成掣肘。一是政治环境差异较大。在全球最高的地缘政治风险中，前六大风险均集中在"一带一路"沿线国家。沿线国家利益冲突导致在沿线国家以人民币为主要结算货币开展投融资等贸易交流的阻力较大。二是经济发展水平差异较大。"一带一路"横贯亚欧非，沿线各国在资源分布量、经济发展水平等方面差异巨

大。我国虽是世界上最大的发展中国家，但欧盟地区经济更为发达，影响人民币成为"一带一路"沿线贸易交流主要货币的进程。三是文化差异性。由于地理位置，"一带一路"沿线多国长期处于民族和宗教冲突之中，给人民币的区域化使用增加了不确定性。

（2）金融市场化水平和开放程度较低。一是当前中国对资本账户的管制措施较为严格。人民币国际化与完全开放资本账户之间并不完全相等，而推进人民币国际化又需要放松对资本账户的管制，以使外国金融机构和投资者能进入中国金融市场，扩大其持有和使用人民币资产的机会。二是人民币汇率和利率市场化水平不稳定。中国利率市场化改革和人民币汇率形成机制改革仍未全面完成，结果和目标之间依然存在差距。伴随贸易额的增长，我国商业银行间即期外汇市场发展，人民币汇率富有弹性，但仍未实现自由浮动。

（3）银行金融服务的国际化程度偏低。银行是人民币走向世界的重要载体，是促进人民币离岸市场快速发展的重要支撑。我国银行国际化水平较低，政策性银行和大中型商业银行的全球性不显著，截至 2016 年底，仅 9 家中国商业银行在"一带一路"沿线国家设立了 62 家一级分支机构，且这些分支机构大多集中分布在俄罗斯、越南和新加坡等地，很难满足"一带一路"沿线基础设施建设项目的金融支持需求。除此之外，中资银行设置的业务种类也较单一，导致人民币在这些地区的使用受到限制。

（4）区域化金融合作的深度广度不足。当前，我国与东盟国家间建立了合作机制，然而因为东盟部分国家金融发展迟缓、市场发展欠发达，双边体系建设未落到实处。近年来，我国和中亚五国之间在能源方面有较多合作，但是未实现更深发展。除此之外，当前美元和欧元在世界货币体系中占据绝对优势地位，各国都希望本国货币可以尽快实现国际化以便获取铸币收益，阻碍了沿线国家金融合作，不利于人民币跨境支付业务发展。

在"一带一路"背景下，进一步完善人民币跨境支付业务的相关政策建议如下：

（1）进一步改善"一带一路"沿线人民币跨境支付的环境。在政治方面，应促进沿线各国政府通过沟通交流等化解矛盾和冲突，通过提供政策倾斜促进多方面共同合作。经济方面，首先应该利用我国在道路、高铁、网络等重要基础设施建设方面累积的丰富经验，帮助基础设施较薄弱的沿线各国，鼓励金融机构通过发行以人民币计价的国际债券来筹措资金，以提高人民币在跨境结算市场中的份额。文化方面，应该不断加强沿线各国间的文化沟通交流，促进文化软实力发展成核心竞争力，传播我国优秀文化，不断提高沿线各国对人民币的认可度和接受度。

（2）进一步完善金融市场提升人民币跨境支付需求。不断推进资本项目开放，同时增加人民币回流路径，以免人民币区域化进程和资本项目之间发生冲突。促进人民币汇率市场化机制的完善，加速改革人民币利率市场化。认真解决"特里芬难题"，既要保证我国货币政策的独立性，又要不断促进资本的自由流动。利率方面，一是可以培育市场基准利率，继续健全和完善利率市场化机制，加强利率调节能力；二是中央银行在制定利率政策时应适当向金融市场倾斜，不断发挥利率自身的自律机制。不断扩充人民币国际债券种类，扩大直接投资项目范围和金融市场的开放程度，促使其他国家持有更多的人民币，提升人民币的跨境支付结算需求。

（3）进一步发挥银行在推进人民币跨境支付中的载体作用。银行是"一带一路"中金融服务的重要载体，我国应当积极推动机构建设，不断加强境内外银行在人民币支付清算以及资金拆放等各方面的业务合作，一起为重点产业和重要领域提供金融服务；而中资银行更应当展望国际市场，科学布局海外分支机构，有针对性地对不同金融市场开展研究，并制定相应的经营发展战略，扩大人民币对外贷款的规模，以进一步扩大人民币在"一带一路"沿线国家和地区的使用。与此同时，选择合适区位建立多样化的人民币离岸中心，不断发展人民币离岸金融业务，促进跨境人民币业务的金融创新，扩大人民币海外使用范围。

（4）进一步强化区域金融合作，持续扩大人民币结算范围。不断强化区域金融合作，积极推进中国—东盟区以及中国—中亚区等区片经济合作，促推人民币成为区域核心货币。一是可以扩大合作规模，针对各国贸易特点，采取不同合作模式；二是应当积极推进以人民币计价的大宗商品交易，以丝路基金、亚投行等多边合作机制为依托，支持人民币"走出去"；三是在加入 SDR 的契机下，加强沿线各国对人民币的接受程度，从东盟各国开始，依次向西延伸到中亚及欧盟各国。

第五节　绿色金融

一、绿色金融的定义

学术界对绿色金融的概念研究各有侧重。例如，萨拉查（Salazar）研究认为，绿色金融指的是有助于环境保护的创新型金融；Cowan 认为，绿色金融是绿色经济和金融学学科交叉的产物。2000 年，《美国传统词典》将绿色金融定义为"环境金融"或"可持续金融"，认为绿色金融功能在于应用多样化金融工具，实现环境和经济的协调发展；拉巴特（Labatt）和怀特（White）认为，绿色金融是一种金融工具，它的目的在于提高环境质量。在我国国内，许多学者对绿色金融也有研究报道。王军华认为，绿色金融是指通过金融的社会资金配置功能，引导资金进入环保领域，促进经济与生态的协调发展。李心印则强调绿色金融应该与环保产业的发展紧密联系起来。

此外，目前国际上最新的对绿色金融的定义来自 2016 年发布的《G20 绿色金融综合报告》，报告指出"绿色金融指的是一种投融资活动，该活动能产生环境效益，通过这种效益能够对可持续发展提供有力支持。这些环境效益包括了很多方面，例如减少空气、水以及土壤污染，控制二氧化碳等温室气体的排放，赋予有限资源更为理想的使用率等。在当代，要想将绿色金融很好地发展起来，就要将环境外部性内部化，并通过各种途径提高金融机构对环境风险的认知，通过这一系列的方法和途径来建设一个环境友好型的、抑制污染型的投资氛围"。与传统金融相比，绿色金融更加强调保护自然环境，要求企业承担环境和社会责任。例如在开展项目融资业务时，绿色金融要求银行评估项目的环境外部性，考虑项目污染处理情况、资源利用效率和生态效应等因素。

表 6.2 传统金融与绿色金融的比较

	传统金融	绿色金融
经营目标	利润最大化。以商业银行为例，其经营原则为安全性、流动性和营利性	管理环境风险与机遇，保护和改善自然环境，服务于经济可持续发展
政策支持	市场需要政府监管规范，其中政策性金融需要政策支持	环境污染问题是市场失灵的表现，绿色金融需要政策引导
金融产品	信贷、债券、股票、期货、基金、保险等	基本金融产品与传统金融相同，但具有绿色属性

资料来源：根据互联网信息整理。

二、发达国家绿色金融的发展经验

（1）美国。美国目前已经建立起比较完善的绿色金融制度体系，各项绿色金融法律、法规将经济发展和环境保护有效结合作为目标，该制度体系对推动促进美国金融机构、企业和市场等主体发展绿色金融起到强有力的法律约束作用。为保证美国的绿色金融发展全球领先，美国政府通过一系列激励措施，推动市场主体主动参与绿色金融发展并取得了成效，对美国经济发展和环境保护的协调共进起到了切实有效的作用。美国针对如何推动和保障绿色金融发展问题，相继出台了多部相关法律法规。1980 年，美国联邦政府就颁布了《全面环境响应、补偿和负债法案》的法律，这一法案明确指出，对于客户所带来的环境污染负责，银行一定要负责其相应的修复成本。除此之外，美国政府相继出台了一系列政策来提供有力支持，通过这些政策来推动绿色金融产业的健康发展。早在 1978 年，美国联邦政府便根据实际需要颁布了《能源税收法》，其中规定，在购买太阳能或者风能能源设备的过程中，它所要支付的全部金额中，前面 2000 美元中的 30% 以及随后支付的8000 美元中的 20%，均能够用来抵扣当年按规定需要缴纳的所得税。同样地，在美国国内，各银行也掀起了一阵技术改造热潮，它们通过健全本单位的信息技术系统，来实现与社会环境部门之间的数据互通，从而建立起了相对完善和高效的信息沟通机制。

（2）欧盟。欧盟各国对于发展绿色金融也在不懈努力，积极探索。1974 年，全球首家环境银行落户西德。1991 年波兰也基于环保问题组建了支持该类事业的环保银行。1998 年，立陶宛向外界公布了 "NEFCO-APINI 授信额度"，该额度一经推出，便极大地推动了清洁生产项目融资的发展。英国向来关注对节能设备投资的扶持，比如，为其提供包括低息贷款在内的诸多优惠；在瑞典，政府亲自出面为环保项目提供的它们所需要的信用升级担保等服务。欧洲碳排放交易市场建设成效卓著，众所周知，全球排名第一的区域碳市场就是欧盟排放交易体系，这个体系现如今涵盖了 29 个国家，一共设立了 8 个交易中心，其囊括的工业温室气体排放实体大概有 12,000 个。在 2006 年全球碳交易的 300 亿美元的总额中，欧洲排放权交易 (EUA) 共计 244 亿美元，交易占比高达 81.3%。

(3) 日本。日本已经建立完善的绿色金融政策体系，长期实施针对绿色经济发展的激励性财税政策，包括税收、补贴、价格和贷款政策。日本政策投资银行是注册资本在 100 亿美元以上的大型国有性质的银行。2004 年，该银行实施了一项重要的决策，即通过环境评级手法挑选并确定投资对象。与此同时，加强同商业银行之间的合作，更加充分地发挥出自身的协调功能，从而为绿色信贷发展提供了一个很好的平台。商业银行应充分利用政策银行所构建的环境评级系统，针对前来开展贷款业务的那些企业实施评估，并做出监督，以此最大限度地防范风险，赋予投资更高的利用效率。

日本商业银行能够充分利用政策银行的环境评级系统，实现了对各贷款目标企业的科学评估及有力监督，不仅更好地规避了投资风险，也大幅提升了投资效率。例如，日本瑞穗银行自从认识到赤道原则的重大作用并付诸实施之后，越来越多的客户愿意与其合作，从而使其业绩一路攀升；相关贷款企业则是依托环保技术，使自身拥有更高的清洁生产能力，进而获得一些比较现实有用的好处，比如这些企业可以从银行处优先获得信贷。在日本，由于利益机制驱动，无论是银行还是企业，均能够主动响应和遵守赤道原则，极大地促进和保障了绿色信贷业务的开展。

三、中国绿色金融的发展历程

2015 年 4 月，中共中央、国务院发布《中共中央国务院关于加快推进生态文明建设的意见》。2015 年 9 月，《生态文明体制改革总体法案》发布，提出建立绿色金融体系。2016 年 3 月，国家"十三五"规划纲要进一步深化绿色金融发展政策，要求大力发展绿色信贷、绿色债券等绿色金融产品。2016 年 8 月，以中国人民银行为首的七部委在充分前期准备的基础上，正式下发了《关于构建绿色金融体系的指导意见》，该意见对绿色金融的发展具有重要意义。在意见中，中国官方赋予绿色金融以新的定义，即绿色金融应当是一种健康的经济活动，它的目的在于支持环境改善、应对气候改变以及资源合理利用，具体而言，在包括环境保护、节约能源以及绿色出行在内的诸多领域所涉及的项目、投融资以及项目运营等方面提供优质的金融服务。尽管绿色金融的概念近几年才提出，但早在 2001 年，当时的环保总局以及"一行三会"就开始针对金融机构和企业融资和经营行为中的环保要素提出了具体要求，这些规章制度实质上具有绿色金融的特征，自 2001 年以来的政策文件情况如表 6.3 所示。

表 6.3 部分重要的绿色金融政策

政策文件名称	发布时间	发布部门	主要内容
《上市公司环境审计公告》	2001 年	环保总局、证监会	上市公司的环境审计内容及其目标
《上市公司或股票再融资进一步环境审计公告》	2003 年	环保总局、证监会	上市公司 IPO 和再融资应获得环保部门审核

（续表）表 6.3 部分重要的绿色金融政策

政策文件名称	发布时间	发布部门	主要内容
《上市公司环境信息披露的建议》	2003 年	环保总局、证监会	上市公司环境信息披露的具体内容及其方法
《关于落实环境保护政策法规防范信贷风险的意见》	2007 年 7 月	环保总局、人民银行、银监会	在环境保护部门、中国人民银行、银监部门以及金融机构四者中，通过建立配套的信息沟通机制，使那些没有通过环评审批的项目，禁止通过其他任何形式重新开展
《关于环境污染责任保险工作的指导意见》	2007 年 12 月	环保总局、保监局	选择一些污染环境严重、污染事故频发以及定损较容易的行业、企业和地区，率先开展环责险试点
《关于加强上市公司环境保护监督管理工作的指导意见》	2008 年 2 月	环保总局	公司申请首发上市或再融资时，环保核查将变成强制性要求
《绿色信贷指引》	2012 年 2 月	银监会	作为银行业金融机构，有责任和义务推动绿色信贷发展，树立正确方向和强调重点领域的同时，实施有差别、动态的投信政策，实施风险敞口管理制度，建立相关统计制度
《关于开展环境污染强制责任保险试点工作的指导意见》	2013 年 2 月	环保部、保监会	在涉及重金属和石油化工等高环境风险行业推进环境污染强制责任风险试点
《绿色债券公告》	2015 年 12 月	人民银行	对绿色金融债券从绿色产业项目界定、募集资金投向、存续期间资金管理、信息披露和独立机构评估或认证等方面进行了引导和规范

资料来源：转自《"一带一路"和人民币国际化》，孟刚著，中国社会科学出版社，2018 年，第 88—89 页。

与此同时，我国各地方政府对中央提出的生态文明建设和构建绿色金融体系的要求也高度重视，积极响应，相继出台了一系列地方版本的绿色金融发展规划。地方版绿色金融发展相关文件如表 6.4 所示。

表 6.4 各地区绿色金融发展规划相关文件一览

公布时间	地区	政策文件	发布机构
2016 年 3 月	山东青岛	《关于加强绿色金融服务的指导意见》	青岛银监局
2016 年 3 月	山西大同	《促进金融振兴 2016 年行动计划》	大同市政府
2016 年 8 月	青海	《关于发展绿色金融的实施意见》	人民银行西宁中心支行、省金融办和青海银监局
2016 年 9 月	江苏苏州	《苏州市银行业金融机构绿色金融绩效评估暂行办法》	人民银行江苏省苏州市中心支行、苏州市政府金融办、苏州市经信委、苏州市环保局
2016 年 11 月	黑龙江	《关于加强黑龙江省节能环保领域金融工作的信贷指导意见》以及《关于金融支持黑龙江低碳循环经济发展的指导意见》	黑龙江省人民政府
2016 年 11 月	贵州	《关于加快绿色金融发展的意见》	贵州省人民政府
2016 年 11 月	福建厦门	《关于促进厦门市银行业金融机构发展绿色金融的意见》	厦门市金融办、厦门银监局、厦门市财政局、中国人民银行厦门市中心支行
2016 年 11 月	广东	《关于加强环保与金融融合促进绿色发展的实施意见》	广东省环境保护厅、中国人民银行广州分行和省金融办
2016 年 12 月	安徽	《安徽省绿色金融体系实施方案》	人民银行合肥中心支行、安徽省金融办
2016 年 12 月	北京	《北京市"十三五"时期金融业发展规划》	北京市金融工作局、北京市发改委
2017 年 3 月	内蒙古	《关于构建绿色金融体系的实施意见》	内蒙古自治区人民政府

（续表）表 6.4 各地区绿色金融发展规划相关文件一览

公布时间	地区	政策文件	发布机构
2017 年 5 月	北京	《中关村国家自主创新示范区促进科技金融深度融合创新发展支持资金管理办法》	中关村管委会
2017 年 5 月	江苏扬州	《关于构建绿色金融体系指导意见的实施细则》	人民银行扬州市中心支行
2016 年 3 月	山东青岛	《关于加强绿色金融服务的指导意见》	青岛银监局

资料来源：孟刚，《"一带一路"和人民币国际化》，中国社会科学出版社，2018 年版：89-90。

四、绿色金融与人民币国际化

（1）通过"绿色信贷"推动人民币国际化的发展。绿色信贷是指银行业金融机构对增进环境正效应或能够减少环境负效应的项目给予优惠利率和贷款支持。绿色信贷的本质在于将环境与社会责任同商业银行的贷款和管理流程相融合，并提升到商业银行绿色发展和绿色信贷文化的层次。绿色信贷有助于加强人民币国际化的基础。随着人民币国际化进程的不断推进，绿色信贷也成为实现这一目标的有力工具。在国际项目投融资风险管理上，除了常规的国别、财务和运营风险等常规风险以外，一些在国内相对不受重视的环境和生态风险也可能造成重大影响。过去中国的海外投资项目中，因项目环境生态影响问题造成重大投资项目失败的案例时有发生，其中潜在的声誉风险和信用风险不可小视。尽管绿色信贷发展对于人民币国际化没有直接的推动作用，但绿色信贷是我国的金融机构特别是银行业金融机构"走出去"需要满足的基本条件之一，是绿色金融推动人民币国际化的前置条件，具有重要意义。金融机构应遵循《绿色信贷指引》，以合规为标尺，做好项目尽职调查，有效规避信贷业务中的环境和社会风险，完善相关信贷政策制度和流程管理，为"走出去"打下坚实的基础。

我国政府在 2007 年 7 月开始即颁布了《关于落实环境保护政策法规防范信贷风险的意见》，这代表着我国绿色信贷政策体系正式开始建立。在 2012 年时，银监会正式出台《绿色信贷指引》（以下简称《指引》），正式提出"绿色信贷"并对其做出了定义，即在开展绿色信贷业务时，必须要对绿色经济以及低碳经济等环保型经济提供有力支持，尽可能减少风险因素的产生，提升自身的环境和社会表现等基本内容。《指引》明确对其作出了考核要求，并对国内绿色信贷的建设起到一定的积极影响。绿色信贷相关法律法规的出台，标志着我国政府更加重视企业经营过程中的环保问题，这将有助于我国"走出去"企业环保信誉的建立，也更有助于推动我国对外贸易健康发展，这一切都为更好地实现人民币国际化提供了基础。

（2）通过"绿色债券"推动人民币国际化的发展。绿色债券是为绿色项目或以绿色投资为目的发行的债券，绿色债券区别于其他债权的核心特征，是其募集资金集中于能推动和实现带来绿色效益的项目。绿色债券可以成为推动人民币国际化的重要载体。2015年，央行发布了 39 号公告，推行绿色金融债券的出台。通过对绿色金融债券进行分析后可发现，其所表示的是金融组织的相关负责人严格按照法律要求而在金融债券市场中所发行的一种有价证券，并利用募集资金而对绿色项目的发展表示支持。自此，中国绿色债券市场开始蓬勃发展，2016 年我国绿色债券在境内外发行达到 2300 亿元，占据国际总量的40%，排名世界第一位。中英绿色金融工作组发布的 2017 年中期报告表明，在 2016 年初到 2017 年中旬时，我国所发行的该类债券已经超过了 3240 亿人民币（大约折合美元 480亿），现阶段，在我国的债券市场中，绿色债券所占据的比例逐渐加大，已经达到了 2%，较之国际市场的 0.2% 要显著更高，同时，绿色人民币债券在海外也实现了零的突破。随着未来更多的人民币绿色债券会在其他国家得以发行，同时也会有大量的国外机构在我国发行绿色债券，人民币借着绿色债券这个载体能够更多地在国际市场上流动，这是人民币国际化的重要组成部分。考虑到绿色债券市场的广大空间，以及中国绿色债券占世界的较大比重，未来人民币绿色债券在境外具有广阔的发展空间，能够更加有力地推动人民币国际化的发展。

（3）通过"碳金融"推动人民币国际化的发展。碳金融 (CarbonFinance) 是温室气体排放权交易及各项金融业务与交易的总和。碳金融制度的基础在于温室气体减排的国际协议和国内政策，这些制度和政策将减排量作为可交易的商品，企业和金融机构参与市场，实现绿色和可持续发展。2011 年全球碳市场交易额 1760 亿美元，到 2013 年交易量 104 亿吨。随后全球碳市场在宏观经济普遍疲软的背景下整体处于弱市盘整状态，2015 年交易量仍然有 60 多亿吨，交易额 500 多亿美元。我国碳金融目前已经有了初步发展，我国是国际上最大的清洁发展机制 (CleanDevelopmentMechanism,CDM) 的供给国。近年来，我国开始在七个试点省市推行碳排放权交易，并已在 2017 年建成全国统一的碳排放权交易市场。

碳交易结算货币的选择，对人民币国际化进程具有重要意义。一国货币与国际大宗商品，特别是能源贸易的计价和结算货币绑定权往往是该国货币成为国际货币的重要条件，比如石油美元。而在低碳经济日益发展的今天，碳资产作为碳交易的主体，将会在国际货币市场具有重要意义。人民币国际化是中国实现伟大复兴的必要条件，也是中国金融国际化的核心利益追求。随着中国碳交易市场的不断壮大发展，人民币国际化在碳金融领域面临着新机遇。中国庞大的碳排放规模为人民币在国际碳金融体系中谋得一席之地。中国碳市场即将成为全球最大的碳现货市场。中国应大力发展碳金融市场，深化国际碳排放交易合作，提高人民币碳金融交易的比重。

第七章 人民币国际化在"一带一路"沿线国家的推进

第一节 人民币国际化在俄罗斯的推动

一、俄罗斯国家概况

俄罗斯又称俄罗斯联邦，俄罗斯国土总面积 1707.54 万平方千米，居世界第一位。俄罗斯人口数量约 1.435 亿，居世界第七位。俄罗斯是一个多民族的国家，拥有民族 130 多个，其中俄罗斯人占 82.95%。主要少数民族有鞑靼、乌克兰、楚瓦什、巴什基尔、白俄罗斯、摩尔多瓦、日耳曼、乌德穆尔特、亚美尼亚、阿瓦尔、马里、哈萨克、奥塞梯、布里亚特、雅库特、卡巴尔达、犹太、科米、列兹根、库梅克、印古什、图瓦等。俄语是俄罗斯联邦全境内的官方语言，各共和国有权规定自己的国语，并在该共和国境内与俄语一起使用。主要宗教为东正教，其次为伊斯兰教。2001 年俄权威社会调查机构抽样调查结果显示，俄居民 55% 信奉宗教，其中 91% 信奉东正教，5% 信奉伊斯兰教，信奉天主教和犹太教的各为 1%，0.8% 信奉佛教，其余信奉其他宗教。

俄罗斯横跨欧亚大陆，东西最长 9000 千米，南北最宽 4000 千米。邻国西北面有挪威、芬兰，西面有爱沙尼亚、拉脱维亚、立陶宛、波兰、白俄罗斯，西南面是乌克兰，南面有格鲁吉亚、阿塞拜疆、哈萨克斯坦，东南面有中国、蒙古和朝鲜。东面与日本和美国隔海相望。海岸线长 33,807 千米。大部分地区处于北温带，以大陆性气候为主，温差普遍较大，1 月气温平均为 $-1℃ ^- -37℃$，7 月气温平均为 $11℃ ^- 27℃$。年降水量平均为 $150 ^- 1000$ 毫米。

俄罗斯历史悠久，15 世纪末 16 世纪初，以莫斯科大公国为中心，逐渐形成多民族的封建国家。1547 年，伊凡四世（伊凡雷帝）改大公称号为沙皇。1721 年，彼得一世（彼得大帝）改国号为俄罗斯帝国。1861 年废除农奴制。19 世纪末 20 世纪初成为军事封建帝国主义国家。1917 年 2 月，资产阶级革命推翻了专制制度。1917 年 11 月 7 日（俄历 10 月 25 日）十月社会主义革命，建立世界上第一个社会主义国家政权——俄罗斯苏维埃联邦社会主义共和国。1922 年 12 月 30 日，俄罗斯联邦、外高加索联邦、乌克兰、白俄罗斯成立苏维埃社会主义共和国联盟（后扩至 15 个加盟共和国）。1990 年 6 月 12 日，俄罗斯苏维埃联邦社会主义共和国最高苏维埃发表《国家主权宣言》，宣布俄罗斯联邦在其境内拥有"绝对主权"。1991 年 8 月，苏联发生"八一九事件"。9 月 6 日，苏联国务委员会通过决议，承认爱沙尼亚、拉脱维亚、立陶宛三个加盟共和国独立。12 月 8 日，俄罗斯联邦、白俄罗斯、乌克兰三个加盟共和国的领导人在别洛韦日签署《独立国家联合体协议》，宣布组成"独立国家联合体"。12 月 21 日，除波罗的海三国和格鲁吉亚外的苏联 11 个加盟共和国签署《阿拉木图宣言》和《独立国家联合体协议议定书》。12 月 26 日，苏联最高苏维埃共和国院举行最后一次会议，宣布苏联停止存在。至此，苏联解体，俄罗斯联邦成为完全独立的国家，并成为苏联的唯一继承国。1993 年 12 月 12 日，经过全民投票通过了俄罗斯独立后的第一部宪法，规定国家名称为"俄罗斯联邦"，和"俄罗斯"意义相同。

俄罗斯的自然资源十分丰富，种类繁多，储量大，自给程度高。国土面积 1700 多万平方千米，居世界第一位。森林覆盖面积 8.67 亿公顷，占国土面积 50.7%，居世界第一位。木材蓄积量 807 亿立方米。天然气已探明蕴藏量为 48 万亿立方米，占世界探明储量的 1/3 强，居世界第一位。石油探明储量 65 亿吨，占世界探明储量的 12%ˉ13%。煤蕴藏量 2000 亿吨，居世界第二位。铁蕴藏量居世界第一位，铝蕴藏量居世界第二位。水力资源 4270 立方千米 /年，居世界第二位。铀蕴藏量居世界第七位，黄金储藏量居世界第四至第五位。

二、俄罗斯的政治经济情况

俄罗斯是政治、经济、军事大国，在国际舞台上扮演着重要角色。苏联解体后，俄罗斯迅速实现了经济自由化，但随之而来的许多问题也一直困扰着其治理者。丰富的石油和天然气储量，让俄罗斯在能源价格高涨的 2002—2007 年依靠能源出口获得了大量收入，从而实现了高位数经济增长。然而，2008 年全球经济危机以来，俄罗斯经济一蹶不振，即使是能源价格恢复到了的 2012 年与 2013 年，俄罗斯也没有实现应有的经济增长。究其原因，一方面是由于法治程度较低，因为挪威甚至比俄罗斯的能源依赖程度更高，但是却没有怎么受到能源价格波动的影响；另一方面则是因为经济结构失衡，如工业结构中能源和原材料工业占比过大、服务业结构中劳动密集型产业占比过大、出口结构中初级产品比重过大等。2014 年 10 月开始的石油价格下跌，以及当年的乌克兰危机，使俄罗斯经济雪上加霜。相应地，俄罗斯制定了反制裁与反危机的一系列经济改革措施，旨在缓解西方制裁对其经济造成的冲击，并寻求中长期可持续的经济发展之路。2016 年开始，俄罗斯经济开始企稳，当年 GDP 下降 0.2%（2015 年为 −3.7%），2017 年经济增长率达到 1.4% 左右。

表 7.1 2012—2016 年俄罗斯经济情况一览表

主要指标	数值				
	2012 年	2013 年	2014 年	2015 年	2016 年
1，实际 GDP（亿卢布）	428696	434444	437227	421050	420208
2，实际 GDP（亿美元）	13798	13653	11515	6866	6288
3，GDP 增长率（%）	3.40	1.30	0.6	-3.7	-0.2
4，名义 GDP（亿美元）	20161	20790	18806	13114	12850
5，人均名义 GDP（美元 / 人）	14099	14508	13087	8964	8762
6，GDP 构成（行业占比）	100	100	100	100	100
（1）工业	31.40	31.23	31.74	37.5	33.1
（2）农业	3.35	3.40	3.57	3.9	4.7
（3）服务业	65.26	65.37	64.69	58.6	62.2
7，固定资产总投资（亿美元）	4045	4155	3563	2374	341.35
8，通货膨胀率（%）	6.6	6.5	11.4	12.9	5.4
9，年平均汇率（美元 / 本币）	31.07	31.82	37.97	61.32	66.83

资料来源：俄联邦统计局，转自《"一带一路"和人民币国际化》，孟刚著，中国社会科学出版社，2018 年 6 月，第 117 页。

三、在俄罗斯推进人民币国际化的背景

2013 年 9 月，当中国提出"丝绸之路经济带"概念时，俄罗斯政府是抱着疑虑甚至警惕态度的。据悉，在俄方政府的规划中，其将推进欧亚经济联盟(Eurasian Econom ic U nion，彼时尚未成立）的建设，试图重塑以俄罗斯为首、类似苏维埃社会主义共和国联盟的战略空间，因而对中国推出的概念有所担心。时过境迁，如今，俄罗斯不仅积极参与了"一带一路"建设的多个项目，该国总统普京还于 2019 年 4 月下旬赴北京参加了"一带一路"国际合作高峰论坛，反响热烈。

那么，为什么"一带一路"的倡议最初没有得到俄罗斯官方和民间的支持呢？原因主要有如下两个方面：

首先，在传统战略思维里，俄罗斯政府认为"一带一路"倡议会冲击己方的地缘势力

范围。丝绸之路经济带的中心区是中亚，而中亚实际上一直被俄罗斯视为与自己政治、经济、安全等高度相关的区域。在俄罗斯人看来，"一带一路"倡议一旦发展起来，是会对自己的战略布局产应影响的。这个倡议刚被公布的时候，俄罗斯实际上也没弄清楚中国的意图，所以猜疑和顾虑的确比较多。很长时间以来，包括现在，俄罗斯都是连接欧亚大陆的关键节点，他们已经把这种地缘特点发展成了地缘优势；在欧亚大陆之间，俄罗斯扮演的是交通走廊和中介的角色。如果说，"一带一路"建设将来绕开俄罗斯，就意味着俄罗斯的上述作用将被大幅削弱，这一点，也是俄罗斯最开始非常担心的。其次，"一带一路"倡议公布之前，没有太多铺垫，对国内外而言都是比较突然的，此后一年多的时间里，也没有相关更加具体的解读文件出台。一直到 2015 年 3 月 28 日，中国国家发展改革委、外交部、商务部联合发布《推动共建丝绸之路经济带和 21 世纪海上丝绸之路的愿景与行动》才明确阐述了共建"一带一路"的方向和任务。俄罗斯是曾经的帝国，地盘意识很强烈，作为大国，俄罗斯也习惯了在大格局里去判断事情，因此最开始，俄国社会对"一带一路"倡议才产生了不太信任的感觉。

那么，最后又是什么原因使俄国的态度发生了转变呢？原因同样有两点：其一是中国高层领导人主动与俄国政府沟通，做了许多工作，使俄罗斯逐渐解除了对"一带一路"倡议的误会，并且认识到"一带一路"倡议对俄国社会的好处，从而使俄国政府和社会欣然接受了这一战略。其二是俄罗斯身处的国际环境发生了改变。2014 年 3 月 16 日，克里米亚民众以公投的形式决定脱离乌克兰，加入俄罗斯；2014 年，西方国家开始对俄罗斯进行一系列制裁。同年，俄罗斯本币卢布发生危机，到 12 月的时候，卢布累计贬值近 50%。2015 年，俄罗斯国内经济已经非常糟糕，想从西方国家获得投资或支持，几乎不再可能。这个时候，俄罗斯政府再次想到了"一带一路"。2015 年 5 月 8 日，中国和俄罗斯在莫斯科发表了《中华人民共和国与俄罗斯联邦关于丝绸之路经济带建设和欧亚经济联盟建设对接合作的联合声明》（以下简称《联合声明》）。作为标志性事件，《联合声明》释放了俄罗斯的官方态度，即积极支持"一带一路"倡议的推广和建设。如今，中国与"一带一路"沿线国家和组织的合作水平不断攀升，《"一带一路"大数据报告（2018）》显示，2016—2018 年，俄罗斯连续三年蝉联"国别合作度"榜首。尽管眼下俄罗斯内部对"一带一路"倡议还存在不同的声音，但可以肯定地说，这些已不再是俄罗斯政府与民间的主流意见。

四、在俄罗斯推进人民币国际化的合作基础

（1）欧美金融制裁加速俄罗斯"去美元化"。2013 年 11 月，时任乌古兰总统亚努科维奇暂停与欧盟签署一系列政治经济条约，冻结乌克兰加入欧盟步伐，引发国内民众不满，进而遭到国会解职而下台，乌克兰国内亲欧与亲俄势力爆发严重冲突。随着克里米亚举行全民公投加入俄罗斯，乌克兰危机持续发酵。2014 年 4 月起，美国、欧盟国家以俄罗斯违反国际法、侵犯乌克兰主权领土完整为由对其实施制裁。从时间上来看，欧美对俄罗斯主要实施了六轮制裁，前三轮措施集中在俄罗斯总统普京"密友圈"的 17 家主要俄罗斯大型国企上，从第四轮开始，制裁开始进入实质性阶段，俄罗斯主要国有银行被禁止在

欧美市场融资。第五轮制裁拓展到俄罗斯大型军工及能源企业，旨在对俄罗斯中长期经济发展实施打击，第六轮制裁则为第五轮措施的延续。

表7.2　美欧对俄罗斯经济金融制裁一览表

制裁发起国	制裁时间	内容
美国、欧盟	2014年4月28日	美国宣布冻结了7名俄罗斯公民及17家俄罗斯企业在美国境内的资产以惩罚俄罗斯企业及个人对乌克兰东部人民抗议活动的支持；欧盟也同时扩大了制裁名单
美国、欧盟	2014年7月17日	在金融、能源及国防领域扩大制裁。美国宣布，制裁俄罗斯三家银行，制裁与俄军方有合作的俄罗斯造船企业，限制对俄贸易出口。欧盟宣布，禁止俄罗斯国有企业机构参与欧洲金融市场交易；限制对俄相关商品、技术的出口；暂缓对俄方的资金支持；扩大制裁名单，增加4名个人与4家企业等

（续表）表7.2　美欧对俄罗斯经济金融制裁一览表

制裁发起国	制裁时间	内容
美国	2014年9月12日	禁止美国企业或个人购买俄罗斯相关银行发行的超过30天的债务，禁止美国企业或个人购买俄罗斯相关石油企业新发行的超过90天的债务，对5家俄罗斯国有国防技术企业采取冻结其在美国资产的制裁措施，禁止向俄罗斯相关5家能源企业出口有关商品、服务及技术等
美国	2014年12月18日	美国总统奥巴马签署了对俄制裁的新法案，虽暂时未施行，但该法案也明确规定了美国制裁俄罗斯、支持乌克兰的相关经济措施：限制向俄罗斯能源与科技领域提供资金及技术支持；向乌克兰提供了3.5亿美元的军事装备支持；制裁俄罗斯军火出口企业等
欧盟	2015年6月22日	欧盟将对俄罗斯实施的经济制裁延长半年，至2016年1月31日

资料来源：俄联邦统计局，转自《"一带一路"和人民币国际化》，孟刚著，中国社会科学出版社，2018年6月，第118页。

在欧美制裁背景下，俄金融机构和企业客户陆续产生了新的合作需求，希望探索绕过美元的合作新途径，主要涉及五个领域：一是除美元以外的多币种贷款业务，包括CNH和CNY在内的人民币、港币和欧元等；二是资金和发债业务，互发本币债券、建立本币互换市场；三是支付和结算业务，建立代理行关系，进行本币支付结算，开立离岸多币种账户；四是投资和基金业务，研究通过设立基金、股权投资、直接投资、组建项目公司等多种方式吸引中方资金参与对俄投资；五是租赁、保险等贷款项目衍生业务，我国应充分利用欧美制裁提供的历史机遇，围绕项目合作促进各条线业务稳步开展。

（2）国际石油价格下跌促使俄罗斯不断加强同亚太地区经贸联系。2014年6月26日，美国西得克萨斯原油市场国际原油价格为每桶106.71美元，而仅半年后就跌到了每桶 53.77 美元。油价下跌的原因是多重的：一是全球经济增长放缓导致需求不足；二是美元进入加息周期导致美元计价的原油价格下跌；三是页岩油气的开采使得世界能源总供应量上升；四是原油期货投机者利用技术、预期等操控市场价格。由于恰好和欧美对俄罗斯制裁时间相重合，也有人认为是欧美政府刻意为之，以低油价打击俄罗斯对克里米亚的吞并。由于严重依赖能源出口，油价低迷对俄罗斯的经济造成了严重影响，2012 年之后，俄罗斯的经济增长率持续走低，甚至在 2015 年出现了 -3.7% 的衰退。

图 7. 12011—2015 年俄罗斯经济增长率

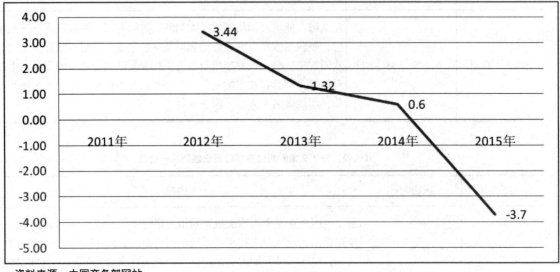

资料来源：中国商务部网站。

国际油价下跌使俄罗斯国内总需求下降，经济增长动能严重匮乏，促使俄罗斯加速其"东进战略"，进一步加强与亚太国家经贸联系，这一点在从俄罗斯在参与亚太经合组织、东盟地区论坛、亚投行等国际组织日益高涨的积极性上可见一斑。目前，俄罗斯的亚太战略已初见成效，其与亚太经合组织成员国家的贸易量已占俄罗斯贸易总量的 20%。俄罗斯在远东地区修建的石油天然气运输管道 (如由萨哈林途经哈巴罗夫斯克至符拉迪沃斯托克的管线)，将为俄罗斯与亚太国家的经贸发展提供重要能源支持。照此势头发展下去，在不久的将来，亚太国家有望取代欧盟成为俄罗斯第一大贸易伙伴。俄罗斯更多将经贸重点地转向亚太地区、加强与中国的贸易往来，将使更多的俄罗斯企业拥有人民币收入、增加俄离岸人民币市场流动性，进而提升对境外人民币贷款用款需求，推动在俄人民币计价结算、金融交易等职能的发展。

（3）俄罗斯实施进口替代政策扩大对我国商品需求。为应对 2014 年发生的一系列经济危机，俄罗斯政府在 2015 年 1 月 27 日出台了《关于保障经济可持续发展和社会稳定的优先措施》一文，在刺激经济增长的措施、经济部门的支持措施、确保社会稳定的措施以及经济和社会形势的监测四大方面，制定了 60 项细则，旨在保护关系到国家安全的重要部门不发生风险、稳定发生剧烈波动的国内经济并为增强俄罗斯中长期经济实力而实施结构性改革。在经济逐渐企稳后，2016 年俄罗斯政府又出台了《俄联邦政府 2016 年保障社会经济稳定发展计划》，此计划被视为反危机计划 2.0 版，但一个突出的特点是更为强调增强俄经济中长期的竞争力，即进口替代战略。

根据进口替代理论，为使一国还未具备生产能力的产业具有超过国际同行业的竞争力，需要在初始阶段提高最终产品的进口关税，甚至是禁止进口一些产品 (如俄罗斯在 2013 年 12 月 24 日制定的关于在国防和国家安全领域禁止进口外国产品的规定)，并对用于进口替代战略的资本品和中间品施行税收减免等进口优惠政策。应该看到，进口替代是一个漫长的过程，俄罗斯在该战略实施阶段将加大一些关键领域资本品和中间品的进口力度，我国恰好可以在大型机械设备、零部件等环节为俄罗斯提供支持，而且从我国进口这些中间品不具有政治风险。因此，在俄罗斯实施进口替代战略之际，我国应着力研究分析俄资本品和中间品市场空白，加大我国相关领域对俄出口，抢占先机占有市场份额，并推动相关领域贸易的人民币计价结算。

（4）发达国家投资转移使中国技术获俄罗斯青睐。作为世界上国土面积第一大国，俄罗斯对于交通基础设施建设的需求潜力巨大。俄罗斯目前有铁路 8.76 万千米，是世界铁路总里程第二长国家，然而目前的俄罗斯铁路网还大多停留在苏联时期，并集中在与欧洲接壤部分 (占俄铁路网总面积的 80%)，这对于一个铁路大国来说，是非常不均衡的。

中国高铁技术在高寒列车技术、车辆稳定运行、综合价格等方面优势明显。中国 2012 年投入运营的哈大高铁是世界首条高寒地区运营的高铁线路，随着列车总运营里程和时长的不断增加，中国高寒列车技术日臻完善。由于劳动力成本较低，我国高铁在性价比方面的优势明显，整车价格低于同业 30% 左右。技术、价格使中国高铁在俄罗斯高铁市场具有较强的竞争力，再加上高铁项目往往需要巨额投资，我国可结合技术和资金方面的优势，在项目贷款方面，推动人民币与中国高铁技术同步"国际化"。目前，我国中车集团已就莫斯科—喀山高铁项目与俄罗斯铁路公司签署合作协议，拟由中国的国开行作为唯一一家中资金融机构提供金额为 5000 亿卢布左右的相应配套贷款。

（5）俄罗斯实施远东发展战略为深化中俄经济合作加码。俄罗斯远东地区蕴藏着大量的能源，而且与中国、日本等主要地缘政治国家毗邻，拥有重要地理位置。作为经济刺激手段之一，俄罗斯近年来将远东发展上升到国家战略层面，如普京总统在 2014 年国情咨文中要求积极落实远东地区发展规划，同时提出要发展太平洋沿岸经济带和开辟北极航线。

俄罗斯将远东发展战略摆上快车道将为中俄两国经贸关系不断深化创造更多机遇。2014 年 5 月，中石油和俄罗斯天然气公司签订《中俄东线供气购销合同》，按照约定，俄方将向中国每年输送 380 亿立方米天然气。能源是现代工业的血液，远东地区的油气管道建设对于我国的工业发展至关重要，也为俄罗斯开辟了除欧洲外的另外一块天然气市场。2017 年 8 月，俄罗斯总统普京参加了全部由中国公司承建的阿穆尔天然气加工厂开工仪式。该加工厂建成后不仅将成为世界最大的天然气加工厂，更意味着中俄能源合作已经不再是简单的买卖油气，而是深入到下游加工阶段。随着俄罗斯远东发展战略的不断深入，中俄还在交通基础设施等领域积极开展合作，共同推动建设同江铁路界河桥、扎鲁比诺大型海港等项目，以提升双方跨境贸易运输能力。应看到俄罗斯远东发展战略为我国提供的经贸机遇，在中俄经贸往来增加的背景下，推动大型项目境外人民币贷款，以及商贸、服务及投资人民币计价结算。

（6）卢布国际化战略为俄离岸人民币金融中心发展提供帮助。作为传统大国和新兴市场国家，俄罗斯积极推行卢布国际化战略，对人民币国际化既产生竞争又创造合作，因此，在俄罗斯推动人民币国际化要对卢布国际化战略有所了解。卢布国际化是俄罗斯长期以来的国家战略。早在 1996 年，俄罗斯就已经实现了经常项目完全可兑换。2003 年，普京总统提出，要尽早实现卢布的完全自由兑换。2006 年，俄中央银行取消了资本项目的一系列限制，使卢布实现了在资本项目中的完全可兑换。另外，俄罗斯致力于将莫斯科打造为世界金融中心，为卢布走向世界铺路搭桥。为此，俄政府提出了两段规划：一是 2008—2010 年计划实现莫斯科的区域金融中心职能，重点在完善俄国内证券、债券等资本市场，建立健全投资制度，丰富金融产品类别，保护投资者权益，使莫斯科对独联体国家产生辐射效应；二是使莫斯科成为有世界 8 影响力的金融中心，为此，俄计划将加大吸引外资力度、降低交易成本，完善外汇法规。

值得注意的是，虽然卢布会对人民币产生一定挤出效应，但在俄罗斯卢布国际化战略下所发展起来的金融基础设施，将为人民币在俄离岸交易提供帮助，使人民币的金融交易职能更加完善。因此，卢布国际化与人民币国际化不一定是一个零和游戏，我国应鼓励莫斯科成为俄离岸人民币交易中心。

表 7.3 2009 年俄罗斯与欧亚经济共同体成员国支付所使用币种单位：%

欧亚经济共同体成员国	俄罗斯卢布	美元	欧元
白俄罗斯	51.9	33.6	14.0
哈萨克斯坦	48.5	48.1	2.1
吉尔吉斯斯坦	25.2	62.9	11.9
塔吉克斯坦	45.8	51.3	2.6

资料来源：转自《"一带一路"和人民币国际化》，孟刚著，中国社会科学出版社，2018 年 6 月，第 134 页。

五、在俄罗斯推进人民币国际化的政策建议

在俄罗斯推进人民币国际化的政策建议共六点：一是牢固把握欧美对俄制裁为人民币业务创造的战略机遇期，美欧制裁造成俄罗斯产生资金缺口和市场空白，促使俄政府在对华合作方面显示出更大的开放度和积极性，包括境外人民币贷款，发行人民币债券，以人民币计价的对外直接投资和俄商对我国直接投资等；二是精准对接俄罗斯经济改革中产生的人民币需求，在俄罗斯经济改革过程中，我行应积极对接相关行业以及俄罗斯相关部门及企业的融资需求，以对俄金融业人民币贷款为突破口，引导推动中俄直接投资与中俄贸易以人民币计价结算，并寻找更多的境外人民币贷款项目机会；三是积极搭建和充分运用

对俄金融合作平台，我国应抓住俄罗斯受制裁的有利时机，创造条件引导中俄投资基金募集人民币资本，有力地促进人民币对俄直接投资和资本输出；四是引导扩大中俄货币互换项下人民币在俄使用范围，我国应加大宣传力度，引导俄持有人民币头寸的银行机构踊跃参与我国银行间债券市场，丰富跨境人民币回流途径；五是推动完善中俄跨境支付和结算服务，宣传推广如何利用银行人民币服务减少汇兑风险甚至是从人民币投资中获利，同时可扩大俄罗斯 QFII 额度，增加在俄人民币回流通道；六是创新挖掘跨境电商人民币结算的新亮点，鉴于我国跨境电商在俄罗斯市场的巨大成长潜力，可以尝试在支付软件上提供人民币支付选项，支持拥有人民币的俄罗斯企业和个人以人民币支付货款，从而为在俄罗斯推动人民币国际化开辟一条新的使用渠道。

第二节　人民币国际化在欧盟国家的推动

一、欧盟国家概况

欧洲联盟，简称欧盟，是在欧洲共同体基础上发展而来的，欧盟自 1952 年成立，目前拥有的 28 个成员国分别是法国、意大利、荷兰、比利时、卢森堡、德国、爱尔兰、丹麦、英国、希腊、葡萄牙、西班牙、奥地利、芬兰、瑞典、波兰、拉脱维亚、立陶宛、爱沙尼亚、匈牙利、捷克、斯洛伐克、斯洛文尼亚、马耳他、塞浦路斯、保加利亚、罗马尼亚、克罗地亚。欧盟的所有国家政治上均采用民主制。欧盟在地理上位于亚欧大陆西部(另有部分海外地区)、欧洲大部，西部濒临大西洋，东部与俄罗斯等国接壤。欧盟地区的总面积是 4,325,675 平方千米，若将其列为国家的话，则是世界上第七大国家。目前，欧盟国家的人口大约有 4.96 亿，仅次于中国和印度。欧盟的官方语言有 23 种，同时欧盟区内部主要信仰的宗教是基督教，除此之外还有罗马天主教，新教（特别在欧洲北部）和东正教（东南欧），其中罗马天主教信仰人数最多，其次是新教，但是信仰宗教的人数在逐年下降。欧洲联盟的宗旨是"通过建立无内部边界的空间，加强经济、社会的协调发展和建立最终实行统一货币的经济货币联盟，促进成员国经济和社会的均衡发展"，"通过实行共同外交和安全政策，在国际舞台上弘扬联盟的个性"。

欧洲联盟的成立有着深刻的历史根源，欧盟的前身是欧洲共同体。1988 年 11 月，在法国总统密特朗的倡议下，欧共体 12 个成员国的元首与政府首脑齐聚巴黎，为欧共体之父让·莫内 (JeanMonnet) 举行百年诞辰，并将 1988 年命名为"让·莫内欧洲年"，以表示对欧共体创始人让·莫内的敬仰和怀念。让.莫内是欧洲历史上杰出的银行家，同时也是法国前国家计划署署长和国际事务银行的创建者，他将毕生献给了欧共体的创建事业。由于两次世界大战给欧洲造成了空前浩劫，几千万人在战火中丧生，各国人民受尽了战乱之苦。第二次世界大战后，美、俄的迅速强大对西欧构成了巨大威胁。在让·莫内看来，当时的西欧只有两种选择：不在联合中自强，就得心甘情愿当二流国家。为此，让·莫内提出"为了适应世界新形势，西欧必须联合起来"，并建议组织一个"民主的、有效的机构"促进西欧各国团结，相互补充，改变西欧国家经济极度虚弱的局面。不久，他又进一步提出在西欧"建立国际贸易、货币、安全联盟"和一系列具体设想，以应付急剧变化的世界形势。西欧国家痛定思痛，在让·莫内的"西欧联合"思想影响下，当时一些明智的、有远见的政治家越来越意识到西欧联合自强的重大战略意义。1950年5月9日，经法国和德国反复商议，当时的法国外长罗贝尔·舒曼(RobertSchuman)正式提出了欧洲国家煤和钢的资源共同计划。1951年4月18日，法国、德国、意大利、荷兰、比利时、卢森堡六国在巴黎签订了《欧洲煤钢联营条约》(《巴黎条约》)，1952年7月23日生效。随着国际形势的变化，让·莫内再次提出创建经济目的更明确、范围更广、权力更大的"欧洲经济共同体"计划。当时，让·莫内大声疾呼："西欧各国如不淡化国家主权，建立一个共同的经济实体，西欧就不可能有真正的和平。"并亲自四处奔波游说他的新思想，使欧洲经济联合战略不断深入人心。1957年3月25日，六国又在罗马签订了《欧洲经济共同体条约》和《欧洲原子能共同体条约》(《罗马条约》)，1958年1月1日生效。1965年4月8日，六国签订《布鲁塞尔条约》，决定将欧洲煤钢共同体、欧洲原子能共同体和欧洲经济共同体合并，统称欧洲共同体，《布鲁塞尔条约》于1967年7月1日生效。

20世纪50年代末，让·莫内成立了莫内委员会，果断地选择了经济领域，积极构思和策划一个解除西欧国家贸易边界，建立一个商品、人员和资本流通的共同市场并大胆地提出三大原则：其一是在六国间建立资本自由流通体制，创建一个真正的欧洲资本市场，扩大欧共体的投资；其二是强化六国间的预算和信贷政策协调，避免其资本和商品的不规则流通，确保在稳定价格的情况下，提高欧共体经济增长率；其三是创建欧洲中央积累基金，储备六国货币，确保欧共体货币稳定。1985年，在欧共体成员国不断增加，科技与经济实力不断壮大的新形势下，欧共体主席雅克·德洛尔(Jaques-Delors)在征询各成员国政府意见的基础上，制定了1992年12月建立欧洲统一市场的宏伟目标，并着手起草其纲领性文件——《欧洲联盟条约》。1991年12月11日，欧共体马斯特里赫特首脑会议通过了以建立欧洲经济货币联盟和欧洲政治联盟为目标的《欧洲联盟条约》(通称《马斯特里赫特条约》简称"马约")。"马约"于1992年2月7日正式签署，1993年11月1日生效。"马约"生效后，欧盟由"三大支柱"组成：第一支柱是以经贸联盟为核心的欧共体，第二、三支柱分别是"共同外交与安全政策"和"内政司法合作"，其中只有欧共体具有国际法人地位，故对外签署国际协议，仍沿用"欧共体"，但在欧共体内和国际上广泛地使用"欧洲联盟"(简称"欧盟")名称。1997年7月16日，欧盟委员会发表了题为"2000年议程"的报告，提出了欧盟东扩战略以及有关入盟申请国的10条意见，该文件的出台标志着欧盟东扩进程的正式启动。1998年初，欧盟委员会有关东扩的指导性文件《入盟伙伴关系》出台，入盟谈判的各项机制基本建立。3月底，欧洲联盟东扩开幕式在布鲁塞尔隆重举行。2003年4月16日，在希腊首都雅典，欧盟与塞浦路斯、爱沙尼亚、匈牙利、拉脱维亚、立陶宛、马耳他、波兰、斯洛伐克、斯洛文尼亚、捷克完成入盟谈判的候选国签署入盟协议。2004年5月1日，中东欧 10 国成为欧盟的正式成员国。至此，欧盟成员国扩大到 25 个。2005 年 4 月 25 日，保加利亚和罗马尼亚两国领导人在卢森堡签署两国加入欧盟的条约，2013 年 7 月 1 日克罗地亚正式成为欧盟成员国，至此欧盟的成员国扩大为 28 个。

　　欧洲联盟得以形成的另一个条件是欧元体系的形成。1979 年 3 月，欧共体巴黎首脑会议决定建立欧洲货币体系，会议提出三项决议：第一，建立"欧洲货币单位"(EuropeanCurrencyUnit,简称埃居ECU),用于欧共体内部会计、信贷记账与结算；第二，规定各国货币汇率波动的幅度，欧元与英国、意大利货币上下波动幅度可为 6%，与其他各种货币之间的波动幅度上下限为 2.25%；第三，成立欧洲货币基金，每个成员国将其黄金与美元储备的 20% 纳入欧洲货币基金，用于成员国的信贷安排。1988 年 6 月，欧共体首脑会议提出了建设经货联盟、发行统一货币的目标，目标分为三个阶段完成：第一阶段是从 1990 年 7 月 1 日开始，目标是在成员国之间实行完全的资本自由流动，并加强成员国之间以稳定价格为目标的货币政策合作。第二阶段从 1994 年 1 月 1 日起，目标是为统一货币做法律与技术上的准备，建立欧洲货币局，作为未来欧洲中央银行的过渡性机构，加强成员国之间的经济趋同。第三阶段最早从 1997 年 7 月 1 日，最迟于 1999 年 1 月 1 日起实施，这一阶段的主要目标包括：1. 建立预算协调机制；2. 强化地区和结构政策，促进各国协调发展；3. 建立单一货币；4. 建立独立的欧洲中央银行体系。

　　1993 年 11 月"马约"正式生效后，经货联盟建设快速发展。1994 年 1 月 1 日，欧洲货币局正式成立。1995 年 12 月，马德里首脑会议决定于 1999 年 1 月 1 日正式启动单一货币，并将统一货币定名为欧元 (EURO)。1996 年 12 月，都柏林首脑会议就《欧元的法律地位》达成一致：欧元将从 1999 年 1 月 1 日起成为欧元国的法定货币，并将于 2002 年 1 月 1 日起进入流通领域，与成员国货币并存，成员国货币将于 2002 年 7 月 1 日退出流通。都柏林首脑会议还就《稳定与增长公约》和《第二货币汇兑机制》达成一致。《稳定与增长公约》规定，凡放松财政控制、预算赤字占 GDP 的比例再度超过 3% 的国家，如不能按期纠偏，则应向欧洲中央银行交纳一定数额的无息储金。如在一定期限之内仍不能达标，储金便转成罚款。罚款额根据超标程度而定，最低为 GDP 的 0.2%，最高为 0.5%，但经济出现严重衰退的国家可免于罚款。《第二货币汇兑机制》规定，以欧元为基准，欧盟非欧元国货币汇率浮动幅度为上下各 15% 以内。1997 年 6 月，阿姆斯特丹首脑会议上正式签署了上述三个文件。

　　1998 年 5 月 2 日，布鲁塞尔首脑会议宣布德国、比利时、奥地利、荷兰、法国、意大利、西班牙、葡萄牙、卢森堡、爱尔兰、芬兰 11 国将为首批欧元国；并共同任命威廉·杜伊森贝赫 (WillemDuisenberg，荷兰人) 为欧洲中央银行首任行长，任期四年。2003 年 11 月，法国央行行长特里谢接替，任期八年，欧元国经济财政部长组成了"欧元 11 国小组"，负责协调欧元国经济政策。7 月 1 日，欧洲中央银行在法兰克福正式成立，其决策和管理机构主要有欧洲央行委员会、董事会和扩大委员会。主要职责是：制定和落实欧元区货币政策，管理货币储备，决定货币发行量，与财长理事会共同制定汇率政策，向欧盟机构和成员国提供咨询等。12月，维也纳首脑会议就欧元区对外代表权做出决定：由"欧元 11 国小组"轮值主席国在国际货币基金组织中代表欧元区；由欧洲央行行长代表欧元区参加七国央行行长会议；由欧盟经济财政部长理事会轮值主席国代表欧元区参加七国财长会议，若该轮值主席国不是欧元国，则由"欧元 11 国小组"轮值主席国代替。2004 年 9 月 10 日，欧元区财长会议决定设立"欧元集团主席"职，任命卢森堡首相兼财政大臣让 - 克洛德 - 容克担任首任主席，同时欧元财团主席将成为财长会议的常任主席，其职责还包括加强与欧洲央行和欧安会的联系，以协调制定与欧元相关的经济政策，并出席包括国际货币基金组织等重要的国际经济会议，以增强欧元在国际上的影响力。让 - 克洛德 - 容克将于 2005 年 1 月 1 日起正式就职，任期两年，奥地利财长卡尔 - 海因茨 - 格拉塞尔被任命为副主席。1999 年 1 月 1 日，欧元正式启动。1 月 4 日，欧元进入外汇市场交易。11 月 8 日，欧元区 11 国财长会议决定将欧元最终取代成员国货币时间提前到 2002 年 3 月 1 日。2001 年 1 月 1 日，希腊正式成为欧元区第 12 个成员国。2002 年 1 月 1 日，欧元现钞开始流通。欧元一体化的实施进一步推动了欧洲联盟的形成，此后欧盟国家开始作为一个经济与政治上紧密结合的整体出现在世界舞台。

二、欧盟国家的政治经济情况

（1）法国。首先，从法国的经济实力来看，其经济总量约是中国的 1/4，是世界第六大经济体、第五大贸易国、第四大对外援助国和第一大旅游目的地国。其次，从法国的产业结构来看，法国的主要工业部门有矿业、冶金、钢铁、汽车制造、造船、机械制造、纺织、化学、电器、动力、日常消费品、食品加工和建筑业等。其中核电设备、石油和石油加工技术居世界第二位，仅次于美国；航空和宇航工业仅次于美国和俄罗斯，居世界第三位。法国工业中占主导地位的仍是传统的工业部门，其中钢铁、汽车、建筑为三大支柱。法国是欧盟最大的农业生产国，也是世界主要农副产品出口国。粮食产量占全欧洲粮食产量的 1/3，农产品出口仅次于美国居世界第二位。法国主要产业情况如下：①航空与航天。法国航空工业领域技术非常系统和全面，主要包括大型民用客机、运输机、军用战机、军用直升机等整机系统以及包括飞机发动机在内的关键零部件。其中，民用航空领域的空中客车公司与美国波音公司并列为世界两大客机制造商。成立于 1992 年的欧洲直升机公司，是世界上负载较重直升机制造商，目前以占据世界市场的 50% 而位居全球第一。②核能及能源工业。法国是世界上第二大核能生产国，核电装机容量仅次于美国，现有 59 个运营和 1 个在建的核反应堆。2007 年法国核电占其全部发电量的 79%，能源自给率达到 50%。法国在民用核电领域位居世界领先地位，既拥有从铀矿开采、提炼，核电站整体设计、建造，到核废料处理等全过程系统技术，又具有强大的产业化能力。③高速铁路。法国轮轨高速铁路堪称业内的"领头羊"，从 20 世纪 60 年代初开始研发的法国高铁，经过约 20 年的努力，第一列高速火车于 1981 年便投入商业化运行。法国阿尔斯通运输公司自主开发的第四代高速列车商业运行速度将达到 350~360 千米 / 时。这个速度将可与磁悬浮列车的商业运行速度 (400 千米 / 时) 相匹敌。④高端制造业。法国制造业在国民经济中所占比重约为 20%，高于美、日、德、加等相近水平竞争性国家，整个制造业生产能力相对平衡，规模基本稳定。在制造业的优势领域都完全拥有全套的核心技术，且基本是自主创新的成果。⑤汽车制造业。法国是世界第四大汽车出口国。主要公司有标志雪铁龙和雷诺，分别是世界第八和第十大汽车制造商。⑥农业。法国是欧盟最大的农业生产国，也是世界主要农副产品出口国，法国农牧结合，综合发展，主产小麦、大麦、玉米、甜菜、马铃薯、烟草、葡萄、苹果、蔬菜和花卉，是世界主要农产品和农业食品出口国。法国已成为欧盟最大的农产品出口国和世界第一大加工食品出口国，其农产品出口量仅次于美国，是名副其实的农业强国。

(2) 英国。英国服务业是国民经济的支柱产业，农业占很小比重，钢铁、煤炭、纺织等传统制造业在英国产业结构改造中已逐步萎缩。按行业划分，英国产业大体分为五大部门，即农业，渔业和林业，制造业，建筑业，能源和自然资源业，服务业。各产业经济增加值在英国经济中的比重大致为：金融、批发及零售、房地产等部门在内的服务业占比72%，制造业和建筑业占23%，能源和自然资源业4%，农、渔、林业占1%。金融服务业是伦敦乃至英国的支柱产业之一，自1986年金融"大爆炸"自由化和1997年英格兰银行独立以来，金融业在英国不断取得快速发展。据伦敦国际金融服务机构2009年5月统计(IFSL，下同)，2001年金融服务业在英经济的比重为5.5%，到2007年这一比例升至7.6%。2008年金融业贸易顺差356亿英镑，高于2005年的193亿英镑。2008年底，金融服务业就业人数100万人。伦敦金融和商业服务部门占总产出的40%，GDP占全英的1/5左右。

(3) 德国。德国在全球金融危机后积极调整产业政策，加大制造业投入和建设支出，如加大对汽车、精密仪器等高端产品的投入生产，汽车生产指数从2009年的79.8提升到2010年的100.03，使工业占GDP比重从2009年的27.67%达到2010年的30%，制造业占工业比重从2009年的66%增加到2010年的79.46%，对外出口也逐渐增加，从而保证了经济的增长。自欧债危机后，德国经济"一枝独秀"，成为欧洲最早实现经济正增长的国家。德国三大产业比重分别为0.86%、30.71%和68.43%，工业比重尤其是高端制造业比重在提高，服务业有所下降。

(4) 荷兰。主要传统产业有：造船、炼糖、化工、汽车装配、机器制造，是欧洲商务投资的主要商业中心之一，许多跨国公司把它们的欧洲总部设在这里。荷兰经济的特点是外向型经济占主导地位。80%原材料靠进口，60%以上产品出口到世界各地，其对外贸易总量居世界第八位，对外贸易的80%在欧盟内实现。商品与服务出口的总值约占国民生产总值的60%，比值大于德国、美国和日本。此外，荷兰还是贸易大国、农业大国、交通大国、工业强国、金融保险服务业强国、科学技术领先的国家和水利大国。

(5) 意大利。意大利经济具有西方工业发达国家的共性，即在其国民经济中第一产业的比重很小，第二产业特别是第三产业的比例较高并在不断提高。据意大利央行统计局公布的2012年三大产业增加值情况，自2012年以来，意大利农、林、渔业增加值比重较2011年有小幅上升，而建筑业增加值比重较2011年大幅下降，服务业小幅上升。

(6) 西班牙。目前，西班牙农业在国民经济中比重逐步下降，同时由于服务业的迅速发展，工业占比也显著降低。西班牙服务业占国内生产总值的65%~70%。西班牙农业产值占GDP的比重不足3%。西班牙的主要产业是汽车、造船、化工、钢铁等，这些行业同其他欧盟成员国相比较也具有相当的规模和竞争力。

（7）瑞士。瑞士几乎 74% 的国内生产总值来自服务业。工业在国内生产总值的占比约为 25%，是经济的一个重要支柱，其中，化学、资本货物和银行业为重点行业。此外，农业在国内生产总值的占比约为 0.9%。瑞士拥有化工医药业、金融服务业、机械电子业、钟表业、信息技术业等多个高度发达的产业集群，在世界上占有重要地位。

三、人民币国际化在欧盟国家顺利推进的原因

近年来，人民币国际化得到了欧洲的大力支持，欧洲央行、欧洲各国政府、欧盟机构等都表现积极。中欧金融合作也被认为是人民币国际化取得快速进展的原因之一，人民币国际化在欧洲的快速推进主要得益于以下几个方面原因：

第一，大额货币互换协议被签署。在资本项目尚不能完全自由兑换的情况下，货币互换成为人民币国际化的一个重要手段。截至 2015 年底，中国人民银行与 33 个国家和地区的货币当局签署了双边货币互换协议，总额度为 3.3 万亿人民币。其中，人民银行与欧洲的两大央行，也就是英国央行和欧洲央行，签署货币互换协议的时间早、金额大。2013 年 6 月，中英两国央行签署了 2000 亿人民币货币互换协议，2015 年 10 月，双方续签并将金额扩大至 3500 亿人民币 /350 亿英镑。2013 年 10 月，中国人民银行与欧洲央行签署 3500 亿人民币 /450 亿欧元的货币互换协议。中国人民银行与欧洲两大央行分别为 3500 亿的货币互换规模仅低于其与香港金融管理局和韩国央行续签的 4000 亿元和 3600 亿元，7000 亿的总规模达到了货币互换总量的 21%[①]。

第二，"中欧国际交易所"成立，为人民币在欧交易提供便利支持。2014 年以来，中资银行已经在伦敦、法兰克福、巴黎和卢森堡获得了人民币清算业务资格，这有利于欧洲企业和金融机构使用人民币进行跨境交易。从表 7.4 中可以看出，截至 2015 年 5 月，中资银行在 15 个国家和地区取得了人民币业务清算资格，其中欧洲占 4 个，占比达到 26.7%。而且，2014 年之前，中资银行在境外取得的人民币业务清算资格都是在中国大陆周边地区，而在欧洲取得清算业务资格后，向其他国家和地区的扩展速度明显加快。这表明，人民币业务在现代金融发源地欧洲取得进展，这对于其他地区有一定的象征意义和示范效应。2014 年 6 月和 9 月，人民币与英镑、欧元分别实现了直接交易，不必通过美元折算，这在很大程度上降低了交易成本。2015 年 10 月 29 日，上海证券交易所、德意志交易所集团、中国金融期货交易所还共同成立了"中欧国际交易所"（简称"中欧所"），总部设在法兰克福，其定位是在欧洲打造离岸人民币资产的交易和定价中心，为国际投资者提供人民币投资产品，首批现货产品已于 2015 年 11 月 18 日挂牌交易。人民币已经成为全球第四大结算货币，但在投资货币方面与其他主要国际货币仍有不小差距，因此，中欧所向欧洲市场推广人民币投资产品，具有至关重要的意义。德意志交易所集团首席执行官贾伟德表示中欧所是推动人民币国际化迈出的关键一步。

---

① 《央行与香港金管局续签货币互换协议并扩大互换规模》，中国人民银行官网http://www.pbc.gov.cn/goutongji-aoliu/113456/113469/2855565/index.html

表 7.4 境外人民币清算行安排

时间	国家/地区	清算行
2003 年 12 月	中国香港	中国银行(香港)有限公司
2004 年 12 月	中国澳门	中国银行澳门分行
2012 年 12 月	中国台湾	中国银行台北分行
2013 年 12 月	新加坡	中国工商银行新加坡分行
2014 年 6 月	英国	中国建设银行(伦敦)有限公司
2014 年 6 月	德国	中国银行法兰克福分行
2014 年 7 月	韩国	交通银行首尔分行
2014 年 9 月	卢森堡	中国工商银行卢森堡分行
2014 年 9 月	法国	中国银行巴黎分行
2014 年 11 月	加拿大	中国工商银行(加拿大)有限公司
2014 年 11 月	澳大利亚	中国银行悉尼分行
2014 年 11 月	卡塔尔	中国工商银行多哈分行
2015 年 1 月	马来西亚	中国银行(马来西亚)有限公司
2015 年 1 月	泰国	中国工商银行(泰国)有限公司
2015 年 5 月	智利	中国建设银行智利分行

资料来源:《人民币国际化报告(2015 年)》,中国人民银行,2015 年 6 月,第 13 页。

第三,欧洲官方机构支持发行人民币债券。这是欧洲国家政府及公共机构支持人民币国际化的直接举措。2014 年,英政府成为首个发行人民币债券的外国政府,并将发债所得的 30 亿人民币列入"外汇平衡账户",此前该账户只有美元、欧元和加拿大元,此举也被视为英国认可人民币为国际货币。2015 年 2 月,法国社会保障债务管理基金(CADES)在巴黎泛欧交易所(Euronext)发行了 30 亿人民币债券,成为首个在欧元区发行人民币债券的公共机构。除直接发行人民币债券外,欧洲还支持中国官方机构在欧发行人民币债券。2015 年 10 月,中国人民银行在伦敦发行 50 亿人民币央行票据,2016 年 5 月,中国财政部在伦敦发行 30 亿人民币国债,两次均为中方首次在境外发行人民币债券。

第四,欧盟国家普遍在国际机构支持人民币国际化。一种货币的国际化离不开国际金融机构的支持,比如美元霸权的形成,很大程度上就得益于战后世界银行、国际货币基金

组织 (IMF) 对美元的支持。人民币国际化的发展，也需要以国际金融机构作为依托。2015年 11 月，人民币成功加入国际货币基金组织 (IMF) 特别提款权 (SDR) 货币篮子，这被视为人民币国际化的一个重要"里程碑"。在人民币申请"入篮"的过程中，美国出于维系美元霸权的考虑，态度并不积极，相比之下，欧洲国家普遍支持。在世界银行方面，由于改革难以推进，中国主导成立了更适合本地区发展的"亚洲基础设施投资银行"，这也有利于未来增加人民币在国际借贷中的使用。在"亚洲基础设施投资银行"筹建过程中，欧洲国家也积极支持，英国、法国、德国等主要大国都作为创始国加入。此外，在欧洲国家支持下，欧洲复兴开发银行 2015 年 12 月还决定吸纳中国为股东，并表示希望加强与亚投行的合作。在欧洲的积极支持下，人民币国际化在欧洲进展十分迅速。环球银行金融电信协会 (SWIFT) 数据显示,2016 年 2 月，欧洲有 376 家金融机构与中国进行支付业务时使用人民币 (比 2014 年同期上升 17%)，仅次于亚太地区 (557 家)，远远领先于美洲 (124 家)和中东非洲地区 (74 家)。目前英国人民币交易量占全球离岸交易比例达到 5.9%[1]，已成除中国香港外最大人民币离岸交易中心，法国、卢森堡、德国也居靠前位置 (见图 7.2)。

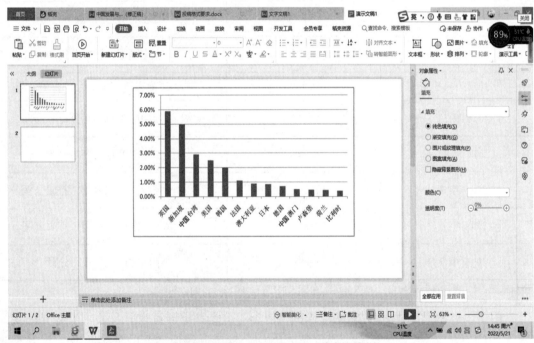

图 7.2 人民币离岸中心交易量占比（除中国香港）

数据来源："R MBTrackerJune2016"，https://www.swift.com/sites/default/files/resources/swift_bi_rmbtracker_slides_june2016_en.pdf. （上网时间 :2016 年 7 月 12 日）

欧盟国家积极支持人民币国际化的推进，主要是基于自身利益的考虑，欧洲积极支持人民币国际化战略的原因有如下三点：

首先，中欧经贸体量庞大，人民币在欧有巨大的潜在使用需求。自 2004 年以来，欧

---

[1] "TheEuropeanBankfor R econstructionandDevelopment(EB R D)AnnouncedMondayithadApprovedChina'sApplication-forMembershipintheBank",http://sputniknews.com/business/20151214/1031747206/ebrd-approves-china-bank-membership.html.

盟已连续 12 年成为中国的第一大贸易伙伴，中国则是欧盟第二大贸易伙伴。根据欧盟委员会的统计数据，2015 年中欧货物贸易量达 5209 亿欧元，其中欧盟出口 1705 亿欧元，进口 3504 亿欧元。进入 21 世纪以来，中欧贸易对欧盟的重要性不断上升，双边商品贸易占欧盟总量的比重，从 2002 年的 7%，已经上升到 2015 年的 14.8%。相比之下，欧盟与第一大贸易伙伴——美国贸易的比重总体呈下滑趋势，从 2002 年的 24% 一度跌至 2010—2013 年的 15% 以下，2014 年后有所回升，但 2015 年的数据 (17.6%) 与高峰值相去甚远。欧盟与俄罗斯贸易的比重因为乌克兰危机发生后的相互经济制裁，近年急剧下滑，2015 年欧俄贸易量锐减 27%，俄罗斯已经失去欧盟的第三大贸易伙伴地位，让位给瑞士。而欧盟与瑞士的贸易比重近十几年发展平稳，没有大的变化，不及与中国贸易量的一半。从这些数据可以看出，在欧盟的主要贸易伙伴中，中国地位呈现出明显的上升趋势，更多使用人民币有利于与中国进行贸易时减少汇率波动风险，降低交易成本。除中欧愈加紧密的贸易联系外，中国对欧投资近年表现出强劲势头，也刺激了人民币交易在欧洲更趋活跃。在以往的全球经济格局中，发达国家传统上是对外投资的主体，发展中国家往往是对外投资的接受者，这一点也适用于过去的中欧之间。但欧债危机以来，中国对欧盟直接投资出现了"跳跃式"增长。2004 年中国对欧盟直接投资存量仅 0.73 亿美元，2012 年达到 61.2 亿美元，2015 年达到创纪录的 230 亿美元，其中流入最多的五个国家分别是意大利 (78 亿美元)、法国 (36 亿美元)、英国 (33 亿美元)、荷兰 (25 亿美元) 以及德国 (13 亿美元)，共占中国对欧投资总额的 78%。[①]中国企业大规模投资海外，必然考虑资产计价、贸易结算以及融资等问题，使用人民币无疑更方便、更安全，这促进了人民币在欧洲的发展。从中国在欧洲的投资数据也可以看出，中国投资的流入地与人民币交易较为活跃的国家，如英国、法国、德国等，基本吻合。

其次，欧洲经济持续疲软，欲搭"中国快车"摆脱困境。自 2009 年债务危机爆发以来，经济增长一直是困扰欧洲的棘手难题。欧元区成为唯一两度陷入衰退的主要经济体，失业率也一直保持在 10% 以上的高水平 (欧盟平均水平也超过 9%)。欧洲经济困境主要在于福利体制僵化、研发创新缓慢、经济与货币联盟制度缺陷等自身难题。欧盟对这些问题十分清楚，但解决起来却困难重重，进展十分缓慢，经济也就难有起色。在从内部难以找到解决经济难题的办法的情况下，借助外部力量显得尤为重要，中国作为世界第二大经济体，也自然成为其倚重的目标。2016 年 6 月，欧盟委员会发表了新对华政策文件《欧盟对华新战略要素》，这一文件反映出欧洲在看待对华关系上的基本共识。该文件开篇即明确指出，欧盟发展对华关系应致力于就业、增长和投资，以巩固欧盟的国际地位。在欧洲愈加重视通过发展对华关系带动经济的背景下，就人民币国际化进行合作是明智选择。开展人民币业务可带来收益。中国经济实力提升和中欧经贸关系发展，客观上提供了欧洲市场对人民币的需求。在欧洲的金融中心开展人民币业务，不仅可以给经济活动提供货币支持，同时可从金融交易中获取利润，创造更多就业机会。事实上，伦敦、卢森堡、法兰克福、巴黎等欧洲金融中心，在人民币业务上就一定程度形成竞争关系。因此，欧盟国家可以借人民币国际化争取更多合作机遇。欧洲清楚了解人民币国际化对中国的战略意义，在

---

① 《2015年中国对欧美直接投资达400亿美元》，http://finance.ifeng.com/a/20160310/14262401_0.shtml.

这一问题上对中国提供支持并与之进行合作，可有力拉近中欧关系，进而争取更多商业机会。所以，人民币国际化在欧洲的对华合作中，也处于十分重要的位置，相关合作协议的签署很多都是在领导人互访期间，营造了融洽的双边合作氛围。如中国财政部在伦敦发行国债，是习近平主席访问英国期间两国达成的共识，成为开启中英"黄金时代"的一部分。

最后，欧洲有意借人民币制衡"美元霸权"，降低外部经济风险。美元及其国际主导地位，对欧洲来讲是不小的挑战。欧元自诞生之日就被视为美元的竞争对手，美国也一直在关注欧元的发展及对美元的影响。欧元区开始运转后，虽然有"天生缺陷"，但处于完善和修复过程之中，南欧等"外围国家"的增长速度快于"核心国家"，各国经济向趋同的方向发展。但 2008 年美国华尔街金融危机后，这种趋同的趋势被扭转，南欧国家经济快速下滑，债务比例迅速攀升，欧元区经济走向失衡，甚至一度面临解体风险。引发这一风险的导火索，正是美国和美元。鉴于美欧紧密的经济和金融联系，华尔街金融危机对欧洲的冲击本身就大。但更为重要的是，美国为维系美元国际地位，向欧元这一竞争对手转移风险。2011 年，时任法国总统萨科齐公开表示，"正是由于对美元的依赖，才让危机的影响更加严重"。欧洲支持人民币国际化虽然不直接针对美元，但一定程度上可对"美元霸权"形成制衡，降低美国再次向欧洲转移经济风险的概率。一是鉴于美元的全球使用情况，人民币国际地位提升将侵蚀美元的份额，长期看将对美元地位构成潜在威胁，美国使用货币权力将难再"无所顾忌"，甚至可能敦促美改善财务和债务状况，进而降低向外转移风险的必要性。二是欧洲"大张旗鼓"支持人民币国际化，一定程度也是向美国发出信号，显示欧洲在货币问题上不再"忍气吞声"，警示美国自律。法国国际问题专家弗朗索瓦·戈德芒认为，美国将自身经济安全置于首要位置，不顾盟国利益，欧洲只能更多使用欧元和人民币[①]。从英国方面看，英美之间力求保持"特殊关系"，但在货币问题上却充满"恩怨情仇"。二战后，美国正是通过肢解"英镑体系"才建立起"美元霸权"。在 1956 年的苏伊士运河危机中，美国更是在金融市场上大量抛售英镑，导致英国外汇储备几近枯竭，不得不按照美国的意愿撤军。当前的英镑虽然已无力和美元竞争，但英国也无意帮助扶持美元国际地位，而是更为看重中国崛起和人民币国际化过程中的商业机遇，这一点在英国率先申请加入亚投行一事上已经表现得非常明显。

四、人民币离岸金融中心在欧盟的发展

（1）伦敦离岸金融中心的主要情况

英国伦敦金融中心属内外混合型，即不区分离岸和在岸金融中心，在市场中可自由交易，没有资金出入的限制，并且英镑货币市场与欧洲主要货币市场联通。伦敦金融中心拥有全世界最大的外汇市场、黄金市场和金融衍生品市场。英国金融市场监管采用审慎监管局(PrudentialRegulationAuthority)和金融行为管理局(FinancialConductAuthority)的双峰监管模式，对应宏观审慎监管和微观审慎监管，同时英格兰银行内部设立货币政策委员会、金融政策委员会和审慎监管委员会。然而，自 2016 年 6 月英国"脱欧"以来，伦敦能否

---

① Franois.Godement," HowtheUSTreatsItsAllies:theEuropeanBankingSystemunderThreat"，http://www.ecfr. eu/article/commentary_how_the_us_treats_its_allie_the_european_banking_system_unde272.

保持其国际金融中心地位受到质疑，中英两国签署的有关人民币国际化的一系列协议产生不确定性，伦敦作为人民币国际化向欧洲辐射的桥头堡地位有所下降。欧盟主要国家开始着手在欧洲大陆布局，力争取代伦敦的金融中心地位，特别是开始重视发展人民币业务。就目前来看，伦敦人民币离岸金融中心的地位还较为稳固。伦敦人民币外汇交易和清算业务量皆保持稳定向好态势，2016年第四季度，伦敦离岸人民币日均交易额为563.1亿英镑，较上季度上升9.6%。清算业务上，伦敦的人民币清算行中国建设银行伦敦分行自2016年7月至2017年2月完成人民币清算量4.3万亿元，同比增长14%。截至2017年2月末，已有69家金融机构在建行伦敦分行开设人民币账户，伦敦人民币清算总量累计接近14万亿元，日均清算量210.52亿元，日均清算笔数342笔，业务直通率95.82%，清算总量继续保持亚洲地区以外最大。

(2) 法国离岸金融中心的主要情况

①法国离岸人民币金融中心建设的基本情况。近年来，法国积极推进巴黎的人民币离岸中心建设，特别是在英国"脱欧"的背景下，法国对于成立离岸人民币金融中心的兴趣大增。2014年3月，法国获得800亿元RQFII额度，用于投资中国境内资本市场。2014年12月，中国银行巴黎分行成为法国的人民币清算行，标志着法国人民币支付系统的建立。2016年11月，中国国务院副总理马凯在第四次中法高级别经济财金对话与法国经济和财政部长米歇尔·萨潘共同表示，支持巴黎建设离岸人民币金融中心，希望法国成为欧元区人民币业务聚集地。

②高层表态。2016年7月24日，法国财长米歇尔·萨潘在成都出席二十国集团(G20)财长和央行行长会议时表示，法国关注巴黎成为潜在的人民币离岸交易中心已很多年，他相信英国"脱欧"后，巴黎将排在候选名单中的第一位。2016年12月，法兰西银行名誉行长克里斯蒂安·努瓦耶访华，并称巴黎将取代伦敦成为欧洲新的金融中心。努瓦耶认为，随着英国"脱欧"，而且现在法国已经建立了完备的人民币支付和清算体系，多笔人民币计价债券也在法国成功发行，法国将取代英国成为人民币国际化在欧洲发展的重要国家。

③巴黎资本市场。巴黎的资本市场发达程度在欧盟国家城市中名列前茅，可为拓展人民币业务的广度和深度提供良好的帮助。欧洲最大的公司债券市场即位于巴黎，占据整个欧洲40%左右的市场份额，领先于英国的27%和德国的10%。巴黎还拥有欧洲第一大证券交易所和世界第二大衍生品交易所的泛欧交易所(Euronext)总部。Euronext与多家中国金融机构建立了广泛的联系与合作，如中、农、工、建等国有银行，以及深交所等交易平台。另外，巴黎的银行业也非常发达，总部位于巴黎的法国兴业银行、农业信贷银行在资产总量上排名欧洲第二、三位，而且法国的银行素有执行力强的美誉，因为其较其他国家的银行来讲更受投资者主导。在欧洲，巴黎的资产管理行业规模也仅次于伦敦。

④巴黎的金融服务辐射非洲多个国家。非洲有14个国家是前法郎区国家，法国银行业在这些国家深耕多年，是当地金融服务的主要提供者，目前巴黎的人民币存款位居欧洲第二，其中相当大一部分来自中国与非洲的交易，因此，巴黎有望成为中国与非洲人民币跨境贸易的中转地。外汇交易是英国伦敦人民币离岸中心的亮点，人民币投资基金是卢森堡准备发展的重头戏，而贸易融资相关的人民币业务则是巴黎的强项。

（3）德国离岸金融中心的主要情况

①德国离岸人民币金融中心建设的基本情况。德国是中国的第三大贸易伙伴，是中国最大的对欧洲投资国，这使法兰克福成为建设欧盟人民币离岸金融中心的有力竞争城市。法兰克福的金融环境优势突出。欧洲央行、德国央行、德国联邦金融监管局、德交所、德国央行、德意志银行、德国商业银行等总部都设在法兰克福。其中，德国联邦金融监管局是欧盟内少数有复杂衍生品交易管理经验的监管机构。2014 年 3 月，中国人民银行宣布将在法兰克福设立人民币清算行，同年 6 月，中国人民银行指定中国银行法兰克福分行作为人民币清算银行，为其他银行和企业开设人民币账户，并办理欧元和人民币业务。虽然中德贸易量是中英的 2 倍，而且德国对华直接投资是英国的 1.3 倍，但是法兰克福人民币结算量仍显著低于伦敦，因此法兰克福人民币业务拥有较大潜力。

②中欧国际交易所。2015 年 11 月，总部设在德国法兰克福的中欧国际交易所（以下简称"中欧所"）正式运营，出资方为上海证券交易所、市交易所集团和中国金融期货交易所，三家公司在这家合资公司的持股比例分别为 40%、40% 和 20%。中欧所目前的重点是现券市场，产品包括债券、交易所交易基金，后续还将推出股票，即在中国大陆注册公司发行、在德国交易的 D 股。中欧所为全球投资者提供了投资中国的新渠道。截至 2016 年 4 月，中欧所挂牌产品总交易额 3.37 亿欧元（约合 24 亿人民币），日均交易额约为 300 万欧元（约合 2150 万人民币）。其中，ETF 产品交易额约为 3.33 亿欧元（约合 23.78 亿人民币），约占总额的 98%。值得关注的是，以人民币计价的产品获得了市场认可，交易额为 2.18 亿人民币，占总交易额的 9.1%。

（4）卢森堡离岸金融中心的主要情况

①卢森堡离岸人民币金融中心建设的基本情况。卢森堡同样是人民币离岸中心的一个有力挑战者。卢森堡"小国寡民"，却是欧元区私人银行和财富管理业务中的"佼佼者"，也是全球仅次于美国的第二大投资基金中心。截至目前，中行、工行与建行均已在卢森堡设立欧洲总部。与此同时，中国农业银行正在筹备设立其欧洲总部，中国招商银行也已经决定在卢森堡开始启动设立公司的流程。

②卢森堡的人民币业务特色突出。目前，卢森堡已经为欧元区最重要的跨境人民币业务中心之一。卢森堡作为继美国之后全球最大的基金中心，欧洲领先的国际债券上市平台和欧元区首屈一指的私人银行中心，在金融服务领域拥有专业知识。在人民币点心债发行领域，卢森堡是世界第四大、欧洲第一大"点心债"发行地，亚洲之外发行的人民币计价债券 43% 在卢森堡发行上市，高于伦敦和都柏林的 27% 和 9%。"点心债"的主要投资者来自欧洲，占投资者总数比例为 47%。历史上，卢森堡证券交易所 (LuxSE) 于 1994 年率先推出中国主权债券。欧洲发行人的（大众汽车）首只人民币债券于 2011 年在 LuxSE 上市。2014 年，中国公司首次在欧元区发行人民币债券就是在卢森堡。在人民币 RQFII 基金领域，卢森堡也遥遥领先其他欧洲国家。截至 2015 年 11 月，在卢森堡注册的人民币 RQFII 基金规模为 6.32 亿欧元，占欧洲总注册量 7.96 亿欧元的 79.77%。其他国家情况为，爱尔兰 0.86 亿欧元、法国 0.41 亿欧元、英国 0.37 亿欧元。在人民币投资基金领域，卢森堡是欧洲最大的投资基金中心，是世界范围内仅次于美国的第二大投资基金中心，管

理着超过 3 万亿欧元的资产。资产管理业务中的几乎所有国际知名公司均选择卢森堡作为其资金的住所，包括一些最大的中国资产管理公司，如南方基金管理公司、中国资产管理(ChinaAMC) 和嘉实基金管理公司。截至 2015 年 9 月，注册地位于卢森堡的投资基金共持有 2084 亿人民币计价资产。

五、人民币清算和结算体系在欧盟的发展

（1）传统清算与结算系统的模式与弊端

首先，传统的支付与清算系统包含三种体系，分别是境内清算体系、离岸清算体系与跨境清算体系。其中，境内清算体系是支付系统的核心体系，是以央行搭建的中国现代化支付系统（CNAPS）为代表的，主要用于处理的业务包括居民、企业基于各类交易而产生的人民币跨行转账支付，基于同业拆借的银行间人民币支付等；离岸清算体系是香港的人民币离岸支付系统（CHATS），在这个体系中，中银香港承担人民币清算行职责，处理人民币跨境贸易支付、国际金融交易中的人民币支付业务，还与香港地区的债券工具中央结算系统、美元欧元等外汇 CHATS 系统等相连接；跨境支付系统是指在人民币代理行模式下，境外参加行在境内代理行开立人民币账户，境内代理行接入 CNAPS，境外机构可以在人民币账户模式下直接在境内银行开立人民币账户，并通过 CNAPS 实现人民币跨境结算。

然而，传统的支付与清算模式目前还存在很多弊端，境内外银行通过 SWIFT 系统传递跨境支付信息，再通过 CNAPS 完成最终清算。一是 CNAPS 在跨境支付系统领域过于依赖 SWIFT 系统。SWIFT 系统是在 20 世纪 70 年代建立的，统一标准的、覆盖全球的、支持跨境代理银行支付信息传递的基础设施。虽然 SWIFT 是一家银行间行业组织创办的联合机构，但其极易受西方国家政治影响，对非西方国家的使用者来讲有一定的安全隐患。2014 年乌克兰危机伊始，美国、欧洲等国曾威胁暂停俄罗斯对 SWIFT 系统的使用权。二是运行时间设置不合理，无法适应跨时区清算。CNAPS 没有覆盖所有时区，因此会造成无法进行支付的时间空白，不利于其成为全球人民币支付基础设施。三是系统安全性不够。使用 SWIFT 进行报文转换后，中国监管机构很难对人民币支付数据进行监测。另外，跨境清算业务直接与中国银行业支付系统连接，很难做到有效的风险隔离。因此，应抓紧建设一个能够做到风险隔离、完整覆盖各个时区、我国具有全部自主知识产权的独立跨境支付系统，以推动人民币国际化向纵深发展。

（2）CIPS 系统最新进展情况

人民币跨境支付系统 (CrossborderInterbankPaymentSystem,CIPS) 是中国人民银行重点支持的银行间支付系统，旨在促进人民币在国际支付中的使用。2015 年 10 月 8 日，人民币跨境支付系统 (一期) 成功上线运行。参与形式分为直接与间接两类，直接参与是在 CIPS 中开立账户，间接参与则是在与 CIPS 相连接的机构中开立账户。首批 19 家境内中外资银行直接参与,176 家机构间接参与。CIPS 系统投入运行以来，参与者数量逐渐增多，业务量稳步上升。截至 2017 年 7 月，CIPS 直接参与者数量已从 19 家增至 31 家，而间接

参与者达到将近600家，其中超过60%为境外间接参与者，覆盖6大洲78个国家与地区(含自贸区)。其中,CIPS的直接和间接参与者中，有9家服务法国的人民币清算、结算机构。世界各地金融机构通过使用 SWIFT 网络参与 CIPS。CIPS 还直接连接两家国内清算机构：中央国债登记结算有限责任公司 (CCDC) 和上海清算 (SCHC) 以支持债券通交易结算。截至目前，CIPS 日均处理跨境人民币业务量保持每月 10% 的较高增长速度，正逐步发挥其人民币跨境业务主渠道的作用。从交易数据上看，伦敦、法兰克福、新加坡、中国香港、中国台湾以及韩国首尔是目前全球人民币交易活跃度最高的地区。

欧盟（含英国）几大离岸金融中心的人民币结算清算系统

表 7.5 巴黎的 CIPS 系统

序号	CIPSCODE	SWIFTCODE	中文名称
1	BKCHFRPPXXX	BKCHFRPPXXX	中国银行巴黎分行
2	PCBCFRPPXXX	PCBCFRPPXXX	中国建设银行巴黎分行
3	BNPAHKHHXXX	BNPAHKHHXXX	法国巴黎银行相关分行

表 7.6 卢森堡的 CIPS 系统

序号	CIPSCODE	SWIFTCODE	中文名称
1	ABOCLULBXXX	ABOCLULBXXX	中国农业银行卢森堡分行
2	ABOCLULLXXX	ABOCLULLXXX	中国农业银行（卢森堡）有限公司
3	ICBKLULCXXX	ICBKLULCXXX	中国工商银行卢森堡分行
4	COMMLULLXXX	COMMLULLXXX	交通银行（卢森堡）有限公司
5	BKCHLULLXXX	BKCHLULLXXX	中国银行卢森堡分行
6	PCBCLULXXXX	PCBCLULXXXX	中国建设银行卢森堡分行
7	CMBCLULLXXX	CMBCLULLXXX	招商银行卢森堡分行

表 7.7 法兰克福的 CIPS 系统

序号	CIPSCODE	SWIFTCODE	中文名称
1	ABOCDEFFXXX	ABOCDEFFXXX	中国农业银行法兰克福分行
2	ICBKDEFFXXX	ICBKDEFFXXX	中国工商银行法兰克福分行
3	COMMDEFFXXX	COMMDEFFXXX	交通银行股份有限公司法兰克福分行
4	BKCHDEFFXXX	BKCHDEFFXXX	中国银行法兰克福分行
5	PCBCDEFFXXX	PCBCDEFFXXX	中国建设银行法兰克福分行

表 7.8 伦敦的 CIPS 系统

序号	CIPSCODE	SWIFTCODE	中文名称
1	ICBKGB2LXXX	ICBKGB2LXXX	中国工商银行（伦敦）有限公司
2	PCBCGB2BCLR	PCBCGB2BCLR	中国建设银行伦敦分行
3	PCBCGB2LCLR	PCBCGB2LCLR	中国建设银行（伦敦）有限公司
4	BKCHGB2LXXX	BKCHGB2LXXX	中国银行伦敦分行
5	CMBCGB2LXXX	CMBCGB2LXXX	招商银行伦敦分行
6	BEASGB2LXXX	BEASGB2LXXX	东亚银行有限公司伦敦分行
7	COMMGB3LXXX	COMMGB3LXXX	交通银行伦敦分行

资料来源：根据互联网信息整理

六、欧盟地区人民币国际化发展所面临的问题及对策

从以上各项因素看，欧洲支持人民币国际化的动力将会继续存在，中欧货币合作仍然前景可期，但也有一些问题值得探讨。一方面，人民币国际化在欧洲仍然存在一些问题，中国还需要对这些问题加以关注、认真分析并力求改善，以保证发展的可持续性。另一方面，在人民币国际化在欧洲快速推进的时候，英国公投意外脱欧，中国还需要研判这一历史性事件对欧洲金融格局以及人民币国际化进程的影响，并相应调整策略。

第一，从人民币国际化在欧洲面临的难题方面看，中国可以考虑更多由"官方强推"转向"市场培育"。当前国际货币体系为牙买加体系，一个货币的国际地位最终由市场决定。从目前的情况看，中欧合作为人民币国际化在欧洲发展搭建了良好的平台，但市场主体对持有和使用人民币仍有疑虑。一是欧洲投资者不熟悉人民币产品。欧洲资本市场多为机构投资者，习惯将较为熟悉的公司作为投资对象。而中国公司距离较远，了解其情况渠道相对有限，加之欧洲媒体不时有中国公司产品质量缺陷、财务造假等负面报道，人民币产品要赢得欧洲投资者青睐并不容易。二是欧洲市场不适应中方决策方式。投资者持有人民币计价资产，势必关注中国相关政策变化。欧洲投资者已适应政策制定者提前释放信号、与市场互动沟通的决策方式，而中国的"内部决策"在欧洲较难被理解，往往让投资者准备不足，进而对人民币"望而却步"。国际货币基金组织总裁、法国前财长拉加德曾公开呼吁"中国政府要更好地和市场沟通"。三是担忧中国经济和金融波动。作为欧盟第二大贸易伙伴，中国经济"一举一动"在欧洲都备受关注，甚至被放大。2015 年以来，中国经济减速、资本市场波动在欧洲被解读成世界经济下滑、大宗商品价格下跌的主要原因，对人民币形象构成了负面影响。当前，欧洲投资者对中国人口老龄化、地方政府和企业债务杠杆高、人民币贬值预期、商业银行不良贷款增加等仍有顾虑，制约了投资者持有人民币及相关产品的积极性。欧盟新发表的《欧盟对华新战略要素》认为，中国向可持续发展模式转型的过程十分复杂，可能在国内外产生多次震荡，欧盟必须想办法应对中国"结构性经济下滑"。四是资本项目不可自由兑换。这是困扰人民币国际化的主要难题，

亦是在欧洲面临的严峻挑战。目前人民币离岸市场虽可自由兑换，但资金池仍小、产品较少、流动性不足，离岸市场和在岸市场又处于分割状态，这给欧洲投资者管理资产带来不便。加之当前美元强劲势头渐起，以及美欧资金往来的便利，人民币资产吸引国际投资者难度加大。这些问题并非欧洲政府层面能够解决。欧洲是发展成熟的市场经济，有其自身运作规律和模式，人民币在欧洲发展，还需要适应其市场环境。比如，中国还需要加强保持宏观经济的稳定性，发展更为公开、公平、公正的资本市场，有序推进资本项目对外开放，提高经济决策的可预期性等。从这些问题可以看出，对外经济合作可以起到促进作用，但人民币国际化发展前景的根本仍在国内，切不可因为在欧洲取得"成功"而忽略了内部建设这一根本。从美元、欧元的发展历程也可看出，不论是成功还是危机，决定性因素都来自内部。

第二，从欧洲局势的角度看，英国脱欧导致欧洲金融格局版图变迁，人民币国际化在欧布局需要更多考虑"双管齐下"。目前，英国不仅是人民币第二大离岸中心，更是人民币在欧洲布局的中心，其交易量远远超过其他欧洲国家，这与英国在欧洲金融格局中的"核心地位"有直接关系。但2016年6月24日英国公投脱欧后，其金融地位将会受到冲击。一是稳定的宏观经济环境被破坏。英国与欧盟的"分家"谈判预计将持续数年，结果充满不确定性；分离势力在英国的苏格兰、北爱尔兰一直存在，这两个地区也多数支持留欧，脱欧结果给了他们从英国分离出去的新理由，国家统一受到威胁。二是英国可能"痛失"欧盟统一大市场。英国自身的优势以及可以自由进入欧盟大市场的便利，铸就了英国的金融中心地位，许多世界大型金融机构都选择在英国与欧洲国家进行交易。目前，欧盟85%的对冲基金资产、70%的离岸衍生品交易、51%的海上保险都在伦敦。整个欧洲与美国、亚太的资金流动，50%以上是通过伦敦的金融机构进行的。英在脱欧谈判中预计将力争继续自由进入欧盟大市场的权利，但很难达到目的。根据欧盟2014年颁布的金融工具市场指令(MiFID Ⅱ)，"第三方国家"金融机构要在欧盟经营，须欧委会认定该国法律和监管框架与欧盟"等同"。这意味着，英国银行要在欧洲大陆经营，必须遵守欧盟愈加严格的金融监管规定，这对一向主张放松监管的英国来说很难接受。三是英国将面临来自欧洲大陆的竞争。欧债危机后，欧元区认识到机制缺陷，加紧金融一体化步伐，如筹建银行业联盟、资本市场联盟等，长期看金融实力将提升，这对英国来讲是严峻挑战。2016年6月24日公投结果公布后，7月初法国即出台多项措施，如延长外国企业免税期限、为外国员工提供更多生活便利等，极力争取可能从英国转移出来的金融业务。巴黎大区议会主席瓦莱丽·佩克雷斯直言："我们希望将巴黎建成欧洲顶级金融中心。"

英国脱欧一定程度上冲击了人民币国际化在欧的发展路径，人民币国际化"借伦敦走向世界"的效果恐不如从前。但总体而言，带来更多的是机遇。如果中国能够顺势同时强化与英国和欧元区的货币合作，人民币国际化在欧洲可能迎来新的发展局面。先从英国的角度看，脱欧并不会给伦敦的金融中心带来"毁灭性"打击。作为国际金融中心，伦敦有很多自身优势，如基础设施完善、专业人才聚集、语言通用、政策开放透明等，这些都不会因脱欧而丧失。而且脱欧后，英国金融监管将摆脱欧盟的束缚，政策上可能更具灵活性。在可预见的未来，伦敦的金融中心地位受到根本性冲击的可能性较小。英国以金融立国，新政府成立后，如何维系金融中心地位也势必摆在重要位置，这给中英货币合作提供了新的机遇。中国不宜因脱欧而轻视英国，相反，应借此机遇加强合作，更多在英国开展人民币业务。再从欧洲大陆角度看，其加强金融实力将是大势所趋。欧元区对于将欧元的交易中心放在伦敦一直不放心，认为难以保障内部支付系统的安全。2014 年，欧洲央行曾要求，从事欧元产品交易的清算所地点应设在欧元区，由于英国状告到欧洲法院并胜诉，此决定才未能执行。英脱欧后"不在船上"，将无力阻止日后欧洲央行的类似决定，相关业务向巴黎和法兰克福转移将难以避免。目前看，由于英脱欧事发突然，欧元区内部的金融中心建设规划尚不清晰，巴黎、法兰克福、卢森堡、都柏林等各具优势，未来是"一枝独秀"还是"多点开花"尚不明朗。不管怎样，欧元区不论是客观形势还是主观意愿上看，都将强化金融实力建设，也将期待与外部合作。中国可以考虑根据各个具有发展潜力金融中心的特点，各有侧重地开展人民币业务，如法兰克福的结算业务、巴黎的非洲业务、卢森堡的投资业务等，以把握历史机遇。

人民币国际化对中国的战略意义不言而喻，从欧洲的角度看，与中国货币合作也有助摆脱经济困境、缓解外部风险等重大收益。可以说，货币因素正在冲破传统国际关系分析的地缘政治框架，让远隔万里的中欧双方战略利益更加紧密交织在一起，这有助于化解有关"中欧关系战略性不足"的疑虑。展望未来，随着人民币国际地位和影响力的提升，中欧货币合作的战略意义将有增无减，对这方面的研究也值得进一步深入。

第三节　人民币国际化在阿拉伯联盟国家的推进

一、阿拉伯联盟国家概况

1945 年 3 月 22 日，在埃及倡议下，七个阿拉伯国家的代表在埃及首都开罗举行会议，通过了《阿拉伯联盟宪章》，阿拉伯国家联盟（简称阿盟）正式成立。阿拉伯联盟成立的宗旨是密切成员国间的合作关系，协调彼此的政治活动，捍卫阿拉伯国家的独立和主权，促进阿拉伯国家的整体利益，推动各成员国在经济、财政、交通、文化、卫生、社会福利、国籍、护照、签证、司法等方面进行密切合作。成员国相互尊重国家政治制度，彼此争端不得诉诸武力解决，成员国与其他国家缔结的条约和协定对其他国无约束力。目前阿拉伯联盟共包括成员 22 个，分别是阿尔及利亚、阿联酋、阿曼、埃及、巴勒斯坦、巴林、吉布提、卡塔尔、科威特、黎巴嫩、利比亚、毛里塔尼亚、摩洛哥、沙特、苏丹、索马里、突尼斯、叙利亚、也门、伊拉克、约旦、科摩罗。

2009 年以来，阿拉伯联盟共举行过 21 次首脑会议和 11 次特别首脑会议，2000 年 10 月在埃及首都开罗召开的第 11 次特别首脑会议，决定每年定期举行阿拉伯国家首脑会议。从第 13 届阿拉伯国家首脑会议（2001 年 3 月）起，阿盟首脑会议开始实行机制化。

2009 年 3 月 30 日—31 日，第 21 届阿盟首脑会议在卡塔尔首都多哈召开，阿盟 22 个成员国的首脑或代表出席了本次会议，埃及总统穆巴拉克、阿尔及利亚总统布特弗利卡等 6 个国家领导人没有参会。会议通过了《多哈宣言》，《多哈宣言》承诺阿拉伯国家会继续保持团结，尊重各国主权，维护国家独立，互不干预内政；要求以色列立即停止单边政策，停止扩建犹太定居点，拆除隔离墙，信守和平承诺，尽快启动搁置的和平进程，履行已达成的有关国际决议和和平倡议。在苏丹问题上，《多哈宣言》明确表示支持苏丹，拒绝国际刑事法院对苏丹总统巴希尔发出的逮捕令，支持一切有助于苏丹达尔富尔地区实现和平的尝试。在伊拉克问题上，《多哈宣言》强调支持伊拉克的独立和主权，支持伊拉克政治进程，支持伊社会各个阶层参与伊拉克建设。《多哈宣言》首次提出希望与伊朗进行直接、严肃的对话，以解决伊朗与阿联酋存在争议的三个岛屿问题，否则阿盟将借助国际法院解决矛盾。此外，《多哈宣言》还就索马里问题、打击恐怖主义、防止大规模杀伤性武器扩散、和平利用核能、推进政治、经济社会合作等问题阐述了阿拉伯国家的立场。

截至 2009 年底，阿盟外长理事会共举行了 132 次例会，并召开了多次特别会议或紧急会议。2009 年 3 月 3 日，第 131 届阿盟外长理事会在开罗举行，会议就地区形势、巴勒斯坦问题、阿拉伯世界与以色列关系等议题展开了广泛讨论。与会外长一致认为，实现公正全面的和平是解决巴勒斯坦问题和阿以争端的唯一途径，而解决阿以争端的基础是阿拉伯和平倡议。与会外长强调，国际社会应承担起相应的责任，支持中东和平进程、敦促以色列立即停止一切非法定居点的建设。2009 年 9 月 7 日—9 日，第 132 届阿盟外长理事会在开罗举行，会议着重讨论了中东和平进程和地区局势等问题。阿盟秘书长穆萨在会后新闻发布会上宣布，鉴于以色列拒绝停止在其占领的阿拉伯领土上扩建犹太人定居点，阿拉伯国家决定搁置由美国提出的"与以色列关系正常化提案"。2009 年 1 月 20 日，首届阿拉伯经济、社会和发展峰会在科威特首都科威特城闭幕。峰会通过《科威特宣言》，强调阿拉伯国家支持加沙重建，致力于阿拉伯国家间经济合作和采取措施对抗金融危机。阿盟 22 个成员国中 17 国的元首、联合国秘书长潘基文以及世界银行、伊斯兰会议组织等多个国际组织代表出席此次峰会。

早在 1956 年，中国就同阿拉伯联盟国家建立起联系。近十几年来，双方关系日益密切，交往不断增多，在国际事务中保持协调和相互支持。1993 年 5 月，阿盟秘书长马吉德正式访华。8 月，阿盟在北京设立办事处。1996 年 5 月，江泽民主席在访问埃及期间会见了马吉德秘书长。1999 年 1 月，唐家璇外长在开罗阿盟总部与马吉德秘书长签署了《中华人民共和国外交部与阿拉伯国家联盟秘书处关于建立政治磋商机制的谅解备忘录》。9 月，马吉德秘书长首次提出了建立中阿论坛的设想。2002 年 4 月，朱镕基总理访问埃及时在阿盟总部会见穆萨秘书长，双方就"中阿合作论坛"、中东局势等问题交换了意见。2004 年 1 月，胡锦涛主席访问阿盟总部，会见穆萨秘书长及 22 个阿盟成员国代表，双方共同宣布"中阿合作论坛"成立。同年 9 月，李肇星外长出席在开罗召开的"中阿合作论坛"首届部长级会议，"中阿合作论坛"正式启动。阿盟与中国关系进一步加强，在国际事务中相互支持，并在"中阿合作论坛"框架下共同举办了一系列中阿对话与合作活动。2005 年，中国任命驻埃及大使兼任驻阿盟代表。近年来，阿盟首脑会议和外长理事会连续做出对华关系决议，呼吁阿盟成员国积极发展同中国在各个领域的关系。

2009 年，中国同阿盟政治磋商与协调进一步加强。10 月 14 日，阿盟秘书长穆萨致函杨洁篪外长，感谢中方投票支持阿拉伯国家向国际原子能机构第 53 次全体会议提交的"以色列核能力"决议，表示这一支持对实现不扩散核武器条约（NPT）的普遍性具有重要意义。同月，穆萨秘书长还致函杨洁篪外长，祝贺中华人民共和国成立 60 周年。11 月 7 日，温家宝总理出席中非合作论坛第四届部长级会议期间访问了开罗阿盟总部，会见了穆萨秘书长，并发表了题为《尊重文明的多样性》的演讲。此外，阿盟与中国有关部门密切合作，共同举办了第四届中阿企业家大会暨投资研讨会、第三届中阿关系暨中阿文明对话研讨会、中阿合作论坛第六次高官会等活动、首届中阿高教和科研合作研讨会，有关情况请参见"中阿合作论坛"词条。

二、阿拉伯联盟国家政治经济情况

阿拉伯联盟目前共有 22 个成员国家（含 2017 年 6 月被宣布开除的卡塔尔），总面积约 1420 万平方千米，其中西亚阿盟国家约占总面积的 28%，北非国家约占 72%；2015 年总 GDP 达 2.94 万亿美元。阿拉伯联盟国家石油资源丰富，拥有已探明石油储量 6500 亿桶，占世界总量的 57.5%。[①]

按经济总量排名，沙特阿拉伯、阿联酋和埃及是阿拉伯联盟中的前三名，其中沙特阿拉伯占 22.24%，阿联酋占 12.17%，埃及占 11.32%，三国合计占阿拉伯联盟 GDP 总量的 45.73%。沙特阿拉伯和阿联酋是典型的海湾产油型阿拉伯国家代表，埃及是北非阿拉伯国家代表，且三国都在阿拉伯国家事务中扮演领导角色。另外，据统计，近 15 年来，中国对阿拉伯国家的出口主要集中于沙特阿拉伯、阿联酋、埃及、阿尔及利亚、伊拉克和摩洛哥，占中国对阿拉伯联盟国家出口总量的 75% 以上。因此不论是从经济总量、政治实力还是与我国经贸关系三方面，以这三个国家为落脚点分析人民币在阿拉伯国家国际化战略都具有代表性。

（1）沙特阿拉伯王国。宏观经济方面，沙特是世界最重要的石油生产国和输出国，原油及石油加工产品出口量约占世界总出口量的 1/8，是沙特主要经济收入来源，约占 GDP 的 50%，其财政收入的 80% 以上依赖石油，因此，沙特的经济状况与石油价格走势密切相关。近几年国际油价持续低迷，沙特的 GDP 增长也陷入停滞甚至出现回落，但沙特人均 GDP 仍居世界富裕国家前列。2017 年 1 月以来，沙特的平均通货膨胀率在 -0.7%~-0.1% 徘徊，经济陷入小幅通缩。汇率政策方面，自 1986 年以来，沙特里亚尔保持与美元盯住的汇率政策，币值稳定在 1 : 3.5。但是近年来，随着原油价格大幅下挫，沙特货币贬值压力大幅增加，在其国王逝世后一度贬值至 1 : 3.7615。不过沙特仍支持盯住汇率制，因为以美元计价的原油收入占其总收入的 90%，盯住汇率制可以降低收入的波动。

---

① 张双双：《"一带一路"战略背景下中国对阿拉伯国家出口潜力的实证研究》，山东财经大学硕士学位论文，2015年，第10页。

国际收支方面,沙特的出口产品以石油和石油产品为主,占出口总值的 85% 以上,另有少量建材和转口货物。进口产品为机电产品、设备、工具、食品等。石油及石油产品出口是沙特长期大额贸易顺差的来源,其经常账户盈余情况与国际油价密切相关。外汇储备方面,由于长期大额贸易顺差,沙特政府积累了大量海外资产,截至 2015 年底,外汇储备为 6026.67 亿美元。沙特海外资产运作的原则是低风险,分散投资,保持流动性。

(2) 阿拉伯联合酋长国。宏观经济方面,尽管阿联酋的石油储量世界排名第七、天然气储量世界排名第三,但超过 80% 的 GDP 为非油气行业创造。2016 年,阿联酋 GDP 总值按现价计算约合 3490 亿美元,按不变价计算约合 3790 亿美元,同比增长 3%。其中,非石油领域 GDP 现价计算约占 GDP 总额为 83.3%;油气 GDP 现价计算约占 GDP 总额为 16.7%。近年来,国际石油价格大幅下挫,阿联酋 GDP 产生波动。长期以来,为了降低对石油出口的依赖,阿联酋致力于提升非石油产业在其国民经济中的比重,如旅游业、建材业、石化业、金融业和商贸物流业。近年来,阿联酋通货膨胀率处于正常区间,在 2% 左右波动。汇率政策方面,阿联酋施行有管理的汇率浮动制度。自 1973 年开始使用迪拉姆以来,对美元汇率水平 - 直稳定在 3.67 左右。国际收支方面,在阿联酋对外贸易扮演重要角色。为鼓励贸易发展(特别是非石油贸易),阿联酋在国内设有多个自贸区(共 40 余个,大多集中在迪拜),其中最负盛名的当属中东北非地区最早设立的杰拜尔阿里自贸区。外汇储备方面,截至 2017 年 7 月,阿联酋外汇储备为 899 亿美元。2012 年 3 月 23 日,阿官方表示已将人民币纳入其官方外汇储备。

(3) 阿拉伯埃及共和国。宏观经济方面,埃及 GDP 近年来保持稳步增长,尤其是 2014-2015 年及 2015-2016 年近两个财年,增长率分别达到 4.2% 与 4.3%,实现了较快增长。根据世界银行(WorldBank)2017 年 6 月全球经济预测报告,预计 2016/2017 财年埃及 GDP 增长率为 3.9%,与埃及政府对经济增长的预期值一致。世界银行预测,随着埃及经济改革措施的逐步实施及投资环境的改善,未来两个财年,经济增长率将维持在 4% 以上,2018-2019 财年有望达到 5.3% 的增长速度。埃及近几年通货膨胀率基本处于 10% 左右。2015-2016 财年,埃及年度整体 CPI 逐渐上升,从 2016 年 11 月货币实行自由浮动后至今,埃及通货膨胀率不断增长,目前年化已经升至 30% 左右。

汇率政策方面,自 2003 年起,埃及开始实行有管理的浮动汇率政策。2005 年埃及政府接受了国际货币基金组织关于经常账户可自由兑换的条款,进一步增强了人们对埃及镑的信心,但尚未实施资本账户的可自由兑换。2003 年 1 月之前,埃及实行固定汇率制,盯住美元,政府通过较高的利率和高额外汇储备支撑埃及镑,抑制了经济增长。实行汇率改革以后,埃及镑兑美元汇率经历了合理的贬值过程,经济增长提速。2012 年 12 月,埃及央行为了阻止埃及镑贬值和埃及外汇储备的进一步减少,宣布改革美元拍卖制度,并为各商业银行在每次拍卖中交易的美元数设定了最高额。2016 年 11 月 3 日,埃及央行宣布允许埃及镑汇率自由浮动,以摆脱国内经济困境,并更好地履行与国际货币基金组织的贷款承诺。

国际收支方面，近年来，埃及政府为改善埃及对外贸易长期逆差的局面，一方面，致力于提高产品的质量，扩大出口，增强产品在国际市场上的竞争力；另一方面，在各地设立经济自由区，扩大进出口贸易额；同时启动开放贸易降低关税的进程，减少对进出口商品的限制。2015-2016 财年，埃及国际收支赤字 28.1 亿美元（上年为盈余 37.3 亿美元）。2015-2016 财年埃及国际收支赤字主要表现在两方面：一是经常账户赤字从上一财年的 121.4 亿美元猛增至 198.3 亿美元，二是资本和金融账户净流入从上一财年的 179.3 亿美元增至 211.8 亿美元。

外汇储备方面，2011-2012 财年开始，受埃及动荡局势的影响，埃及外汇储备急剧减少，从 2010 年 6 月的 337 亿美元减为 2012 年 6 月的 155 亿美元，主要是由于埃及证券交易市场上外汇投资量的缩减、旅游业收入的急剧下降和外商直接投资的减少。2013 年 3 月，埃及外汇储备降至 134 亿美元的低点。此后，埃及陆续收到沙特、阿联酋、科威特等国援助，外汇储备维持在 150 亿 ~190 亿美元之间。2016 年 11 月，埃及开始采取自由浮动汇率制，随着埃及外汇资金流入银行系统、对外举债增加国际货币基金组织 120 亿美元贷款的发放，埃及外汇储备水平得到了上升，截至 2017 年 7 月底，埃及外汇储备达 360 亿美元，已超过了 2011 年 "一·二五" 革命前的历史最高水平。

三、在阿拉伯联盟国家推进人民币国际化的背景

中国和阿拉伯国家友好交往的历史源远流长，古代丝绸之路不仅将中阿两大文明紧密联系起来，更为当今中阿文明交往留下了丰厚遗产。"一带一路"倡议是新时代中国对外开放与合作的系统性工程。阿拉伯国家是"一带"（丝绸之路经济带）和"一路"（21 世纪海上丝绸之路）的交会区，是"一带一路"倡议实施中不可忽视的重要地区。阿拉伯联盟国家对中国"一带一路"战略的认可与接纳，是在这一地区进一步推进人民币国家化的前提与基础。

（1）中阿合作的政治背景。新中国成立以来，中阿友好交往的历史进入新时代，中国陆续与所有个阿拉伯国家建立了外交关系。阿拉伯国家在中国整体外交中占有重要地位，双方高层互访频繁，政治互信不断加深。中阿关系在双方推动下不断迈向新的高度，2004 年中阿合作论坛首届部长级会议将中阿关系定位为"平等、全面合作的新型伙伴关系"，2010 年在中阿合作论坛第四届部长级会议期间定位为"全面合作、共同发展的战略合作关系"，2018 年中阿合作论坛第八届部长级会议宣布建立"全面合作、共同发展、面向未来的中阿战略伙伴关系"。与此同时，中国与越来越多的阿拉伯国家建立了不同类型的双边战略伙伴关系（见表 7.9）。

表 7.9 中国与阿拉伯国家伙伴关系一览表

国家	表述	时间
阿联酋	战略伙伴关系	2012 年

（续表）表 7.9 中国与阿拉伯国家伙伴关系一览表

国家	表述	时间
	全面战略伙伴关系	2018 年
	友好合作关系	1990 年
沙特	战略性友好合作关系	2006 年
	全方位战略合作关系	2013 年
	全面战略伙伴关系	2016 年
阿尔及利亚	战略合作关系	2004 年
	全面战略伙伴关系	2014 年
埃及	战略合作关系	1999 年
	全面战略伙伴关系	2014 年
卡塔尔	战略伙伴关系	2014 年
摩洛哥	伙伴关系	1999 年
	战略伙伴关系	2016 年
苏丹	战略伙伴关系	2015 年
约旦	战略伙伴关系	2015 年
吉布提	战略伙伴关系	2017 年
伊拉克	战略伙伴关系	2015 年

资料来源：根据外交部网站相关信息整理。

中国和阿拉伯国家同属发展中国家，双方在诸多国际事务中拥有相似立场，都反对霸权主义、强权政治，都主张维护国家主权领土完整。中阿在国际交往中始终互相尊重、相互扶持。中国坚定支持阿拉伯国家独立、主权和领土完整，支持阿拉伯人民的正义事业，始终支持巴勒斯坦，支持建立以 1967 年边界为基础、以东耶路撒冷为首都、拥有完全主权的、独立的巴勒斯坦国。中国积极发挥自身安理会常任理事国的特殊作用，积极推动中东热点问题政治解决进程。坚持在《阿拉伯和平倡议》的基础上，实现中东地区全面、持久和平。中国设立了中东特使、叙利亚问题特使等制度，积极推动劝和促谈，还积极参与难民救助、人道主义援助等行动。

阿拉伯国家支持中国主权和领土完整，坚持恪守一个中国原则，反对一切形式的"台独"。在其他涉及中国国家利益问题时，阿拉伯国家也在国际舞台坚定支持中国立场。例如，2016 年 5 月，第七届中阿合作论坛部长级会议上，阿拉伯国家集体发声，支持中国在南海问题上的立场，"使某些国家试图将南海问题国际化的图谋未能得逞"。此外，阿拉伯国家还在反对宗教极端主义、民族分裂势力和暴力恐怖势力等问题上支持中国政府，并开展相关合作。阿拉伯国家也积极向中国提供了力所能及的人道主义援助，2008 年汶川特大地震，沙特提供了 5000 万美元和 1000 万美元物资援助，是最大一笔海外单项援助。[1]

---

① 焦翔、刘睿等：《"四个伙伴"奠基中沙关系美好明天》，《人民日报》2016 年 1 月 20 日（第 3 版）。

在机制上，2004 年成立的中阿合作论坛已成为双方开展对话与合作的最主要平台，现已形成较为完善的对话合作机制，涉及政治、经济、安全、人文等多个领域。目前，已举办了八届部长级会议、十四届高官委员会、七届企业家大会、五届能源合作大会、两届专题经贸研讨会、七届文明对话会议、三届中阿高官级战略政治对话、三届中阿新闻合作论坛、三届中国艺术节、三届阿拉伯艺术节、五届中阿友好大会和六届中国—阿拉伯国家展览会。

（2）中阿合作的经济背景。阿拉伯国家是"一带一路"建设的天然合作伙伴，中阿经济合作基础扎实，前景广阔。改革开放以来，中国与阿拉伯国家的经济合作不断扩大，"中阿贸易总额从 2000 年的 152 亿美元增长到 2015 年的 2521 亿美元，占中国外贸比重从 2.2% 增长到 5.8%"。[1]"目前，中国已是阿盟国家的第二大贸易伙伴，也是其中 10 个阿盟国家的最大贸易伙伴。"[2]（见表 7.10）双方在石油天然气、基础设施建设、装备制造等领域有较大契合度和互补性。其中，石油、天然气等能源贸易是中阿贸易的主体。阿拉伯国家是中国最大的原油供应地，沙特、伊拉克、阿曼、科威特和阿联酋是我国最主要的进口原油来源。

表 7.10 近年中国与阿拉伯国家进出口总额（单位：万美元）

国家	2016 年	2015 年	2014 年	2013 年	2012 年	2011 年	2010 年
巴林	85452	112339	141575	154411	155081	120585	105142
伊拉克	821145	2058386	2850508	2487885	1756759	1426829	986496
约旦	316599	371192	362774	360443	325574	276945	205361
科威特	937207	1126974	1343369	1226215	1255699	1130362	855695

（续表）表 7.10 近年中国与阿拉伯国家进出口总额（单位：万美元）

国家	2016 年	2015 年	2014 年	2013 年	2012 年	2011 年	2010 年
黎巴嫩	211839	230285	263025	253641	171227	148431	134673
阿曼	1418911	1716381	2586124	2294146	1878702	1587466	1072372
巴勒斯坦	5962	6969	7559	9086	4101	4886	2637
卡塔尔	552874	689001	1059074	1017426	848320	589307	331128
沙特	4228130	5163398	6908327	7219053	7331422	6431724	4319549
叙利亚	91861	102616	98650	69486	120036	244640	248326
阿联酋	4006689	4853420	5479786	4623482	4042029	3511922	2568689
也门	185844	232811	513417	520012	555915	423998	400294
阿尔及利亚	798000	835071	870986	818844	772856	643242	517732

数据来源：根据中国国家统计局相关数据整理。网址：http://data.stats.gov.cn/easyquery.htm?cn=C01.

---

[1] 房丽军：《"一带一路"战略背景下中国与阿拉伯国家贸易发展现状》，《对外贸易实务》2016年第10期。
[2] 王毅：《共建"一带一路"，深化中阿战略合作》，《人民日报》2016年5月11日（第4版）。

（3）中阿合作的人文背景。中国与阿拉伯人民的友谊源远流长，沿着古老的丝绸之路，中阿文明交往已有 2000 余年的历史。中阿通过朝贡、商贸、朝觐等多种方式开展人文交流，在沟通的同时，也加深了双方相互了解。新中国成立后，以宗教交流、文化交流、对外宣传等方式的人文交流，在消除误解、改善形象和加深友谊上起到了重要作用，为中国与阿拉伯国家正式建交发挥了独特作用。例如朝觐交流，加强了中国与沙特双方的了解与信任，促成中沙在 1990 年正式建立外交关系。目前中阿双方人文交流层次丰富、形式多样，中阿民间人员往来日益密切，"全年在华学习的阿拉伯留学生超过 14,000 人，每年双方人员往来超过 102 万人次"。双方人文交流机制日渐丰富，"截至 2017 年底，中国与 11 个阿拉伯国家签署双边文化合作协定新的年度执行计划，推动 53 个中阿部级政府文化代表团互访，组织 196 个文艺展演团组 4604 人次互访"。目前，中国已和 10 个阿拉伯国家建立了 36 对友好城市（省州）关系，已在 10 个阿拉伯国家建立 14 所孔子学院和 3 所孔子学堂（见表 7.11）。

表 7.11 阿拉伯国家孔子学院（课堂）一览表

国家/城市	名称	承办机构	合作机构	启动运行时间
黎巴嫩/贝鲁特	圣约瑟夫大学孔子学院	圣约瑟夫大学	沈阳师范大学	2007 年
约旦/安曼	安曼 TAG 孔子学院	约旦塔勒利·阿布·格扎拉国际集团	沈阳师范大学	2009 年

（续表）表 7.11 阿拉伯国家孔子学院（课堂）一览表

国家/城市	名称	承办机构	合作机构	启动运行时间
约旦/杰拉什	费城大学孔子学院	费城大学	聊城大学	2012 年
阿联酋/阿布扎比	扎伊德大学孔子学院	扎伊德大学	北京外国语大学	2010 年
阿联酋/迪拜	迪拜大学孔子学院	迪拜大学	宁夏大学	2011 年
巴林/萨基尔	巴林大学孔子学院	巴林大学	上海大学	2014 年
埃及/开罗	开罗大学孔子学院	开罗大学	北京大学	2008 年
埃及/伊斯梅利亚	苏伊士运河大学孔子学院	苏伊士运河大学	北京语言大学	2008 年
埃及/开罗	埃及尼罗河电视台孔子课堂	尼罗河电视台	北京语言大学	2015 年
苏丹/喀土穆	喀土穆大学孔子学院	喀土穆大学	西北师范大学	2009 年
摩洛哥/拉巴特	穆罕默德五世大学孔子学院	穆罕默德五世大学	北京第二外国语学院	2009 年
摩洛哥/卡萨布兰卡	哈桑二世大学孔子学院	哈桑二世大学	上海外国语大学	2012 年
摩洛哥/丹吉尔	阿卜杜·马立克·阿萨德大学孔子学院	阿卜杜·马立克·阿萨德大学	江西科技师范大学	2017 年
埃及/开罗	艾因夏姆斯大学孔子课堂	艾因夏姆斯大学	广东外语外贸大学	2017 年
突尼斯/突尼斯市	迦太基大学孔子学院	迦太基大学	大连外国语学院	2018 年
突尼斯/斯法克斯	突尼斯斯法克斯广播孔子课堂	斯法克斯中阿友好俱乐部	国际台	2009 年
科摩罗/莫罗尼	科摩罗大学孔子学院	科摩罗大学	大连大学	2013 年

资料来源：根据国家汉办官方网站相关资料整理。

（4）阿拉伯联盟国家对"一带一路"倡议的态度。阿拉伯国家普遍认同和欢迎"一带一路"倡议，认为"一带一路"符合时代发展潮流和自身国家利益。有助于借助中国庞大市场、雄厚资金和发展经验，在扩大本国能源市场、提升本国基础设施水平、促进本国产业升级和经济多元化等方面发挥重要作用，同时有助于结合中阿双方资源禀赋、市场特点、国家战略，促进资源的优化配置和优势互补，推动中阿合作转型升级。部分国家也开始将自身发展战略与"一带一路"倡议相对接，如沙特的"2030愿景"、阿联酋"重振丝绸之路"设想、埃及"振兴计划"、约旦"2025愿景"、科威特丝绸新城等。目前，中国已与沙特、苏丹、伊拉克、阿曼、卡塔尔、科威特、黎巴嫩、埃及、摩洛哥9个阿拉伯国家签署了共建"一带一路"协议，与阿联酋、阿尔及利亚、沙特、苏丹和埃及5个阿拉伯国家签署了产能合作文件。已有9个阿拉伯国家加入了亚投行，其中科威特、阿曼、卡塔尔、沙特、阿联酋、埃及和约旦是创始成员国，双方还成立了中阿共同投资基金和中阿技术转移中心等一系列合作平台。

四、在阿拉伯联盟国家推进人民币国际化的基础

（1）"一带一路"建设为人民币支持中阿产能合作提供机制保障。"一带一路"的提出为人民币国际化创造了一个良好的渠道，即通过我国与"一带一路"沿线国家产业结构和经济要素的互补，促进中资企业"走出去"进行国际产能合作，结合东道主国的国家发展战略的需要，输出中国优势产能，并用人民币支持整个产能合作的过程。"一带一路"沿线国家是我国进行国际产能合作的重点对象，阿拉伯联盟国家如沙特、阿联酋、埃及等，由于其丰富的石油储量和重要的地理位置，更是排在首位。近年来，由于石油储备下降、国际油价降低等，阿拉伯联盟国家纷纷提出经济结构调整计划，提升非石油经济在整个经济中的比重，以期进行经济发展动能换挡，实现更为长久的发展。

阿联酋着力发展旅游、建材、石化、金融和商贸物流行业，并提出"2021战略计划"，以期尽早实现经济"非石油化"。为了使旅游业快速发展，阿联酋大量投入资金建设机场、酒店、道路等公共基础设施，这也拉动了其对建材行业，特别是节能建材的需求，目前阿联酋已成为中东地区规模最大的建筑市场。在石化行业方面，阿联酋希望利用自身原材料优势，发展下游产业，增加油气产业的附加值。埃及目前也在实施经济转型战略，从过去依靠油气、纺织等行业，到现在通过基础设施、工业等领域投资来拉动经济。2015年6月，我国发改委、商务部与埃及工贸部、投资部签署中埃产能合作政府间框架协议和会议纪要，明确了项目清单和合作模式，标志着中埃产能合作机制取得阶段性成果。我国在基础设施建设、建材生产、工业装备制造等领域具有先发优势，在结算货币谈判上拥有更多话语权，可以力争为阿拉伯联盟国家提供以人民币计价的金融服务，如我国金融机构为其提供境外人民币贷款，阿拉伯联盟国家企业用人民币支付我国建设企业工程或设备款。

（2）阿拉伯联盟国家发展可再生能源为人民币国际化创造"绿色机遇"。阿拉伯联盟国家以石油储量丰富闻名世界，然而其石油消费量同样可观。沙特是世界上第六大石油消费国和第七大天然气消费国，阿联酋和埃及分别是世界上第十二大和第十五大天然气消费

国，阿联酋的天然气消费甚至超过了拥有 12 亿人口的印度的消费水平。巨大的石油储量推高了阿拉伯联盟国家的能源补贴，在沙特阿拉伯，汽车用油不足 0.2 美元 / 升，能源补贴占 GDP 的 5%（而粮食补贴才占 GDP 的 0.7%），国内石油消费占其出口总量的 25%，经济增长非常依赖能源消费。中东可再生能源和能源效率中心董事阿罕麦德表示，经过计算，如果国内能源消费照这个势头增长下去，到 2030 年阿拉伯联盟国家将无油可供出口。为此，阿拉伯联盟国家在 2013 年第三届阿拉伯经济和社会发展峰会上就"2010—2030 年泛阿拉伯地区可再生能源应用发展战略"达成一致，力争在 2030 年前提高已装机的可再生能源发电量至 75 千兆瓦，占阿拉伯地区总发电量的 9.4%。

在此种背景下，中国应在"一带一路"建设中和发展中国家分享绿色产业发展经验，引领绿色金融创新。在可再生能源领域，我国是太阳能、风能的全球第一大市场，发展出了一批行业龙头企业，并具有成本及一定的技术优势。其次，我国应该利用在钢铁、电力、机械、有色金属、石油化工、纺织、信息等行业的领先节能技术经验，加快推进节能技术走出去。此外，我国核电技术也逐渐在国际市场具备了竞争力，2013 年巴基斯坦斥资 130 亿美元从中国购买三座大型核电站核电项目，这是中国具有自主知识产权的第三代核电技术第一次走出国门，正在寻求传统能源替代的阿拉伯联盟国家也以数个核电项目招标向中国伸出了橄榄枝。在中资企业"走出去"的同时，金融机构可同步跟踪此类项目，为阿拉伯联盟国家提供人民币贷款。目前，中国的国开行在埃及已和埃及阿拉伯国际银行（SAIBANK）签订 2.6 亿人民币贷款，用于支持中埃产能合作项目，埃及企业可以向 SAIBANK 申请贷款，并用人民币支付中国供货方。

（3）阿拉伯联盟国家贫富分化严重为中国在当地发展普惠金融创造机会。中小企业的发展在阿拉伯联盟国家的国民经济中占有重要位置，并可以有效解决大批人口就业。数据显示，中小企业占阿拉伯联盟国家企业总量的 90%，创造的价值占 GDP 份额超过 50%。埃及的中小企业占总企业数量的 80% 以上，中小企业创造的价值占全国 GDP 的 56% 以上。因此，近年来，阿拉伯联盟国家领导人非常重视中小企业的发展。2017 年，在埃及沙姆沙伊赫结束的世界普惠金融协会年会（As-sociationforFinancialInclusion）上，各阿拉伯联盟国家领导人就促进各自国家的中小企业发展达成重要共识。

因此，中国可以在"一带一路"沿线国家推广中非中小企业贷款等转贷平台建设经验，支持跨境电商、移动支付行业走出去，推动普惠金融发展。目前，中国的国开行已在埃及成功开展了多笔转贷款业务，主要模式是对埃及当地大型金融机构发放贷款，再由它们转贷给当地需要资金的埃及中小企业客户。在中阿贸易全速增长，以及阿拉伯联盟国家着力发展普惠金融以改善社会公平问题的背景下，我国应着力推进人民币普惠金融服务，如提供针对阿拉伯中小企业的人民币贷款（用于支付中阿贸易款项），以及帮助阿拉伯联盟国家建设移动支付电信基础设施等，支持中国跨境电商将阿拉伯联盟国家业务以人民币进行结算，进而借力普惠金融推动人民币国际化战略实施。

（4）近年来欧美对中东石油依赖降低为人民币业务拓展空间铺平道路。沙特在 20 世纪 60—70 年代石油出口主要面向欧美地区，90 年代以后出口地域开始在亚太地区集中，2000 年后沙特对亚太地区的石油出口量开始占绝对优势。目前，由于美国页岩气革命和加拿大对美国石油出口大幅增加，沙特对美国的石油出口量已不足每日100万桶，不及2009年金融危机爆发后的谷底水平，仅占美国原油进口量的13%。

目前，中国是世界上的第一大石油进口国，并且在2035年之前，中东地区对我国的石油出口量将达到现在的二倍。作为世界石油市场举足轻重的客户，中国已在酝酿以人民币计价的、可兑换黄金的原油远期合约，并拟在年内推向市场，该合约将是我国第一个向外国机构开放的大宗商品期货合约。2017年上半年，中国原油进口量增长13.8%，而沙特石油供应仅增长1%，中国增量的一大部分被俄罗斯获得。2015年，沙特还是中国第一大原油出口国，然而现在已被俄罗斯取代。截至2017年8月，俄罗斯对中国出口量为120万桶/天，沙特为94.2万桶/天，占中国进口总量的12%。另外，现在中俄石油贸易已实现人民币结算，在欧美贸易额减少的情况下，沙特等阿拉伯产油大国不愿失去中国这个巨大客户，以人民币进行石油贸易结算将扩大中国从阿拉伯联盟国家石油进口需求。另外，应该看到，我国经济周期与新兴市场周期高度匹配，以美元为主导的国际货币体系和以美国为主导的全球治理体系改革进展缓慢。因此，在欧美降低对中东石油依赖的特殊时期，我国应该构建多元化石油结算体系，坚定不移地推动石油以人民币进行结算。

图 7. 3 2016 年中国石油进口量按国别分布比例

资料来源：WorldTopExports.com.

(5) 中阿双边贸易发展需要人民币资金支持。在与阿拉伯联盟国家贸易合作总量上，中国排名第二。2005—2015年，中国和阿拉伯联盟国家的贸易量已经翻了六番。原油贸易已经成为并将持续作为中阿贸易的支柱行业，阿拉伯联盟国家占中国原油进口量的40%左右，并且未来仍有增长空间。中阿贸易具有互补特性，如中国与沙特近年来在可再生能源、航空航天、核能等领域不断有具体项目落地，沙特对中国不仅出口原油，还有石化产品等中国需要的工业品。阿联酋重视发展非石油经济的战略在其与我国的经贸关系上得到了良好体现。在贸易总额下降的背景下，2015年中阿两国非石油贸易占总贸易额的86%，达475亿美元。未来阿联酋将大力发展建材、石化、商贸物流等行业，这些对中阿两国来说具有高度互补性的行业将继续推高中阿贸易额登上新的台阶。在当前中国与阿拉伯联盟国家贸易及投资额双增长的背景下，全面推进阿拉伯联盟国家的人民币业务，势必会带动更多中资企业走入阿拉伯联盟国家，促进中阿双方企业的贸易和投资合作，进一步盘活各种资源，推进彼此开放与互利合作程度，增强整体综合实力。

（6）阿拉伯联盟国家投资潜力巨大将吸引更多来自中国的直接投资。虽然中国具有大量外汇储备和投资能力，但当前中国对沙特直接投资额较小。据中国商务部统计，2013年中国对沙特非金融类直接投资为4.79亿美元，仅占中国对外投资总额901亿美元的0.5%。投资规模小的原因主要是沙特依靠石油出口积累了大量外汇储备，不缺少发展所需资金。但是，近年来随着原油价格下降，沙特也逐渐在一些特定领域对外国资本敞开了大门，特别是石油、天然气的下游产业和工业制造业对外国直接投资的政策相对比较宽松。

埃及既是阿拉伯联盟国家，同时又地处非洲，是非洲第三大经济体。目前中埃贸易额较大，埃及是中国在非洲第三大贸易伙伴，然而投资存量和承包工程量尚小，未能进入中国在非排名前十的投资目的国。截至2015年底，中国对埃及直接投资存量仅为6.63亿美元。据统计，当前埃及是世界第五大外国直接投资流入国，仅次于印度、中国、印度尼西亚和美国。而中国2016年对外投资飙升44%，达到1830亿美元，这是中国首次成为全球第二大对外投资国。2015年，中国对非洲直接投资29.8亿美元，而对埃及直接投资仅6050万美元，占比约为2%，中国对埃及投资存在巨大的发展空间。更多中资企业来埃及投资建厂，将加强中埃经贸合作，为人民币国际化在埃及的落地创造良好条件。

表7.12 2011—2015年中埃投资统计单位：万美元

年份	直接投资额	累计投资额
2011	6645	40317
2012	11941	45919
2013	2322	51113
2014	16287	65711
2015	8081	66315

数据来源：中国商务部。

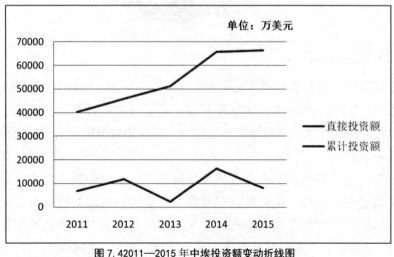

图7.4 2011—2015年中埃投资额变动折线图

数据来源：根据表7.12中数据整理生成

(7) 货币互换协议奠定人民币业务在阿拉伯联盟国家发展基础。目前,中国人民银行已和数个阿拉伯联盟国家央行签订了货币互换协议,为这些国家提供流动性支持。货币互换协议的签订是中阿央行对各自币种的信任,我国也要求相应国家央行针对人民币的使用制定相应的商业银行操作细则,从而逐步实现人民币境内结算。中阿货币互换协议金额虽然不如我国和东盟国家互换的量大,但这是阿拉伯银行业使用人民币结算的一个良好开端。货币互换后,阿拉伯银行业将有动力使用人民币为中资企业或与中资企业有贸易往来的阿拉伯企业进行结算,以减轻美元兑付压力,中资企业也能降低财务成本。本币合作的共赢局面一旦打开,将会形成一个良性循环,会有更多的埃及银行寻求人民币结算,进而产生境外人民币贷款等需求。

五、在阿拉伯联盟国家推进人民币国际化的困难与对策

(1) 我国原油期货市场尚不完善。20 世纪 90 年代,我国成为第一个设立原油期货市场的亚洲国家,但是由于经营、监管等一系列问题,最终不得不将其关闭。现在的上海期货市场只交易燃料油期货合约,虽然拟推出中质含硫原油期货产品(世界主要交易品种为轻质含硫原油期货),但距离世界领先的原油期货市场还有很大差距。徐东通过对几个国际著名原油期货交易所的研究发现,一个成功的原油期货市场需要一整套完整的金融交易体系,如衍生品市场、货币市场和外汇市场联动而形成的一套复杂而有机的生态系统。而且,活跃的原油交易意味着不存在一个市场垄断者,而我国还没有做好完全开放石油领域的准备,尤其在这关系到国家安全的时候。"石油美元"是建立在对石油交易结算流程的控制基础上的,这个基础意味着必须有成熟的石油基础设施——原油期货交易所。因此,要实现"石油人民币"我国还有很多障碍需要克服。

(2) 人民币汇率波动幅度和走势逐步扩大。研究表明,货币汇率波动(预期)幅度对货币国际化产生重要影响。2014 年 3 月 17 日起,银行间即期外汇市场人民币兑美元交易价浮动幅度由 1% 扩大至 2%。特别是在美国经济复苏的大背景下,已不存在人民币单边升值的预期。从近年人民币兑美元汇率走势看,人民币持续贬值后又大幅升值,会使一国政府和企业认为更加难以把控人民币波动风险。在人民币汇率走势的不明朗及波动幅度增大的情况下,外国政府将青睐更为稳定的货币作为结算和储备货币,外国企业将更倾向于获取美元融资,以减少汇兑风险,这在一定程度上加大了人民币作为结算和储备货币的推广难度。

(3) 人民币离岸市场发展程度有限。虽然中国香港、新加坡和欧洲的一些离岸人民币市场规模增长迅速,但仍然存在金融产品较少、流动性低的问题,难以满足交易者的避险、保值、增值等交易需要,限制了人民币实现金融交易和储备货币职能。另外,虽然通过银行授信模式可以将人民币还款以及还款筹资带来的汇率风险转嫁给实际用款企业,但由于境外借款人与境内企业相比,普遍缺乏人民币收入来源,使境外借款人的有效用款需求减少,较大地影响了境外人民币贷款业务的发展。此外,目前我国银行为境外人民币贷款业务提供的避险方式还主要是与借款人开展远期结售汇交易,但由于人民币远期市场尚

不成熟，一年以上的交易不活跃，客户的避险需求难以充分满足，也影响了境外人民币贷款的推广。

针对上述在阿拉伯联盟国家推进人民币国际化时所遇到的困难的问题，我国政府可以从以下七个方面进行解决和改进：

(1) 推动阿拉伯联盟国家的大宗商品人民币计价结算。大宗商品是国际贸易的"领头羊"，主要包括石油、钢铁、有色金属、矿石和大宗农产品等。其中，石油交易是最为重要和频繁的标杆性交易。日元国际化失败原因之一，就是日元在国际贸易领域的计价结算职能未能充分体现。美国是石油消费大国，在 20 世纪 70 年代与沙特达成一项"不可动摇"的协议，将美元作为石油的唯一定价货币，自此用美元牢牢控制了国际石油贸易的计价结算、石油金融和很多石油产地国家，虽然不是欧佩克成员国，但是对于全球石油价格有很大的影响力。大宗商品交易是国际贸易领域实现货币替换的关键，具有极强的货币使用惯性。伊拉克和伊朗曾经尝试用非美元进行石油贸易计价结算，但是出于各种原因，政治层面更迭动荡，最终无果而终。2015 年，中国和俄罗斯成功尝试用人民币结算石油贸易。2016 年，中国正式超越美国成为最大石油进口国。以此为起点，中国应当发挥投融资等综合优势，在沙特、埃及等"一带一路"沿线国家大力推动石油等大宗商品的人民币计价结算，逐步提高国际贸易中人民币的使用程度，实现人民币国际化的重要职能。

(2) 加快建立我国原油期货市场，完善原油人民币定价体系。实现石油人民币结算，不仅需要一个国家具有强劲的石油需求，这个国家还应该在石油定价体系中具一定的话语权，而这个话语权来自健全的原油期货交易体系。虽然我国相关市场在石油定价方面还存在一定的问题，不能十分客观地反映市场供求关系，而且也不具备相应的外汇、货币以及衍生品交易市场，但是我国应该先以提高市场效率为目标，尽早开始推动这一进程，使买方获得合理价格，卖方提高供货效率，实现有效的国际价格比较，进而和国际原油交易体系对接，最终实现石油人民币结算的目标。

(3) 进一步完善阿拉伯联盟国家人民币结算系统，建立更多的人民币清算行。目前，我国已在卡塔尔设立人民币清算行，并拟在阿联酋设立清算中心，人民币支付在中东阿拉伯国家已实现跨越式发展，但是在北非阿拉伯国家仍然有很大潜力。埃及每年从中国进口大量商品，2016 年中国对埃及出口贸易额 107.8 亿美元，是中国在非洲第三大贸易国，在埃及建立人民币清算行可以更加有效地引领北非阿拉伯国家人民币国际化进程的向前推进。此外，中国对埃主要出口机电、汽车等产品，具有一定技术优势，在支付货币选择上应有更多的话语权。而且，在埃及外汇短缺的情况下，建立人民币清算行或鼓励更多的埃及银行接受人民币结算系统，能够鼓励中埃贸易使用人民币支付，从而减轻埃及外汇储备短缺压力。

(4) 成立阿拉伯联盟国家银行合作组织。英镑、美元、日元和欧元的国际化都离不开以本国银行为主的，各国银行紧密合作的推动力量。因此，"一带一路"倡议推进人民币国际化的关键，是要尽快形成沿线国家银行广泛参与、以人民币为核心的区域性货币合作体系。阿拉伯联盟国家和中国的政治经济合作基础扎实，对中国投资、贸易和资本的期望值很高。中国应当抓住当前有利时机，推动成立阿拉伯联盟国家银行合作组织，力争形成阿拉伯联盟国家银行广泛参与并以人民币为核心的区域性货币合作体系，促进"一带一路"沿线投融资和贸易合作便利化，加快实现人民币的国际化职能。

（5）以自由贸易和投资合作协议固化政策沟通成果。一国货币在对外投资和贸易中发挥主导作用，是其国际化的前提条件。中国应当加强和阿拉伯联盟国家的政策沟通，促进贸易和投资便利化，将成果以法律文件形式固化，签署促进自由贸易和投资合作的协议，为人民币国际化打下更为扎实的政策和法律保障基础，更好地实现人民币计价结算、交易、储备等职能。近年来，中国政府已经与30个国家政府签署了经贸合作协议，中国商务部与60多个国家相关部门及国际组织，在"一带一路"高峰论坛召开期间，共同发布了推进"一带一路"贸易畅通的合作倡议。以此为基础，中国应当继续推动和阿拉伯联盟国家的经贸合作，签署双边或多边自由贸易和投资合作协议，鼓励和引导人民币在投资和贸易活动中的使用。

（6）积极研究各方需求，推进境外人民币贷款。温源将境外人民币贷款对象分为四类，即货币当局贷款、财政当局贷款、金融机构贷款和企业直贷；将境外国家分为周边型、援助型、资源型和发达型四类。在上述分类中，阿拉伯联盟国家介于资源型和发达型国家之间，又由于中东特殊的地理位置，兼具周边型国家的特点，因此，在阿拉伯联盟国家推动境外人民币贷款，重点需要关注货币当局、金融机构和当地企业。刚刚落地的首单埃及人民币贷款，即国开行与埃及阿拉伯国际银行2.6亿人民币贷款合作，以及埃及银行与国开行签署的人民币贷款合作谅解备忘录，可以很好地说明金融机构和货币当局在这方面的需求。另外，调研结果显示，阿拉伯联盟国家当地中资企业或与埃及有贸易往来的中资企业对人民币结算有着强烈需求。而这些中资企业往往都是对阿拉伯国家有技术优势的，因此，阿方在这些行业领域应愿意以人民币支付。我方可以适时向对方推广买方信贷业务，对从中国进口产品的阿方企业进行人民币授信，同时满足中阿双方的需求。

（7）以货币互换推动人民币的投资和外汇储备职能。历史上，英国央行通过货币互换合作有效化解了英镑信用危机。日本通过货币互换合作构建了东亚地区区域性货币合作框架。截至目前，中国人民银行已经与"一带一路"沿线超过21个国家和地区央行签署了双边本币互换协议，总规模超过3万亿元。我国和阿拉伯联盟国家签署货币互换协议，除互相提供流动性支持外，还能够促进人民币作为双边贸易结算货币，促进以人民币计价进行直接投资和金融资产投资，并在此基础上推动其增加人民币外汇储备。储备货币是指以外币计价的资产或存款，主要由政府或官方机构作为外汇储备持有。2010年9月，马来西亚央行在中国香港购买了价值100亿美元的人民币计价债券作为其外汇储备，这是人民币首次成为其他国家央行的储备货币。截至2016年12月，IMF的官方外汇储备货币构成数据库中，人民币资产占比为1.07%，至少有40个国家和地区以不同的方式将人民币作为储备货币。近年来，如埃及等阿拉伯国家出现了严重的美元流动性不足情况，因此对我国提供流动性支持的需求很强烈。以货币互换推动阿拉伯联盟国家增加人民币外汇储备是一种行之有效的市场化运作方式。

第八章 "一带一路"建设中推进人民币国际化的策略选择

人民币国际化关系到我国在国际货币体系中的话语权和长远经济利益，是我国大国崛起的必然要求，也是必然结果。但是，国际货币体系的变革并非一日之功，人民币国际化是一个长期的、渐进的、非匀速的过程。这一过程需要以我国经济、政治、军事、文化等综合国力的提升为基础，以科学技术的创新和进步为动力，以金融体系的健全发展和逐步开放为支撑，扎实推进，才能行稳致远。因此，人民币国际化不可操之过急。同时，我们也应该看到，虽然英、美、日等国家在本国货币国际化初期并没有将其作为主要目标，但英镑、美元、欧元和日元的国际化进程背后始终离不开政府的影子，且政府政策措施的差异确实对本国货币国际化进程产生了差异化的影响。综上所述，推进人民币国际化不仅需要我们着眼于长远的战略举措，同时也需要政府力量的协助，适时地推出相应的改革措施。

第一节 不断提升我国的经济实力和金融发展水平

一、提高我国的经济发展的质量和效益

货币国际化是经济全球化带来的国际分工体系不断深化和世界统一市场的必然要求和必然结果。从英镑、美元、欧元和日元的国际化进程来看，一国往往需要首先实现经济上的崛起，然后在深入融合和参与国际经济体系的过程当中，逐步提升自身的地位和话语权，并伴随主权货币的渐进的国际化过程。而货币实现国际化以后，特别是占据国际货币体系的主导权之后，又对一国经济实力的提升起到了反哺和强化的作用。一国货币国际化，从根本上说，是该国强大的综合经济实力在货币形式上的反映。一国的经济实力强大，在全球经济体俱乐部中的地位就高，话语权就大，产生影响的覆盖面就大，该国货币的国际化程度理所当然就水涨船高。一国货币国际化进程必须与其国家经济实力保持动态统一，审时度势，量力而行。另外，一国金融体系的发展水平也是影响一国货币国际化程度的关键因素。货币实现国际化以后，一国的金融体系将不再只面对国内的投资者，而是要向全球提供公共投资品，这就对一国金融体系提出了更高的要求。首先，一国金融体系

自身要足够健康，对外部冲击有很强的免疫能力，才能发挥全球金融稳定器的作用。其次，一国金融体系要有很强的创新和服务能力，能够为全球投资者提供领先的、充足的金融产品。

人民币国际化根本上是中国经济综合实力和开放程度的反映。缺少国家经济实力的有力支持，人民币国际化很难行稳致远。尽管中国经济正面临着复杂的国内外环境约束，但供给侧结构性改革重构了中国经济持续发展的基础，人民币国际化也为中国经济转型和建设更加稳定的国际货币体系提供了良好的推动力。当前，中国经济正处于"三期叠加"的转型关键期。深入推进改革能够为人民币国际化创造良好的国内环境与基础，改变贸易投资中人民币计价话语权薄弱的瓶颈问题。应深入推进经济增长方式转变，调整经济结构，推动科技创新，提升经济发展的质量和效益。

二、促进我国贸易投资结算本币化

决定一国货币国际地位的根本在于该国经济、金融实力。因此，保持中国经济、金融的稳定发展，既是人民币国际化的目的，也是人民币国际化的基础。经过40年改革开放的高速增长，中国经济已经取得了举世瞩目的成就，中国已经成长为世界第二大经济体。然而，过去中国长期粗放的经济增长方式也积累了一些不可回避的问题，随着人口红利的消失和要素生产率的降低，中国也将面临着"中等收入陷阱"的风险，我国经济发展进入"新常态"。中国的经济增长已经无法依靠要素的大量投入获得，经济结构面临调整。当前，我国应该坚定不移地推进供给侧结构性改革，理顺与经济发展要求不适应、不协调的各类体制机制问题，为经济发展攒足后劲。其中也包括与人民币国际化相关的资本项目可兑换、利率汇率形成机制市场化、金融市场发展等。改革的方向是明确的，资本项目最终将实现自由兑换，利率和汇率也终将由市场因素决定，金融市场的发展必须一步一个台阶。然而改革的核心和最终目标一定是提升我国的经济金融实力，从而促进企业在对外经济交往中提升话语权，提高人民币结算的范围和比例。

具体来看，一是应大力推进制造业强国建设。以创新和新技术工业革命形成具有国际竞争力的制造业产业集群，这有利于不断优化国内产业结构和国际产业分工。二是打造贸易强国建设，由传统的劳动密集型向资本技术密集型产业转变，增强贸易定价能力。改善和调整进出口商品结构，减少初级产品和劳动密集型产品的出口份额，降低加工贸易比重，扩大高技术产品和制成品出口份额。三是应加快区域经济一体化进程。区域经济一体化为人民币的境外拓展提供了平台，应推进与东盟、中日韩自贸区等区域经济一体化进程，深化上海合作组织经贸合作。继续推进与石油输出国家的经贸往来与合作，推动人民币"石油化"。扩大与金砖国家的贸易和投资，推动人民币"金砖化"。形成以人民币为纽带的南南合作新模式。四是应继续促进贸易投资便利化，提升跨境人民币结算使用规模和使用比例，与主要贸易投资伙伴实现人民币计价结算。

第二节　推动金融市场开放，推进离岸、在岸货币中心建设

人民币国际化与金融市场开放、资本项目可兑换及汇率市场化等金融改革密切相关，它们是互相促进、互相影响的关系。成熟的金融市场能够为境外投资者提供资产增值和套期保值的渠道。人民币国际化也在客观上促进了中国金融市场改革开放进程。因此，要积极推进境内金融市场的双向开放，发展多层次金融市场体系。当前，市场开放已成为不可逆转的趋势，人民币国际化要与渐进、审慎、可控的金融市场与资本账户开放相结合，仍可按照先放开长期、再放开短期和先放开本币交易后放开外币交易的原则，解决资本项目可兑换等难点问题。同时，要大力发展债券市场，完善汇率、利率等价格形成机制，推进人民币与更多国家货币之间直接挂牌交易。丰富市场参与主体，形成包容、开放的资本市场，不断降低境外机构投资银行间债券、外汇市场和股票市场的门槛，为境外人民币资产持有者提供良好的保值增值渠道。

在岸与离岸市场都是人民币国际化发展的重要组成部分。上海是中国经济改革创新的前沿阵地，具有成为国际金融中心的各项潜质。将上海打造为人民币在岸中心，可以有效辐射境内人民币市场，有利于引领内陆地区不断拓宽开放步伐。上海自贸区也能够为资本项目可兑换和人民币的自由使用进行先行先试。香港、澳门作为重要的人民币离岸中心，可以辐射全球其他人民币离岸市场。应积极发展人民币离岸与在岸市场，以上海和香港、澳门为中心，打通三个市场在金融交易等领域的互联互通机制，形成人民币跨境资金的循环通道，引导市场主体充分利用国内外两个市场和两种资源，为人民币国际化提供有效的支撑。在上海的人民币国际化探索中，应继续大力完善黄金、原油等大宗商品现货及期货市场建设，鼓励境外投资者参与境内市场交易，提升人民币在国际大宗商品计价市场的影响力。发展人民币债券和外汇交易市场，进一步放宽对境外主体的交易限制，在自由贸易账户发展的基础上构建更加开放、自由的金融环境，通过建设自由贸易港形成有竞争力的国际金融中心。在香港、澳门的人民币国际化推进中，应不断丰富人民币计价结算的产品，形成开放、自由、活跃的离岸货币交易中心。

第三节 发挥人民币区域化与中国经济影响力区域化的协同效应

一、拓宽人民币跨境流动渠道，逐步建立区域化流通体系

尽管国际货币的使用没有地域限制，但从国际使用程度角度考察，我们可以发现美元、欧元、英镑、日元的国际使用具有明显的地域差异，特别是在计价结算货币职能上，而这种差异与主权货币发行国与不同区域的经贸合作紧密程度高度相关。因此，人民币若想实现国际化就必须先实现区域化。当前人民币已经可以通过跨境贸易结算、海外直接投资和证券投资等方式跨境流动，但资本项目、汇率制度等对人民币跨境流动仍然存在许多限制。要完善国内金融市场体系，促进资本项目自由兑换，拓宽人民币跨境流动渠道，增强人民币的跨境流动性，促进在岸与离岸人民币市场的协同发展，建立人民币跨境流动监管体系，降低人民币跨境流动风险，提高人民币跨境贸易与投资的效率。

二、重点推进人民币在"一带一路"沿线地区区域化

"一带一路"建设是国家主席习近平在我国进入社会主义新时代，在对国际政治经济形势科学判断的基础上，高瞻远瞩，提出的一项对中国未来影响深远的宏伟战略。"一带一路"建设与人民币国际化存在内在一致性及协同发展的内在逻辑。首先，"一带一路"建设与人民币国际化战略目标协调一致。第二次工业革命以后，世界形成了美洲和欧洲两大发展极。20世纪六七十年代，以"亚洲四小龙"为代表的亚洲经济区开始崛起，逐步成长为第三增长极。"一带一路"建设是在中国主导下、由欧亚各国共建共享的新的经济增长集体，将给世界政治经济格局带来深刻变革。人民币国际化本质上是对现有国际货币体系的变革，是世界政治经济格局调整的内容之一，也是世界政治经济格局调整的必然结果。其次，"一带一路"建设为人民币国际化搭建了良好的平台。"一带一路"建设的推进实施必然要加强沿线国家之间的经贸往来、政治互信、文化交流和军事合作。一方面，"一带一路"区域需要大量的基础设施建设、能源生产运输和产业技术合作，这必然引出数以万亿计的人民币跨境投融资活动，从而增加人民币在区域内的跨境流通和使用，加速人民币国际化进程。"一带一路"沿线国家政治互信的提高、文化交流的加强，有利于提高意识形态和理念上的认同感，从而提高人民币在这些国家的认同感和接受度。而军事合作的加强，则有利于消除区域不稳定因素，避免军事摩擦，为中国和区域经济发展提供稳定的外围环境。最后，"一带一路"建设有助于实现人民币国际化的路径突破。人民币国际化

的路径经历了"周变化—区域化—国际化"的演进过程。而"一带一路"建设则为人民币国际化开辟新的区域化路径。新的区域化路径并不是对原有东亚区域化路径的重复，而是一次质的提升。人民币将在这一区域化进程中发挥更加强大的主导作用。

推进人民币国际化还应创造合适的国际环境。当前，一些国家仍存在对于人民币的交易限制。中国在对外开展货币合作时应明确对等条件，要求对方将人民币作为国家法定外汇，允许人民币与当地货币的直接兑换。推动货币合作从双边向多边转化，从签约到实际动用转变。在双边本币协定中优先使用人民币，在双边、多边自由贸易协定谈判中增加人民币计价结算条件。推动亚投行、金砖开发银行、丝路基金、海外投资基金使用人民币开展对外投资业务。支持中资银行机构在境外设立分支机构。同时，也要注重柔性外交，坚持和平发展理念。防范和化解部分中小国家对于放开人民币限制会造成本国货币体系土崩瓦解的心理。构建更加公平、公正的国际货币体系。维护人民币的国际信誉，保持良好、负责任的国家形象。"一带一路"建设将助推人民币在基础设施投融资、大宗商品计价结算及电子商务计价结算等关键领域实现突破。应加强与沿线国家的经贸往来与资本流动，通过输出人民币资本和跨境贸易结算促进沿线国家经济发展，增加对中国的经济依存度，进而增加人民币需求。具体来看，可通过发行人民币债券、贷款、开展人民币直接投资等形式为相关国家提供人民币项目融资。支持符合产业升级导向的人民币直接投资及并购项目。优先使用人民币作为融资货币，积极推动"一带一路"沿线国家对中国的进口贸易以人民币计价，形成人民币的双向流动机制。在政府对外投资援助、国际产能合作等项目建设中应优先使用人民币。这有助于提升沿线国家在贸易、投融资、金融交易和外汇储备中的人民币份额，为提高人民币国际化水平提供动力。

第四节　正确处理资本项目自由化与人民币国际化之间的关系

首先，资本项目自由化程度应该与人民币国际化程度相匹配。也就是说，人民币国际化的不同阶段、不同职能的发挥对于资本账户开放程度的要求是不同的。在人民币国际化的初级阶段，资本项目完全自由兑换并不是必要条件。在德国马克和日元国际化进程初期，德国和日本货币当局均对资本账户采取了一定的管制措施，德国货币当局甚至对资本账户采取了较严格的管制措施。随着人民币国际化进程的深入推进，人民币国际货币职能也逐渐由计价结算货币向投资货币和储备货币深入，对资本项目可自由兑换程度也提出了更高的要求。特别是对于投资货币职能而言，随着中国金融市场的广度、深度和开放度的提高，国外投资者必定要参与到中国国内的股票市场、期货市场等资本市场。由于人民币发挥国际投资货币职能主要涉及资本项目，而且作为投资货币，兑换效率又是投资风险中的一个主要因素，因此资本账户开放程度应逐步提高。不仅如此，不断提高资本账户自由化程度也是打通人民币回流渠道的重要环节。

其次，启动人民币国际化并不需要等到我国资本项目完全开放。因为资本账户的开放需要渐进推进，不可能一步到位。过快地打开资本账户大门可能引发资本流动的不可控，而在国内金融市场自身调整能力不强的情况下，极易引发金融风险，造成汇率大幅波动和热钱外逃。然而启动人民币国际化已经成为中国综合国力提升的内在要求，而且市场的自发因素已经诱导出了一定程度和范围的人民币国际使用，所以，启动人民币国际化进程更多的是适应市场需求的结果。同时，随着人民币国际化进程的推进，我国在国际贸易结算、对外投资和储备资产中减少对美元等外汇的使用也将减轻资本项目开放的压力，有利于资本项目的进一步开放。所以，我国资本账户开放需要稳步、渐进推动实施。在实施过程中，要保持我国资本项目自由化与人民币国际化职能演进升级的需求相协调，与国内金融市场发展和完善程度相平衡，与防范和应对国际热钱流动风险的能力和水平相适应，把握好开放的进度和力度，使资本账户开放成为推进人民币国际化向更高阶段升级的重要驱动力。目前在我国 40 多项资本项目中，仅有 3 项仍然不可兑换。这 3 项主要是与短期资本流动有关。因此，目前我国资本项目自由化主要应该研究已开放的 37 项的具体落实细则。具体讲，就是要加强国家外汇管理局、人民银行跨境办与海关、工商、税务等部门的协调沟通，保持政策口径和操作流程的一致和顺畅。加大对基层窗口业务人员的培训，使其掌握和理解国家各项方针政策，疏通政策的"最后一公里"，保证落实到位。

第五节　推进产业技术升级，提高出口产品竞争力

事实已经证明，建立在升值预期基础上的人民币国际化缺乏可持续性，只有建立在产业竞争力基础上的货币国际化才能行稳致远。而且很多学者在对国际贸易计价结算货币选择问题进行研究后，也得出了一致的结论：出口商出口产品的技术含量越高，该产品在国际市场上面临其他产品的竞争度越低，出口商在计价结算货币选择协商中的话语权和主动性越强。而出于各方面成本和防范汇率风险的需要，出口商通常会选择本国货币作为计价结算货币。因而，出口商品技术水平的提高对推动一国货币国际化是有着直接的效果的。在日元国际化进程起步阶段，虽然日本金融市场发展水平远远落后于美国，而且日本货币当局在政策上并不支持日元国际化，但日元国际化依然取得了成功，重要原因之一就是日本出口商品以高新技术产品为主，出口产品的替代弹性很低，日本出口商在贸易计价结算货币选择上的自主性较强。加入世界贸易组织以后，中国的世界贸易份额增长迅速，目前已成为第一大贸易国。但我国对外贸易存在"大而不强"的弱点，出口产品以劳动密集型产品或原材料加工半成品为主，产品处于全球供应链条的中前端，既不掌握大宗原材料的定价权，也不掌握最终产品的定价权。据统计，目前中国高新技术产品出口占总出口的比

重为 30% 左右。^① 所以，人民币国际化仍须练好基本功，特别是传统出口产业的技术升级改造，以筑牢人民币国际化的基础。面对全球产业技术升级和竞争格局调整，2014 年中国政府提出了 "中国制造 2025" 的规划方案。当前，我国要以科技创新为驱动力，提倡高质、绿色的结构优化和升级，加大科技型人才和技术产业工人的培养；要在政府的引导下，兼顾当前和长远两个目标，主要依靠市场力量，重点与全局协同推进，以开放合作的态度，通过 "三步走" 实现制造强国的战略目标。同时，要加强产融结合。在 "一带一路" 沿线国家和地区推进高新技术合作产业园建设，鼓励国内金融机构为合作园区企业提供人民币信贷支持，在保障国家技术安全的前提下，提倡国内高新企业技术向合作园区出口，形成人民币输出与中国高科技输出的双动力推动机制。

① 《2015年中国对外贸易发展情况》，中华人民共和国商务部http://zhs.mofcom.gov.cn/article/Nocategory/201605/20160501314688.shtml.

参考文献

[1] 王大树，郑明堃，赵文凯."一带一路"倡议与人民币国际化 [J]. 扬州大学学报 (人文社会科学版),2018,22(06)：26-33.

[2] 李国强，古代丝绸之路的历史价值及对共建"一带一路"的启示 [J]. 大陆桥视野 ,2019(02)：32-38.

[3] 劳凌玲，共建"一带一路"：中阿关系的现状与挑战 [J]. 战略决策研究 ,2019,10(03)：49-67，100-101.

[4] 杨茜涵，"一带一路"背景下的人民币跨境支付系统发展研究 [J]. 时代金融 ,2019(10)：70-71.

[5] 寇佳丽，俄罗斯的"一带一路"情缘 [J]. 经济 ,2019(05)：39-41.

[6] 董佳慧、吴恒伟，"一带一路"背景下人民币国际化的机遇与挑战 [J]. 对外经贸 ,2019(02)：98-101.

[7] 王晓宇，"一带一路"倡议下阿拉伯国家投资环境分析 [J]. 对外经贸实务 ,2019（02）：98-101.

[8] 刘君军，人民币汇率变动对中国与"一带一路"沿线国家进口贸易的影响——基于省际面板数据模型的研究 [J]. 浙江金融 ,2019(07)：31-39.

[9] 王文 . 绿色金融与"一带一路"的绿色化 [J]. 中国人民大学学报 ,2019,33(04)：1.

[10] 曹明弟,董希淼.绿色金融与"一带一路"倡议：评估与展望[J].中国人民大学学报,2019,33（04）：2-9.

[11] 王雨萌 . 基于"一带一路"的绿色金融发展探讨 [J]. 现代营销 (下旬刊),2019(08)：24-25.

[12] 赵永芳 . 人民币国际化十年纪 [J]. 中国外汇 ,2019(12)：50-52.

[13] 高丹丹 . 人民币国际化的现状及强化人民币的国际金融交易功能 [J]. 中国商论 ,2019（16）：104-105.

[14] 中国人民银行支付结算司，2019 年第一季度支付体系运行总体情况 [J]. 金融会计 ,2019(07)：69-72.

[15] 张丽伟."一带一路"与中美贸易摩擦背景下的人民币国际化 [J]. 全国流通经济 ,201（22）：17-18.

[16] 孟刚 ."一带一路"和人民币国际化 [J]. 国际人才交流 ,2017(12)：11-12.

[17] 刘功润."一带一路"倡议给人民币国际化带来的机遇与风险[J].上海金融,2017(10)：60-62.

[18] 孟刚 ."一带一路"建设推进人民币国际化的战略思考 [J]. 上海金融 ,2017(10)：

55-59.

[19] 严安冬 . 中国资本项目自由化政策及其对经济增长的影响分析 [J]. 南京财经大学学报, 2018（01）: 69-76.

[20] 游文倩 . "一带一路"建设对人民币汇率的影响研究 [J]. 现代商贸工业,2018,39(10): 55-56.

[21] 顾唯玉 . "一带一路"倡议对世界经济发展的积极影响 [J]. 淮海工学院学报 (人文社会科学版),2018,16(11): 101-103.

[22] 徐东 , 张立宗 , 高永刚 , 林清安 , 郑爽 . 对中国原油期货市场的几个认识误区——基于国际原油期货市场的发展 [J]. 国际石油经济 ,2017,25(02): 90-95.

[23] 万志英 , 王宇 . 中国纸币起源 (上)[J]. 金融发展研究 ,2017(04): 31-35.

[24] 齐才 . 论人民币汇率机制及人民币自由兑换的前景 [J]. 现代商贸工业 ,2017(18): 32-33.

[25] 温源、王玉洁 . 境外人民币贷款的推广路径研究 [J]. 中国市场 ,2017(15): 128-129+173.

[26] 万志英、王宇 . 中国纸币起源 (下)[J]. 金融发展研究 ,2017(05): 33-38.

[27] 孟刚 . "一带一路"助力人民币国际化 [J]. 国际人才交流 ,2017(08): 48-50+72.

[28] 慕长泰 . 古代丝绸之路与 "一带一路"倡议浅析 [J]. 中外企业家 ,2017(19): 261.

[29] 吕远 . 人民币跨境支付系统新进展 [J]. 中国金融 ,2017(14): 30-32.

[30] 周冲. "一带一路"建设给人民币国际化带来的机遇和挑战[J].税务与经济,2017(05): 43-47.

[31] 孟刚 . 试论国家开发银行推动人民币国际化的使命、优势和策略 [J]. 开发性金融研究, 2017, 14（04）:37-44.

[32] 任丹丹 . "一带一路"视角下绿色能源经济带建设研究 [D]. 河南财经政法大学 ,2017.

[33] 张双双 . "一带一路"战略背景下中国对阿拉伯国家出口潜力的实证研究 [D]. 山东财经大学 ,2015.

[34] 孙少岩 , 马玥竹 . 浅析中俄跨境人民币结算 [J]. 吉林金融研究 ,2014(12): 48-55.

[35] 韩汉君 . "一带一路"战略为人民币国际化带来重大机遇 [J]. 群言 ,2015(06): 15-18.

[36] 叶纯青 .CIPS 上线，人民币国际化再下一城 [J]. 金融科技时代 ,2015(11): 13.

[37] 天空蓝 . 跨境支付助力人民币国际化 [J]. 时代金融 ,2015(31): 11.

[38] 胡岳峰 ."银钱平行"与"银铜并行"清前期货币制度的理念与实践 (1644-1795)[D]. 华东师范大学 ,2015.

[39] 李欣荣 . 明朝货币制度变迁问题研究 [D]. 山西财经大学 ,2015.

[40] 姚文宇 . 关于宋代纸币的评价 [J]. 东方企业文化 ,2013(03): 94.

[41] 赵轶峰 . 试论明代货币制度的演变及其历史影响 [J]. 东北师大学报 ,1985(04): 41-46.

[42] 朱绰 . 两宋时期纸币发达问题探源 [J]. 金融理论与实践 ,1985(10): 59-60.

[43] 孔鼎音 . 民国时期的币制改革：废两改元与法币建立 [J]. 中国银行业 ,2016(03)：104-105.

[44] 刘明礼 . 人民币国际化在欧现状与发展趋向 [J]. 现代国际关系 ,2016(08)：57-63+65.

[45] 郑壹教 . 南宋货币与战争 [D]. 河北大学 ,2012.

[46] 刘营 . 秦汉货币制度变迁 [D]. 河北经贸大学 ,2016.

[47] 孙春跃 . 清代货币制度演变及演变中若干问题的研究 [D]. 山西财经大学 ,2014.

[48] 刘逸树 . 汇率市场化改革对人民币国际化的影响 [D]. 上海社会科学院 ,2019.

[49] 张蓦严 . 香港离岸人民币绿色债券市场发展路径研究 [D]. 吉林大学 ,2019.

[50] 吴丰光 . 人民币国际化影响因素研究 [D]. 辽宁大学 ,2018.

[51] 程鹏 . 人民币国际化的影响因素与路径研究 [D]. 辽宁大学 ,2018.

[52] 渣打银行 (中国) 有限公司 . 人民币跨境支付系统的功能和作用 [N]. 上海金融报 ,2016-01-08（A12）.

[53] 周登宪 . 人民币区域国际化 [D]. 山东大学 ,2012.

[54] 李斌 . 战前中国货币制度的变迁及其原因分析 [D]. 清华大学 ,2005.

[55] 张燕 . 试论宋代货币与钱币文化 [D]. 中央民族大学 ,2006.

[56] 石俊志 . 宋徽宗改交子为钱引——中国古代最早的纸币交子的兴衰演变 [J]. 金融博览，2012（11）：34-35.

[57] 李育安 . 我国明代货币制度的演变 [J]. 郑州大学学报 (哲学社会科学版),1993(01)：97-103。

[58] 陈德胜 . 我国与"一带一路"沿线国家的外贸发展对人民币国际化的影响：经验检验和企业案例分析 [D]. 浙江工业大学 ,2019.

[59] 王永生 . 五铢钱，奠定了汉武帝霸业基础的货币 [J]. 收藏 ,2019(10)：130-133.

[60] 欣士敏 . 中国纸币的起源、演革和发展 [J]. 福建金融 ,2002(05)：47-48.

[61] 王军华 . 论金融业的"绿色革命"[J]. 生态经济 ,2000(10)：45-48.

[62] 李心印 . 刍议绿色金融工具创新的必要性和方式 [J]. 辽宁省社会主义学院学报，2006（04）：43-44.

[63] 曲洁，杨宁，王佳 . 德国复兴信贷银行发展绿色金融的经验与启示 [J/OL]. 中国经贸导刊 (中),2019(11)105-106[2019-11-24].http://kns.cnki.net/kcms/detail/11.3876.f.20191118.1022.066.html.

[64] 黄璟轩 . 基于低碳经济的绿色金融发展思路探索 [J/OL]. 现代营销 (下旬刊),2019(11):28-29[2019-11-24].http://kns.cnki.net/kcms/detail/22.1256.f.20191120.1620.030.html.

[65] 纪晓丹 . "一带一路"背景下绿色金融体系构建探讨 [J/OL]. 现代营销 (下旬刊),2019（11）：29-30[2019-11-24].http://kns.cnki.net/kcms/detail/22.1256.f.20191120.1620.032.html.

[66] 葛海玲 . 在岸金融市场与文化软实力对伦敦人民币离岸市场发展影响的跨学科研究 [D], 对外经济贸易大学，2017.

[67] 陈小辛 . 香港国际金融中心地位演变与路径选择 [D]. 吉林大学 ,2017.

[68] 孟刚 ."一带一路"和人民币国际化 [M]. 中国社会科学出版社 ,2018.

[69][美] 埃斯瓦尔 .S. 普拉萨德（Eswar.S.Prasad）. 赢得货币战争——人民币国际化线路图，助推"一带一路"与中国的未来 [M]，北京：新世界出版社，2018.

[70] 尚虎平，"一带一路"关键词 [M]，北京：北京大学出版社，2015.

[71]KunYang,YuWei,ShouweiLi,JianminHe.Asymmetricriskspilloversbetween Shanghaiand HongKongstockmarketsunderChina'scapitalaccount liberalization[J].NorthAmericanJournalofEconomicsandFinance,2019.

[72]BenedictaMarzinotto.Euroareamacroeconomicimbalancesandtheirasymmetric reversal:thelinkbetweenfinancialintegrationandincomeinequality[J].EconomiaPolitica,2017,34(1).

[73]G.Bush.FinancialDevelopmentandtheEffectsofCapitalControls[J].Open EconomiesReview,2019,30(3).

[74]ForsterTimon,KentikelenisAlexanderE,ReinsbergBernhard,StubbsThomasH,King LawrenceP.Howstructuraladjustmentprogramsaffectinequality:AdisaggregatedanalysisofIMFconditionality,1980-2014.[J].Socialscienceresearch,2019,80.

[75]LijunYu.TheImpactofCapitalAccountLiberalizationonChina&aposShort-Term InternationalCapitalFlows[P].Proceedingsof20162ndInternationalConferenceonHumanitiesandSocialScienceResearch(ICHSSR2016),2016.

[76]CowanE.TopicalIssuesInEnvironmentFinance,EconomyandEnvironmentProgramforSoutheastAsia(EEPSEA),1998.

[77]SalazarJ."EnvironmentFinance：LinkingTwoWorld",AWorkshoponFinancial InnovationsforBiodiversityBratislava,1998(1).